L'ESPAGNE

DU

Quatrième Centenaire
de la Découverte du Nouveau-Monde

EXPOSITION HISTORIQUE

DE MADRID

1892 — 1893

PAR

Émile DE MOLÈNES

Subdélégué général des Comités français,
membre du Jury international

PARIS

ANCIENNE MAISON QUANTIN
LIBRAIRIES-IMPRIMERIES RÉUNIES

7, rue Saint-Benoît

May & Motteroz, Directeurs

1894

EXPOSITION HISTORIQUE
DE MADRID

TOUS DROITS DE TRADUCTION RÉSERVÉS

L'ESPAGNE

DU

QUATRIÈME CENTENAIRE
DE LA DÉCOUVERTE DU NOUVEAU-MONDE

EXPOSITION HISTORIQUE

DE MADRID

1892 — 1893

PAR

Émile DE MOLÈNES

Subdélégué général des Comités français,
membre du Jury international

PARIS

ANCIENNE MAISON QUANTIN
LIBRAIRIES-IMPRIMERIES RÉUNIES
7, rue Saint-Benoît
MAY & MOTTEROZ, DIRECTEURS

1894

A. S. M. MARIE-CHRISTINE

REINE RÉGENTE D'ESPAGNE

L'AMOUR ET LA GLOIRE DE SON PEUPLE

HOMMAGE RESPECTUEUX

TRÈS HUMBLE

ET PLEIN D'ADMIRATION

E. DE M.

LE CENTENAIRE

Il y a longtemps qu'on connaît l'Andalousie, son ciel bleu transparent, ses horizons d'opale, ainsi que les merveilles dont l'Occident et l'Orient ont en commun enrichi sa parure.

Cette contrée privilégiée du soleil, toutefois, a trouvé, en octobre 1892, une physionomie à part, je dirais presque une vie nouvelle, dans la célébration du Centenaire et dans l'immense concours de population soulevé par le voyage de la famille royale d'Espagne.

Ce n'est pas seulement l'Andalousie que nous vîmes, nous tous qui étions là, c'est surtout l'œuvre de réhabilitation dans laquelle il faut admirer un des plus beaux mouvements de notre siècle. Aussi sceptique et révolutionné qu'il soit, il s'est fait une double auréole, en exaltant, d'un côté, la mémoire de Jeanne d'Arc, d'un autre côté, celle de Christophe Colomb !

C'est à ce dernier fait accompli, apothéose de lumière, triomphe de vérité, que la plus belle partie de l'Espagne servit de décor. Nul cadre ne pouvait mieux convenir à ce resplendissement, et voilà pourquoi la vision que nous eûmes ne s'effacera jamais de notre esprit.

Dans ce spectacle inoubliable, Huelva et la Rabida vinrent en première ligne. Le monument de Christophe Colomb fut en quelque sorte l'axe des manifestations auxquelles nous prîmes part et dont l'écho, à pareille date, se renouvellera chaque fois aux siècles à venir.

Le jour de l'inauguration, la rivière de Huelva, jusqu'à l'Océan, était couverte de navires. Jamais flotte ne réunit autant de pavillons et n'apparut sous un pavoisement de couleurs aussi intense. Rien ne saurait rendre la sensation éprouvée par nous, lorsque les salves d'artillerie, répétées, rappelèrent au loin la conquête du globe, affirmèrent la consécration définitive d'un nom qui se posera dans l'avenir en symbole d'universel apaisement.

C'est dans l'inconnu de la mer et son mystère dévoilé que prit date, autrefois, aurore sans pareille, la gloire de Christophe Colomb. C'est la mer qui, de nos jours, a rendu le plus éclatant hommage à sa mémoire. Elle a figuré au triomphe non plus à la manière des vaincus sur les pas d'un Alexandre ou d'un César, mais en triomphatrice, elle aussi, en esclave devenue l'égale du maître, esclave qui a trouvé une fortune tout autre dans ce qu'on lui ravit un monde et ses trésors!...

N'oublions pas le pacifique tumulte qui se produisait, en même temps, en haut de la Rabida, sur le plateau où se dresse, par delà le monastère, le monument inauguré, monument trop grêle, quoique très beau, pour le panorama au sein duquel il s'élève, et surtout pour le vaste passé auquel il appartient.

La foule, sans cesse grandissante, se composait de la population des villes et de celle des champs, l'une et l'autre amenées tant par mer que par terre. L'Espagne et principalement l'Andalousie, avec leur prodigieux ensorcellement, étaient là sous nos yeux. A ce pittoresque venait s'ajouter celui non moins vibrant qu'offraient le monde officiel et l'élément cosmopolite. On ne se douterait jamais du luxe d'uniformes, d'insignes, de décorations, de broderies, de galons qu'entraînait de cette part une solennité semblable.

Ce flamboiement de plaques, de passementeries, l'étincellement provoqué par les troupes sous les armes, la lueur des salves d'artillerie déchirant sans interruption l'épaisse atmosphère de fumée qui enveloppait au loin la rivière, faisaient doublement ressortir la majesté sans apprêt que la reine régente Marie-Christine, accompagnée du jeune roi Alphonse XIII et des gentilles infantes, a attachée à la couronne d'Espagne.

Les signes extérieurs semblent indifférents à cette auguste souveraine, et la fierté de sa race, tempérée par la sollicitude maternelle, par la mélancolie du veuvage, le demi-deuil des vêtements, suffit à marquer le rang suprême qu'elle occupe. On la reconnaît instantanément à la grandeur morale que sa personne reflète, à la dignité immuable de son maintien, à la pénétration de son regard, à l'expression énergique et douce de sa physionomie.

Seulement, S. M. Marie-Christine apporte, en vérité, une crânerie trop grande à l'exercice de ses devoirs souverains. Presque toujours, la garde qui la protège des foules est indifférente comme nombre. On sait bien que ces foules sont sympathiques; nul n'ignore, d'ailleurs, que l'Espagne est une nation chevaleresque, cependant il faut tenir compte du flot humain et du danger qu'il offre s'il est mal contenu.

A la Rabida, après la bénédiction du monument, comme la reine régente, précédée du haut clergé, regagnait, processionnellement, le monastère, la multitude, amassée dans un espace relativement étroit, eut une poussée si forte que la famille royale, un instant, courut un véritable danger.

J'étais tout près de là, dans une tribune. Je vis, à ce moment, un évêque, la mitre en tête, la crosse à la main, s'élancer au-devant de la souveraine, lui faire un rempart de son corps et lui ouvrir la marche avec toute l'énergie que pourrait apporter un agent spécialement préposé à de semblables soins.

A Palos, le même jour, il en fut encore de même. La traîne royale fut foulée aux pieds, peut-être déchirée, par les habitants du village et ceux de la contrée.

A Séville, quelques jours plus tard, une voiture de

la suite fut renversée et brisée par le flot populaire, — heureusement qu'elle était vide, — comme elle stationnait devant l'Ayuntamiento, durant la fête donnée à ce palais.

Il n'est pas de démocratie, à commencer par la France, où l'on se désintéresserait, autant qu'on le fait aujourd'hui en Espagne, de la sauvegarde policière, toujours impérieuse et parfois brutale, dont un chef d'État veut être environné.

C'est par cette crânerie, faite de confiance et de douceur, que S. M. Marie-Christine a séduit son peuple, qu'elle en impose aux adversaires eux-mêmes de sa dynastie, adversaires parmi lesquels, du reste, elle trouve, en plus d'un cas, des auxiliaires et des défenseurs. Sous ce rapport, il semble que l'âme de Marie-Thérèse, son illustre aïeule, la visite, et que cette âme seconde le dur labeur auquel elle appartient.

Archiduchesse d'Autriche, héritière pour son fils du trône de Charles-Quint et de Philippe II, on dirait qu'elle a pris à tâche de faire oublier la distance que ces monarques absolus avaient mise entre eux et leurs sujets. Elle, au contraire, se rapproche le plus possible des siens, sans autre faste que la majesté de son renoncement, en reine esclave du *Fais ce que dois*, en reine devenue le guide immuable des destinées toujours délicates d'un roi encore enfant!

Le contraste que cela crée en Espagne est très moderne, et le procédé, il faut en convenir, est d'une indéniable séduction. Reste un péril, même dans la patrie du Cid. Un péril? N'importe! S. M. Marie-Christine l'affronte avec une tranquille et sereine résolution qui rappelle les énergies que déployèrent en d'autres temps les héroïnes de sa race.

C'est ainsi qu'on la voit toujours ; c'est ainsi que je la vis particulièrement à Huelva, à la Rabida, à Palos, où elle était venue relever la tradition que lui légua, il y a quatre siècles révolus, Isabelle la Catholique à l'égard de Christophe Colomb.

La protection de cette illustre souveraine fut alors impuissante à écarter les ténèbres qui ont obscurci, depuis, la mémoire du Révélateur. C'est sous les auspices de S. M. Marie-Christine et à son nom que la lumière a resplendi, enfin, et que Christophe Colomb est rentré en possession de sa gloire définitive.

Cette magnifique page d'histoire est l'âme du voyage auquel un certain nombre de Français et moi avons été associés, dès le premier jour. Après tant d'espaces parcourus par terre et par mer, après tant de villes, de localités, de sites visités ou traversés, Séville nous réservait de nouvelles séductions et de nouveaux enchantements. Les féeries auxquelles nous fûmes conviés, tantôt à l'Ayuntamiento, tantôt à l'Alcazar, « délices des rois maures », tantôt sur les rives du Guadalquivir et sur le Guadalquivir lui-même, n'effacent en rien le charme attaché, de tout temps, à cette ville arabe habitée par des chrétiens, ville que les uns ont vantée comme une nouvelle Athènes et que d'autres pourraient également prendre pour la capitale du Japon. Au demeurant, c'est surtout Séville, un ravissant labyrinthe dans l'éclatante vision duquel, en haut de la Giralda, par-dessus la cathédrale gothique, une statue de la Foi, en laquelle on pourrait aussi bien voir une divinité de harem, semble faire signe d'approcher aux voyageurs venus de loin !

Mais le centenaire, qui avait eu d'abord son théâtre en Andalousie avec l'inauguration du monument commémoratif, la manifestation maritime de tous les peuples et le Congrès des américanistes, tenu à Huelva, allait bientôt trouver sa synthèse à Madrid, dans l'Exposition historique, embrassant l'ancien et le nouveau monde.

Cette Exposition a été, sans contredit, la plus magnifique de toutes celles qui ont eu lieu jusqu'à ce jour. Elle a été le document humain de toutes les découvertes, de tous les progrès. Elle a été, en bien des points, la révélation des inconnus de l'histoire, comme aussi une réhabilitation relative des races préhistoriques trop souvent parodiées.

L'attraction qu'on y trouvait, je n'ai pas besoin de le dire, ne ressemblait en rien à celle que peut avoir une exposition universelle. Elle était faite d'enseignements, de quintessences. Elle offrait aux yeux, à l'esprit un de ces régals auxquels les gourmets trouvent indéfiniment plaisir et satisfaction.

Les exposants en général n'étaient pas des particuliers. Les États d'abord, les collectivités ensuite absorbaient la plus grande part d'attention. Le nouveau monde y figurait dans sa plus lointaine genèse, remontant, non sans reflets de génie, les âges néolithique, mezzolitique, paléolithique, puis l'ère colombienne, jusqu'au moment où, grâce aux contingents occidentaux, se formèrent des peuples jeunes et pleins de vitalité : les États-Unis, le Mexique, le Brésil, la Colombie, ainsi que les autres républiques de l'Équateur.

On y revoyait, d'autre part, l'Espagne devenue si grande aux xve et xvie siècles, dans le prodigieux essor que lui imprimèrent l'affranchissement de son territoire et la conquête du globe. Elle se déployait là tout entière dans son épopée éclatante et sombre à la fois, avec ses figures géantes : les rois catholiques, Charles-Quint, Philippe II, Gonzalve de Cordoue, Alexandre Farnèse, le duc d'Albe ; on la retrouvait là dans ses gloires premières, sa chevalerie et ses magnificences nouvelles, gardant le reflet de civilisation arabe qui est pour nous un sujet de surprise, de séduction et, en plus d'un cas, une sorte d'éblouissement !

L'inauguration officielle au palais de la Bibliothèque, siège monumental de cette installation sans pareille, eut lieu le 12 novembre 1892, avec une pompe vraiment souveraine.

A S. M. la reine régente Marie-Christine s'étaient joints LL. MM. le roi et la reine de Portugal. Le personnel des deux cours, les hauts dignitaires, le corps diplomatique venaient sur leurs pas. Les hallebardiers faisaient la haie sous le péristyle, la garde royale se tenait rangée en bas du perron. Toute l'armée de Madrid était sur pied. Partout, depuis la Puerta del Sol jusqu'en haut de la Castellana, la foule était immense.

A Madrid comme à Lisbonne, la jeune reine de Portugal n'avait eu qu'à se montrer pour être populaire. Son nom était dans toutes les bouches, elle faisait le sujet de toutes les conversations. Non seulement on la disait jolie, mais encore on s'accordait à la trouver charmante.

A voir cette princesse de la Maison de France, en réalité, on se rappelle instinctivement le *vero incessu* du poète latin. A la majesté que lui donne une taille superbe vient s'ajouter une grâce plus familière et plus piquante. Ses traits réguliers et purs sont animés par l'amabilité du sourire et la franchise du regard. La physionomie est faite de bonté, de santé, d'esprit, de bonne humeur.

J'assistai à toutes les fêtes qui furent données à son intention et à celle de Don Carlos Ier, son mari. Le jour même de son arrivée triomphale, je la vis, diadème en tête, à la soirée de gala qui réunit à la Casa Real les hôtes les plus illustres. Je la vis à la représentation qui fut donnée, le lendemain, au théâtre espagnol ; à la réception à laquelle, un peu après, eurent part deux mille invités. Je la vis également à une course de taureaux, organisée avec le concours des *espadas* célèbres ; elle était idéalement coiffée, ce ce jour-là, de la mantille andalouse. Partout, elle eut le même succès, fit la même impression. A sa seule vue s'étaient instantanément dissipées les préventions que les Espagnols eurent longtemps pour les Portugais.

Je n'ai plus besoin d'insister, dès lors, sur la solennité qu'imprima à l'inauguration la présence de reines dont les familles sont si étroitement rivées aux évocations de l'histoire. Toutes les manes remuées par cette colossale exhibition semblaient se joindre aux vivants pour rendre hommage aux souveraines, l'une dans le doux rayonnement de sa mélancolie, l'autre dans tout l'éclat de sa jeunesse et de sa beauté.

Sur leurs pas, immédiatement, en compagnie de S. M. le roi de Portugal, venait l'infante Isabelle de Bourbon, la princesse la plus populaire des temps modernes. Fille d'Isabelle II, dont la souveraineté garde encore, à Paris, son ancien prestige, sœur du roi défunt Alphonse XII, veuve du prince Girgenti, dont on vante l'héroïsme, elle fait revivre les qualités les plus parfaites de sa race ; en même temps, elle identifie la nation espagnole elle-même.

Moyenne de taille, robuste comme santé, le teint animé, les cheveux prématurément neigeux, l'œil perçant, investigateur, le sourire affable, la dent gaie, elle a toutes les grâces de l'esprit, toutes les maturités du savoir, toutes les bontés de l'âme. Très active, toujours sur pied, sportswoman infatigable et souvent téméraire, elle apporte, d'un autre côté, le mouvement et la vie dans la société madrilène. Galas de cour, soirées diplomatiques, bals de grandesses, concerts, fêtes religieuses, fêtes populaires, elle associe la famille royale à toutes les manifestations. Les savants, les écrivains, les artistes ont en elle une protectrice et une amie ; elle est la première à participer à toute œuvre attachée à un progrès quelconque. Comme patriote, elle se laisse facilement emporter par les fougues du tempérament espagnol; comme femme, rien n'a pu altérer en elle la dignité du cœur; son existence, mise hors de toute atteinte, défie les traits de la calomnie elle-même.

Je n'ai pas besoin, après cela, de dire avec quel zèle protecteur et assidu l'infante s'intéressa à l'Exposition. Tous les jours, pendant les premiers temps, et fréquemment ensuite, elle était en visite dans les salles, scrutant toutes les vitrines, discernant avec une sagacité rare et une connaissance très nette l'importance de chaque objet, sa caractéristique, feuilletant les incunables, les manuscrits, examinant les sculptures, les peintures, les estampes, les dessins.

Une fois, elle reconnut dans une vitrine le crayon, par Rubens, d'une dentelle qui existe encore à la Casa Real, parmi les biens de la couronne.

— Quel homme! ce Rubens, s'écria-t-elle, non sans une pointe d'ironie, il commence par les toiles, il continue par les tapis, il finit dans les dentelles.

Pour donner une idée immédiate de l'Exposition de Madrid, il suffira de la comparer à un monument composé d'un magnifique piédestal et surmonté d'un pur chef-d'œuvre comme statue. Le piédestal était fait de la section américaine et reproduisait dans ses bas-reliefs la genèse du continent américain. Formée des éléments fournis par la section européenne, la statue, par sa magistrale enlevée, symbolisait la révélation définitive du globe, la conquête du nouveau monde et l'apogée qu'en sut tirer l'Espagne.

Il faut faire la part de l'État dans l'honneur d'une telle conception. La *Junta directiva*, qui la formula en premier, avait à sa tête M. Canovas del Castillo, président du Conseil des ministres. Même qualité échut depuis à M. Sagasta, qui est aujourd'hui à la tête du gouvernement. Absorbé, toutefois, par les affaires politiques, il se déchargea des soins de l'Exposition sur M. Sigismond Moret, ministre de Fomento, membre de l'Institut, homme d'une compétence et d'une autorité reconnues en semblable matière.

Si M. Sagasta est l'homme actuellement le plus

considérable de l'Espagne, au point de vue politique, non seulement par rapport au pouvoir qu'il occupe, mais par rapport à son libéralisme assagi, à son expérience des affaires, à sa prudence, à sa modération, il ne faut pas perdre de vue que M. Canovas del Castillo est la personnalité dont ce pays a le plus droit d'être fier et de s'enorgueillir.

Comme homme d'État, il a relevé une dynastie, il a été et il peut être encore le soutien d'un trône ; il a sa place dans l'histoire. Mais ce qui le met bien au-dessus des événements, c'est son génie intellectuel et ses qualités exceptionnelles. Envisagé de la sorte, il réalise toutes les aspirations. L'académicien chez lui n'exclut pas l'orateur, le savant est doublé de l'artiste. Il est en tout et pour tout une célébrité à laquelle l'Europe entière n'en saurait opposer que bien peu de rivales.

J'ai parlé de l'orateur. Son éloquence n'est pas tribunitienne : il ne faut pas en attendre les grands éclats qui subjugent. Elle reflète plutôt l'académicien et l'artiste. Je l'ai entendu bien des fois, à commencer par les ruines de la Rabida, au sein desquelles, avec un art plein de poésie, il évoquait l'aurore du nouveau monde. Je l'ai entendu à Huelva, à Séville, à Madrid, pendant toute la durée du centenaire ; plus tard, dans les causeries familières qu'il avait avec nous comme président affable et écouté du jury ; toujours il m'a paru surprenant de virtuosité, même en ce qui concerne les questions ingrates et difficiles devant lesquelles pâlissent les spécialistes eux-mêmes.

Il a, paraît-il, une supériorité encore plus haute qu'il ne m'a pas été donné d'apprécier. Un jour, on parlait de lui dans une réunion dont je garde le plus aimable souvenir. Il était justement question des discours dont il s'était montré forcément prodigue au cours du voyage en Andalousie.

— Là n'est pas sa principale force, dit alors quelqu'un. Il est avant tout le premier orateur parlementaire de l'Espagne.

Celui qui parlait ainsi n'était autre que M. Castelar.

Dès qu'il s'agit de l'organisation immédiate de l'Exposition et de l'auteur principal du monument auquel je l'ai comparée, la personnalité qui s'offre instantanément à ma plume est celle du R. P. Fidel Fita, de la Compagnie de Jésus, le directeur et administrateur général pour la section européenne. C'est lui qui modela, fondit et éleva la statue de l'Espagne triomphante sur le piédestal fourni par un véritable amoncellement de documents relatifs à l'histoire du nouveau monde.

Le R. P. Fita est une des célébrités les mieux établies et les plus justifiées de la Péninsule : un savant connu du monde entier, aimé de tous ceux qui l'approchent. On le compte parmi les membres les plus éminents de l'Académie de l'histoire. Par ses recherches infatigables, ses ouvrages, ses écrits périodiques, il apporte à tout instant la lumière dans les questions les plus obscures. Sa science, secondée par une merveilleuse mémoire, s'attache à toutes les branches du génie humain. Chaque fois qu'un article de lui est annoncé dans les revues, il faut s'attendre à des révélations.

En matière d'archéologie, d'ethnologie, il ne le cède à personne; comme orientaliste, on pourrait le comparer à feu M. Renan, bien qu'il n'ait pas la même façon d'interpréter certains textes. Il est, en même temps, un des orateurs sacrés les plus suivis et les mieux écoutés. Son sacerdoce, sa personne, sa physionomie, reflètent la douceur et la mansuétude. On est instantanément séduit par la sagesse de ses conseils, la droiture de son jugement [1].

Comme religieux, il diffère de ceux d'un autre âge, ou du moins de certains, par des idées très larges, très libérales, je pourrais presque dire très modernes; cela ne l'empêche pas d'égaler en vertus ceux que l'Église a posés en modèles. Et pourtant il est très répandu, très recherché des grands et des petits. Son mysticisme aristocratique et affiné exerce autour de lui une séduction véritable. *Ite ad Fita!* à Madrid, est le mot de bien des situations. Ce religieux si

1. Le R. P. Fita a séjourné longtemps en France, où il fut envoyé encore tout jeune, pour faire son noviciat. Au Puy, on se souvient toujours de ses recherches archéologiques et des études qu'il publia à leur sujet.

simple, m'assure-t-on, a dénoué des écheveaux aussi embrouillés que pouvait l'être, dans son temps, le nœud gordien lui-même. Seulement il n'a jamais recours au procédé par lequel fut tranché ce dernier.

On comprend de quelle influence une personnalité si haute, si bienfaisante, a été dans le succès de l'Exposition. Le R. P. Fidel Fita en fut la vie, le mouvement, l'action, ou plutôt il en fut l'âme. Dès le début, il rompit les hésitations, surmonta les obstacles, assura le niveau auquel on se plaçait ; c'est par lui que l'entreprise se maintint jusqu'au bout en parfait équilibre. Voilà ce que peuvent parfois les hommes sans ambition qui se mettent au-dessus des récompenses humaines, qui se sacrifient à un but !

Il est une récompense, toutefois, qui n'aura pas manqué à cet évocateur. Elle est dans l'hommage unanime que lui rendent ceux qui l'ont vu à l'œuvre ; elle est jusque dans l'*à peu près* plaisant qu'un jour imagina, tandis que je causais avec lui, un de ses admirateurs les plus sincères, en l'appelant : *le père Magnifita*.

Les collaborateurs étaient dignes du maître. Venaient après lui, comme subdélégués généraux, M. Juan Catalina Garcia et le R. P. Mullé de la Cerda.

M. Catalina est le type du véritable Castillan et son esprit abonde dans la même note. Il est membre de l'Académie de l'histoire ; il occupe la chaire d'archéologie à l'école diplomatique. Jeune encore, il a publié de nombreux ouvrages qui le placent au premier rang comme écrivain. La *Edad de piedra* (l'âge de pierre) a signalé chez lui des débuts que confirment pleinement l'*Ensayo de tipographia,* grand ouvrage de recherches bibliographiques, et surtout une *Histoire de Pierre I*^{er} (le Cruel) qui compte parmi les meilleures monographies de l'*Histoire générale de l'Espagne,* publiée par plusieurs membres de l'Académie à laquelle il appartient.

A l'extérieur d'un abbé de cour, à la distinction de sa personne, à l'affabilité du ton, le R. P. Mullé de la Cerda, chapelain de Sa Majesté Catholique, auditeur de Rote, joint le mérite d'une vie consacrée à des œuvres utiles. L'artiste et l'écrivain se rencontrent en lui. Il est l'historien du dernier Conclave, et la biographie qu'il a faite de Sa Sainteté Léon XIII est une des meilleures. Il a publié tout récemment une *Vie de saint Isidore Labrador,* un des patrons et une des figures les plus populaires de l'Espagne.

Dans l'état-major qui entourait le R. P. Fita, je vois encore M. Pedro de Madrazo, secrétaire de l'Académie de l'histoire, membre de celle des beaux-arts, un des plus éminents représentants d'une famille illustre dans les lettres, la magistrature et les arts [1].

---

[1]. Il est le frère de M. Frédéric de Madrazo, directeur de l'Académie des beaux-arts, directeur du musée de Madrid; de M. Ferdinand de Madrazo, ancien magistrat et avocat renommé, longtemps attaché au ministère de la justice; de M. Louis de Madrazo, directeur de l'École des beaux-arts.

Dans la descendance de M. Frédéric de Madrazo, je trouve encore MM. Raymond et Richard de Madrazo, peintres particulièrement

Venaient à la suite, le comte de Valencia de don Juan, directeur de l'Armeria royale, mandataire de la Couronne, qui, indépendamment d'autres collections de premier choix, possède, en même temps que M. Guillermo de Osma, son gendre, les plus beaux spécimens de céramique hispano-mauresque qu'on ait réunis en grand nombre jusqu'à ce jour; M. Rodrigo Amador de los Rios, membre de l'Académie des beaux-arts ; M. Frederico Balart, le plus éminent critique de l'Espagne; M. Lopez de Ayala, secrétaire général de l'Exposition, directeur au ministère de Fomento ; M. Ramon Santa-Maria, membre de la Commission technique, secrétaire général aux archives de Alcala de Henares ; M. Rada, directeur du Musée archéologique ; M. Codera, académicien et professeur d'arabe à l'Université de Madrid ; MM. de Leguina, baron de la Vega ; Alcantara ; de Foronda ; Minguez; Herrera, autant de confrères de lettres et en journalisme auxquels je garderai toujours le souvenir reconnaissant de leurs bons offices à mon égard.

Au piédestal du monument, trop éphémère, hélas ! élevé par le R. P. Fita et les collaborateurs que je viens de nommer, c'est-à-dire à la section américaine, restera

connus et estimés, le premier à Paris, comme portraitiste, le second à Madrid, comme peintre d'histoire.
Un autre, M. José de Madrazo, était attaché au secrétariat général de l'Exposition. C'est à lui qu'on doit le relevé photographique de la plupart des objets. Les magnifiques albums qu'il a composés, particulièrement celui où il a fait entrer les œuvres des peintres primitifs, se recommandent à l'attention de tous les collectionneurs.

attaché le nom de son directeur et administrateur, M. Navaro Reverter, membre de la Chambre des députés, secrétaire général du ministère des finances sous la présidence de M. Canovas, un Parisien de Madrid qui a tout ce qu'il faut, — *si Dios quiere*[1], — pour être un jour ministre.

Lui aussi était entouré des collaborateurs les plus aptes à seconder son zèle, son intelligence et son activité. Parmi les plus éminents, je trouve MM. Issasa et Fabié, anciens ministres; Justo Zaragoza, le directeur du Congrès de Huelva; Jimenes de la Espada, directeur du Musée des sciences; l'amiral Luce, délégué des États-Unis; Walter Fewkes, de la mission Hemenway; Ramalho Ortigão, délégué du Portugal; Francisco del Paso, président de la Commission du Mexique, un des archéologues les plus renommés d'Amérique; de Perralta, ministre de Costa-Rica; Fernando Cruz, délégué du Guatemala; José Carrera, consul général de Honduras; Pedro del Solar, envoyé du Pérou; Zorilla de San-Martin, envoyé de l'Uruguay.

Cette élite internationale prouve abondamment avec quelle diplomatie M. Navaro Reverter avait pourvu aux destinées de la section américaine. Le succès de celle-ci fut grand, en effet, et digne en tous points de la monumentale vision qu'allait présenter l'ensemble avec la section historique. C'est par elle que je commençai les travaux qui m'ont retenu pendant plus d'un an en

---

[1]. Si Dieu le permet.

Espagne. Les études qui font la substance de ce livre ont été en partie publiées dans plusieurs grands journaux de Paris. Je ne changerai rien à leur forme d'actualité première, de crainte de déflorer des impressions étroitement vécues et qui, dans leur développement actuel, traduisent le sentiment unanime de tous ceux qui ont pris part à la même manifestation.

EXPOSITION HISTORIQUE
DE MADRID

SECTION AMÉRICAINE

I

La section américaine occupe vingt-sept salles, c'est-à-dire le rez-de-chaussée entier du vaste quadrilatère formé par le palais, nouvellement construit, de la Bibliothèque. Toutes sont tendues, pavoisées, soit aux couleurs de l'Espagne, soit à celles des pays exposants, suivant le goût, l'art et la richesse de chacun. Cela crée une perspective qui change à chaque instant, et dans laquelle le rouge et le jaune, habilement ramenés, entretiennent l'harmonie.

En grande dame qui reçoit ses hôtes, l'Espagne occupe, à droite, la première des deux salles auxquelles on accède par le péristyle. Elle en compte plusieurs autres dans la même section ; celle-ci est en quelque sorte une entrée en matière, un souhait de bienvenue aux exposants et aux visiteurs qu'intéressent les collections.

Elle a été installée par le corps des ingénieurs des

mines avec des roches, des fossiles et des minerais provenus de Cuba, Porto-Rico et Saint-Domingue.

En principe, on s'était proposé de faire connaître dans leur ensemble les richesses minières du continent américain, mais, faute d'espace et faute de temps, on a restreint ce projet et concentré toute l'attention sur la région la mieux faite pour offrir un résumé complet.

A ce travail de sélection sont attachés les noms de M. Fernandez de Castro, inspecteur général des mines, membre de l'Académie des sciences, de MM. Gabriel Puig et Raphaël Sanchez, l'un et l'autre ingénieurs, ainsi que membres de plusieurs commissions savantes.

Dans la collection de roches, dont les 600 spécimens sont de toute beauté, entrent les pierres précieuses qui jouent un si grand rôle dans la joaillerie : l'émeraude, l'améthiste, la topaze, l'onyx, l'opale, la cornaline. Ces blocs ne créent pas seulement un enchantement des yeux, ils font aussi songer aux reflets et aux étincellements que les lapidaires en tirent.

Les fossiles sont au nombre de 224. On y voit les plus instructifs de ceux que l'Espagne envoya à l'Exposition universelle de Paris, en 1867. Comme principal enseignement, les naturalistes y trouvent deux mâchoires qui relatent l'existence d'un mammifère qu'on prit d'abord pour un bradipus et chez lequel on reconnut ensuite une variété de megalonix. Dans un mémoire sur les mammifères de l'île de Cuba, publié en 1865, M. Fernandez de Castro rappelle que Pomel vit en lui le *Myomorphus Cubensis*, et Leydi le *Megalocnus rodens*.

Également notables sont deux défenses qui attestent l'existence, à Cuba, de la famille hipopotamique retrouvée plus tard aux États-Unis.

Dans un ordre beaucoup plus précis, la collection de minerais est également attachante. On y remarque surtout le minerai d'or de Guadacabuya, qui est d'une richesse extraordinaire. Non moins intéressants sont les minerais de cuivre, de fer aimanté, de naphte, de quartz et de manganèse.

A ces collections sont joints les documents. Ils consistent en une bibliographie minière qui embrasse les ouvrages ayant trait aux époques antérieures à la découverte et ceux qui se rapportent aux temps modernes.

Cette première exhibition est d'un goût un peu sévère, j'en conviens, mais elle nous initie à la nature prodigue des sols qu'ont foulés les races dans le passé desquelles nous allons remonter. Elle est égayée, d'ailleurs, par une restitution avec mannequins, pelleteries, engins et accessoires, de la vie des pêcheurs de l'Islande et du Groenland. Il ne faut pas oublier que cette dernière île, longtemps avant la découverte, était un poste d'observation par delà lequel se portaient bien des conjectures.

La section américaine recourt volontiers à des épisodes de ce genre pour égayer les sentiers souvent arides par lesquels elle nous conduit dans la préhistoire. Par rapport à celle-ci, il est une considération générale que je ne veux pas différer plus longtemps, touchant les théories plus ou moins darwiniennes qui font descendre l'homme du singe.

L'Exposition de Madrid a porté un coup mortel à ces ridicules hypothèses. Depuis que les singes existent, il n'est pas d'exemple que l'un d'eux ait songé à sculpter la noix de coco qui leur est pourtant bien familière. Dès l'origine, au contraire, l'homme eut l'instinct de la civilisation. C'est au point qu'on se demande si le monde sauvage a réellement existé... Oui, il a existé, de même que le monde barbare; mais dans l'un comme dans l'autre, on retrouve partout la même supériorité native, l'aspiration au progrès, le sentiment immuable de l'infini divin.

A mesure qu'on scrute ces âges, on est surpris des étincelles et des lueurs qui foisonnent dans leurs ténèbres. On se prend à douter, je le répète, du monde sauvage, car les progrès par là, quoique lents, ont quelque chose d'impérissable. Eux aussi, par bien des recherches, des efforts qui ne sont pas sans génie, ces primitifs dans lesquels on n'a voulu voir que des Peaux-Rouges, des Caraïbes ou des anthropophages, des fils de bêtes brutes et de pires guenons, eux aussi, ils contribuèrent à la vérité, en tant de points certaine, qui a fait dire : « Il n'y a rien de nouveau sous le soleil ! »

La première fois que je parcourus la section américaine, parmi tant de surprises, on ne devinerait jamais ce qui fit ma stupéfaction. C'est une statue-buste, véritable morceau de sculpture zapotèque, datant de deux mille ans peut-être avant notre ère, et dans laquelle se retrouvaient à la fois, sous leur forme la plus exacte... La bosse de Polichinelle et le chapeau de Napoléon Ier!

II.

Étant donnée la part qu'il a eue à la découverte de l'Amérique, le Portugal ne pouvait rester étranger au centenaire. Certes, il est loin d'avoir fait une exhibition aussi complète que l'Espagne de souvenirs émanés directement, mais il a montré une fois de plus l'art, l'élégance, le bon goût qu'il peut déployer en pareille circonstance. Il était, d'ailleurs, doublement intéressé à bien faire, puisque le roi D. Carlos Ier et la reine Amélie devaient prendre part à l'inauguration; je n'ai pas à rappeler le grand succès de beauté et de soudain entraînement qu'a remporté, en compagnie de son auguste aînée, S. M. Marie-Christine, la jeune reine issue de la Maison de France. Sa présence donnait un double éclat à la solennité.

Maintenant, je dois dire que tous les Portugais que j'ai vus à Madrid, — à commencer par S. E. le ministre de Portugal, comte de San-Miguel, — sont des gentlemen accomplis, des esprits extrêmement cultivés et des hommes parfaitement aimables. Ce signalement s'applique aussi bien à D. Pinheiro Chagas, président de la Commission portugaise, qu'au délégué général D. Ramalho Ortigão, un de nos confrères de Lisbonne.

C'est à M. Bordallo Pinheiro qu'on doit la décoration des quatre salles affectées aux envois du Portugal. Ce sont des marins de cette nation qui, se trouvant à bord d'un navire envoyé à Huelva, sont venus exécuter la main-d'œuvre. Cette décoration est combinée avec un art particulier. Il repose principalement sur des attributs de marine, des bouées, des cordages et des filets de pêche. C'est charmant comme effet.

Avec de simples grelins, ces matelots dressent des colonnades, dessinent des ogives, composent des chapiteaux, tracent des arabesques, figurent des portiques, reproduisent des fragments d'architecture. Ainsi, pour la principale salle de leur exposition, ils ont pris pour modèle le portail de l'église de la Mère de Dieu, de Lisbonne.

Il paraît que chez eux ce procédé est une tradition qui remonte au XVIe siècle. Les filets qu'ils emploient comme draperie touchent à la légende d'un deuil dont resta inconsolée la reine Doña Léonor, épouse de D. Juan III, à la mémoire de laquelle est attaché le souvenir reconnaissant de plusieurs institutions de bienfaisance, entre autres la fondation de l'hôpital des Miséricordes et celle de l'hôpital de Calday de la Ravina.

Un jour, des pêcheurs rapportèrent à cette reine, enveloppé dans leurs filets, le cadavre du prince son fils, qui s'était tué dans une chute de cheval. Doña Léonor, à partir de ce moment, adopta le filet de pêche comme symbole de sa douleur, et elle le fit entrer dans les armoiries de la Couronne. Cet attribut pour les Portugais est donc intimement lié à l'histoire de leur monarchie.

C'est au resplendissement apporté à celle-ci par les découvertes de Vasco de Gama que s'attache principalement l'exposition portugaise. Les plus beaux objets qu'on y voit émanent du règne de D. Manuel, celui des souverains de ce pays qui tient la plus grande place dans l'histoire, au xvie siècle. L'ensemble embrasse le document et la bibliographie, l'ethnographie américaine, l'art ornemental et la construction maritime.

La partie bibliographique abonde en enseignements. Dans un livre édité pour la circonstance : *Centenario del descubrimiento de America,* sont réunis les mémoires de Théophile Braga, Teizeira de Aragon, Lopez de Mendoza, Baldaque de Silva, Prosper Peragallo. Cet in-folio, dû à l'initiative de la Commission portugaise, est précédé d'une préface écrite par M. Joachim de Aranjo.

Une autre publication récente, encore plus volumineuse, offre un résumé intégral des documents du musée des Archives nationales de la Terre do Tombo, les plus propres à donner une idée exacte des explorations et des conquêtes portugaises depuis leur origine jusqu'à la fin du xvie siècle. Ce recueil a été dressé en collaboration par les savants portugais : MM. Ramon Coelho, Raphaël Basto, Xavier de Cunha, Prosper Peragallo. Les fac-similés qu'il renferme lui donnent la plus haute importance. Ils relatent l'écriture des princes et des plus grands personnages de l'époque : D. Juan Ier, l'Infant D. Pedro, l'Infant Henrique, D. Alphonse V. D. Juan II, D. Manuel. On y voit notamment la dernière page du traité de pêche entre les rois catholiques, — Ferdinand et Isabelle, — et le roi D. Juan II, ainsi que des lettres de D. Manuel à Alphonse de Albuquerque, de Charles-Quint à D. Juan II.

Suivent des ouvrages et opuscules apportant un complément utile, tour à tour signés : D. Pacheco Pereira, Pinheiro Chagas, Oliveira Martins. En même temps viennent les collections de cartes avec copies manuscrites, portant les noms des navigateurs les plus célèbres : Zarco, Teixeira, les deux Cabral, Dias, Vasco de Gama, Magellan. Dans cette collection, propriété de l'Académie des sciences de Lisbonne, figure également une carte de l'un des Reinel, les célèbres géographes du xvie siècle, auxquels notre compatriote, M. Hamy, membre de l'Institut, — un des délégués, lui aussi, du centenaire, — a consacré une étude à sensation où se trouve révélée la supercherie de l'un de ces savants, qui, après s'être donné ou plutôt vendu à l'Espagne, attribuait à celle-ci, dans ses cartes, les possessions qu'il avait ailleurs portées à l'actif du Portugal.

Dans cette nomenclature, je ne saurais oublier un opuscule dans lequel D. Baldaque de Silva décrit la nef *Saint-Gabriel* que montait Vasco de Gama lors de sa première exploration dans l'Inde. Elle est de forme plus irrégulière que la *Santa-Maria*, caravelle de Christophe Colomb, mais elle semble mieux préparée à supporter les fatigues et les secousses des longues traversées.

La partie ethnographique de l'exposition portugaise comprend les armes, les bijoux, les ustensiles domestiques, les tissus, les masques, les vêtements de guerre et de parade, ainsi que divers spécimens de céramique provenus de nombreuses explorations. Les masques coloriés, armés en squelettes d'oiseaux, comme aussi les tissus de plumes, sont des curiosités sur lesquelles j'aurai souvent à revenir.

Les mobiliers portugais des xvie et xviie siècles offrent la particularité des incrustations d'ivoire sur palissandre et bois de rose. Cet art initial avait été importé par les ouvriers indiens que le roi D. Manuel avait fait venir à Lisbonne pour seconder l'industrie du meuble dans cette capitale. Les divers modèles exposés offrent le mélange de la fabrication française de ce temps-là avec une ornementation spéciale empruntée à la fabrication indienne.

Je ne ferai que mentionner le côté maritime, qui renferme pourtant en grand nombre des modèles d'embarcations de pêche extrêmement utiles pour la construction. Il y a aussi une récapitulation complète, non moins instructive, de tous les travaux exécutés par les marins portugais à bord des navires de la marine royale.

La peinture n'est ici qu'accessoire; cependant plusieurs tableaux exposés ont une portée notable au point de vue de l'art. Il ne faut pas oublier, en effet, que le Portugal, du temps de la Renaissance, — contrairement à la tendance italienne affirmée par Francisco de Holanda, — avait suivi l'école flamande et s'était en quelque sorte identifié à elle.

Un portrait authentique de Vasco de Gama, qu'on croirait peint par un des meilleurs maîtres flamands, attire en premier l'attention. Un autre tableau procédant de la même école représente l'Épiphanie. Les monnaies qui sont sur un plat aux pieds de la Vierge sont celles de l'époque du roi D. Manuel, et lui-même, ce roi, se retrouve dans l'une des principales figures du tableau. Au second plan est un autre personnage auquel l'artiste a donné les traits et la ressemblance du célèbre écrivain Damian de Goes.

Deux très beaux diptyques constituent des documents précieux pour la restitution historique de l'art portugais au XVIe siècle. Dans l'un sont le mariage de D. Juan III avec la reine Doña Léonor et la cérémonie religieuse de leur union. L'autre représente le débarquement, à Lisbonne, des reliques de sainte Aute et leur translation solennelle à l'église de la Mère de Dieu, — *Madre de Dios*. On attribue à Van Eyck ces peintures, qui sont fort belles.

Comme les gourmets, j'ai gardé de bons morceaux pour la fin. Tel est un ostensoir en argent massif, ciselé avec un art exquis, magistrale pièce d'orfèvrerie gothique du XVe siècle, dans laquelle entre comme sujet la légende portugaise de la Vierge à l'Églantier avec le « Niño », c'est-à-dire l'Enfant Jésus. Quoique d'un goût plus sobre, un christ de même style offre un puissant intérêt. A côté, une custode reflète un art plus avancé dans le goût de la Renaissance. Un très beau calice combine l'art gothique avec le byzantin. Un reliquaire garde le souvenir des *Martyrs du Maroc,* les colonisateurs qui tombèrent sous les coups des indigènes. Toutes ces pièces marquent un niveau élevé de la part de l'orfèvrerie portugaise. Par la richesse et l'originalité de son travail manuelin, un baiser de paix (*osculatorium*), qu'expose l'Académie des beaux-arts de Lisbonne, et qui a figuré déjà en 1882 à l'Exposition de cette ville, offre un des plus curieux modèles de l'orfèvrerie religieuse au xvie siècle.

Le missel composé par Esteban Gonzaloes n'a plus besoin qu'on flatte sa renommée. C'est un des plus purs chefs-d'œuvre qui existent dans le genre. Il a été copié et reproduit, mais comment égaler, dans la reproduction, un manuscrit qu'on croirait illustré par Raphaël lui-même? Un ravissant livre d'heures de la reine Doña Léonor prend place à côté de lui.

Les grands plats Renaissance en argent doré et repoussé, ainsi que les fruitiers assortis de grand modèle, propriété personnelle du roi D. Carlos Ier, vont clore la série. Très en relief, ils appellent instantanément l'attention. C'est un repoussé un peu lourd, mais plein de vitalité : ce tumulte, cette débauche de motifs ont une marque nationale intense, éloignée sans doute du fini de la Renaissance italienne, mais qui s'impose quand même par son allure et son tempérament.

C'est à D. Romalho Ortigão et à sa bonne confraternité que je dois de connaître ainsi par le menu cette jolie exposition, d'en avoir soupesé, palpé les objets les plus riches et les plus curieux, d'avoir admiré page par page les délicieux encadrements de Esteban Gonzaloes, les enluminures du livre d'heures de la reine Doña Léonor.

Comme j'allais prendre congé de mon aimable cicerone, il me montra quelques violettes desséchées qui gisaient dans un coin de vitrine.

— Des violettes de Cintra, me dit-il.

Je le regardai, attendant l'explication.

— Voici l'histoire, ajouta-t-il. Sachant que la reine Amélie aime beaucoup les violettes de Cintra, une des résidences de la couronne de Portugal, je m'étais promis de lui en offrir un bouquet à l'inauguration.

Deux jours avant le voyage des souverains, je télégraphiai à Lisbonne à un de mes amis qui est secrétaire à la cour, pour qu'il fît prendre de ces fleurs et me les envoyât. Je ne disais pas ce que je voulais en faire.

Mon ami était absent ; le roi ouvrit la dépêche. Il se prit à rire, et appelant un aide de camp :

— Ortigão, dit-il, demande des violettes... C'est sans doute à l'intention de quelque dame. Prévenez, afin qu'on en cueille et, comme nous partons demain pour Madrid, nous les lui apporterons.

En effet, à l'arrivée, le jour suivant, les violettes me furent remises, et j'en fis nouer un bouquet que j'offris à la reine Amélie, quand elle vint à l'Exposition.

— Madame, lui dis-je, ces violettes sont votre bien, et c'est le roi qui vous les offre.

III

Les installations de la Suède et de la Norvège tiennent à une personnalité, à Nordenskiold, le grand explorateur moderne. Comme délégué, il était de taille à représenter les deux nations : néanmoins, la Norvège a aussi son représentant direct, M. Gustave Storm, professeur de l'Université de Christiania.

J'ai vu, pour la première fois, le baron de Nordenskiold au commencement du mois de septembre dernier. C'était à la séance d'ouverture du Congrès américaniste, tenue au Monastère de la Rabida, sous la présidence de M. Canovas del Castillo, alors premier ministre d'Espagne.

On s'était réuni dans le patio de l'illustre ruine, et M. Canovas avait commencé déjà son discours, quand un homme de haute taille en habit noir, portant une plaque pour toute décoration, vint s'asseoir au pied de l'estrade présidentielle.

Il se fit un mouvement dans l'assemblée, les têtes ondulèrent, et le nom de Nordenskiold passa de bouche en bouche.

Le ministre avait interrompu son discours. On

s'empressa auprès du nouveau venu, on le força en quelque sorte à monter sur l'estrade, où un gouverneur militaire en uniforme de général lui céda son fauteuil.

Nordenskiold accuse tout au plus la cinquantaine. Il a la moustache et les cheveux blonds, — ceux-ci grisonnant sur les tempes, — les traits réguliers, le teint animé, le front haut, le sourire avenant, et le regard bleu, profond, des races de l'extrême Nord. Bien proportionné, distingué, élégant, quoique fort et robuste, on devine aisément en lui l'homme énergique et fait pour l'action.

Ce jour-là même je lui fus présenté par M. Oppert, membre de l'Académie des inscriptions et belles-lettres. Par la même occasion, je fis la connaissance de M. Hamy, dont j'ai déjà parlé au sujet d'une carte de l'un des frères Reinel, qui figure à l'installation du Portugal. M. Hamy, à la séance d'ouverture, avait prononcé l'éloge de son maître et de son collègue, M. de Quatrefages, décédé, un des plus éminents fondateurs de la Société des américanistes.

M. Oppert, — que je ne connaissais pas encore, — et moi étions partis de Paris, le 2 octobre, à dix heures du soir. Comme nous nous trouvions dans le même compartiment, il me parut que ce voyageur déjà âgé mais vert, petit de taille, alerte, à la physionomie pleine de malice, au regard souverainement vif et intelligent, devait être un de ces savants qu'on rencontre chaque jour par delà des ponts, tant du côté de la Sorbonne que de celui du palais Mazarin. La rosette d'officier de la Légion d'honneur qu'il avait à la boutonnière semblait confirmer cette hypothèse, en même temps j'aperçus dans le filet, trouant un énorme paquet de châles et de couvertures, une épée à poignée de nacre accouplée avec un parapluie. Je ne m'étais pas trompé : c'était un membre de l'Institut.

Il avait engagé la conversation moins pour me faire parler que pour parler lui-même. Il était sous l'impression du brouhaha de la gare, des allées et venues, des hâtes du départ, et il en gardait l'énervement. Allumant sans cesse un cigare qu'il laissait aussitôt s'éteindre, il se levait pour s'asseoir de nouveau; changeait de place, se remettait à celle qu'il avait quittée et, tout en parlant, il fouillait tantôt dans un sac, tantôt dans une valise, cherchant toujours après quelque chose, remettant pêle-mêle les objets qu'il déplaçait : des pantoufles, des faux cols, des tranches de bœuf froid, des rasoirs, des ronds de saucisson, des brosses, des petits pains, des décorations...

Ses souvenirs l'avaient ramené au temps de l'Empire. C'était un feu roulant de traits, de saillies, de mots, d'anecdotes. Il assistait aux fêtes des Tuileries, il était invité aux soirées de Compiègne, nul personnage d'alors, grand ou petit, ne lui était inconnu. Et à tant de noms il mêlait ceux de l'empereur Guillaume, de M. de Bismarck, de Mme de Metternich... Une fois, il avait fait une chute provoquée par la traîne de la célèbre Autrichienne; une autre fois, en 1867, il avait marché sur le pied à l'empereur Guillaume, qui n'était encore que roi de Prusse.

Et tout cela, je sentais que c'était vrai, parfaitement vrai, qu'on ne m'en imposait pas ; j'étais intéressé autant qu'on puisse l'être, charmé même, seulement je ne parvenais pas à débrouiller l'identité de l'infatigable conteur. Un nouveau trait, en faisant intervenir scientifiquement et anacréontiquement les « inscriptions cunéiformes » dont il fut fait tant de bruit un moment, me mit instantanément sur la voie.

— Vous êtes M. Oppert, dis-je à mon compagnon.

C'était lui, en effet, lui, le vengeur de tous les savants qui, tant de fois et pendant si longtemps, blêmirent sur ces fameuses inscriptions qu'on ne parvenait jamais à déchiffrer ; c'était lui l'éventreur de ce sphinx, la clef du secret réputé impénétrable, le secret des inscriptions cunéiformes, et je dois ajouter aussi le secret d'une foule d'autres découvertes ; c'était lui, M. Oppert !

Mon nom que je fis connaître ayant agréé au savant, nous fûmes bientôt les meilleurs amis du monde. — Des jours et des nuits passés en chemin de fer ne rapprochent pas seulement les distances, ils rapprochent aussi les voyageurs qui les parcourent. Moi, je m'occupais des menus soins avec le zèle déférent qu'on doit à un compagnon célèbre et plus âgé ; de son côté, M. Oppert, avec son exubérance native et son inépuisable savoir, rendait le temps moins long, les espaces plus courts, le trajet plus récréatif.

Je n'ai jamais vu activité d'esprit pareille à la sienne. A peine réveillé dans le train, il cubait tous les chiffres qui lui tombaient sous les yeux, le numéro des compartiments, celui des convois, celui des machines. Il se faisait un jeu des calculs les plus ardus, il jonglait avec des théories, il pirouettait avec les systèmes, ou bien il envoyait une fois de plus sa malédiction à M. de Blowitz, correspondant du *Times*, qui en réalité s'appelle *Opper* comme lui, à une lettre près, chose qui amena dans le temps des confusions dont le grand Oppert, le seul, est encore exaspéré.

Je passe les incidents et les péripéties. Je passe la bouteille d'eau *oxygénée* que le savant emporte dans ses voyages pour faire ses ablutions ; je passe Irun et les fumigations exemplaires que le cher maître valut à ses couvertures en faisant en espagnol un discours sur la santé publique. Je passe les secousses, les avaries, les heurts qu'essuya l'épée à poignée de nacre dans les transbordements. La lame indignée avait rompu la contrainte du fourreau et, perçant le cuir de ce dernier, formait avec lui un angle menaçant auquel resta accrochée une fois par les jupons une dame respectable et mûre.

— Ne craignez rien, madame, lui dit M. Oppert en la dégageant, ce sabre est celui des conquêtes pacifiques ; il n'a jamais blessé personne.

Comme à tous les congrès auxquels il prend part, M. Oppert, à Huelva, était le plus assidu aux séances qui succédèrent à celle qu'on avait exceptionnellement tenue à la Rabida pour l'ouverture. Rendu le premier à l'hôtel Colomb, il se tenait sans cesse au premier rang, épiant toutes les questions, les serrant de près, les scrutant en quelque sorte, tantôt approuvant, tantôt désapprouvant du geste, de la voix, protestant au besoin et, dans tous les cas, implacablement résolu à exercer le contrôle de son énorme savoir.

Cette attitude draconienne, un peu semblable à celle de l'examinateur en Sorbonne, ne laissait pas d'indisposer certains congressistes, principalement ceux qui ont la communication facile et qui comptent produire leur petit effet sans se donner beaucoup de mal. Mais le savant n'avait cure de ces susceptibilités ; il bousculait sans pitié les hypothèses fausses ou improbables, et établissait ainsi un contrepoids utile dans un milieu trop aisément enclin à présenter comme des vérités des légendes trompeuses et parfois enfantines.

Mais j'oublie Nordenskiold, la Suède et la Norvège. Un jour on parlait devant l'explorateur du prochain congrès des américanistes qu'on voulait, disait-on alors, tenir à Chicago.

— C'est cela même ! s'écria le célèbre marin. Nous fréterons un navire et je vous conduirai par le pôle Nord !

Tout le monde fit mine de mettre un pardessus.

Revenons à l'Exposition, où nous nous trouverons sous les zones glaciales, sans changer de climat. Ainsi que je le disais en commençant, l'installation de la Suède tient toute à Nordenskiold.

Comme pour marquer le concours apporté par l'étude à son génie, il a envoyé, entre autres documents, une série entière de cartes, à commencer par celles des deux premiers globes. Puis vient la restitution ethnographique de l'exploration de 1878-1880. Un modèle en réduction du *Vega,* navire qui portait l'explorateur, est en tête des objets provenus de ces effroyables lointains.

On suit pas à pas l'héroïque labeur sur ces mers de glace. « Las Rocas » et le Colorado américain succèdent avec leurs vestiges archéologiques, onthologiques, géologiques. Ce sont tour à tour des fragments de sépulture, des restes humains, des crânes, des vues photographiées, des plans, et encore une reproduction — hypothétique — d'un temple aztèque.

Je laisse la Norvège et je me tiens à l'homme, à Nordenskiold.

IV

Avec Nordenskiold, nous avons déjà touché en Amérique par le pôle Nord ; c'est à des voies plus commodes et communément suivies que revient l'accès des régions au sein desquelles nous allons pénétrer.

Dans l'Espagne et le Portugal, nous avons vu les deux agents principaux de la conquête du globe ; dans les États américains exposants, nous allons voir les peuples conquis ayant atteint désormais le même niveau que nous. Tous nos progrès leur sont communs ; bien plus, avec leurs découvertes scientifiques, ils peuvent se flatter d'avoir contribué en grande partie au bienfait présent de la civilisation.

Parmi tant de marques de vitalité que ces peuples donnent journellement, l'empressement avec lequel ils ont répondu à l'appel de l'Espagne est surtout à considérer. Quels que soient le rapprochement et les facilités qui résultent de la navigation moderne, ils ont eu incontestablement à surmonter de grandes difficultés pour amener et faire concourir à un ensemble qu'on ne reverra peut-être jamais des collections que leur volume, leur pesanteur et leur pluralité semblent vouer à un immuable stationnement.

De tous les sacrifices qu'ils se sont imposés, nul n'a été capable de refroidir leur zèle et leur élan. Cette générosité de leur part en faveur d'un but aussi désintéressé atteste une fois de plus la noble indépendance que personne ne saurait désormais leur contester ; en outre, elle est un augure irrécusable de l'état de prospérité et de grandeur que leur prépare l'avenir.

Ce qu'il importe de considérer dans les manifestations de cette sorte, ce n'est pas tant la curiosité que peut offrir un objet en lui-même, c'est la synthèse qu'on en peut tirer. La section américaine de l'Exposition historique de Madrid aura plus fait à elle seule pour l'histoire du nouveau monde que n'ont fait à eux tous les historiens qui, depuis la découverte jusqu'à nos jours, ont traité isolément ce sujet.

Cela est tellement vrai, que la nécessité s'impose

aujourd'hui de reconstituer en bloc l'histoire du continent américain sur les données qu'offre l'Exposition. A cet effet, toutes les délégations ibéro-américaines ont formé une « Junta » spéciale dans les commissions de laquelle est élaboré, sur un plan arrêté déjà, le projet d'une immense publication en espagnol, qui embrassera tous les documents et qui présentera dans l'ordre le plus pratique l'enseignement qu'on en peut tirer. Ce projet intéresse à titre égal toutes les branches du savoir humain : l'archéologie, l'ethnologie, l'ethnographie, la zoologie, la géographie, la statistique, la navigation. Il peut se rapporter également d'une manière non moins utile à l'étude comparative des progrès successivement obtenus, comme aussi à celle des forces productives de chaque pays [1].

Là-dessus, je viens aux installations présentes, en suivant par ordre de salles. Costa-Rica peut passer encore à nos yeux pour un petit État; cependant cette république augmente chaque jour d'importance. Son territoire entre l'Atlantique et le Pacifique, au centre du continent, est égal à celui de la Hollande. Élisée Reclus, le géographe français, présente Costa-Rica comme une république modèle qu'un progrès constant a affranchie de toute dissension politique et élevée à un degré de bien-être matériel remarquable. Ce territoire entra dans les découvertes de Christophe Colomb

1. Ce travail, à la réalisation duquel on devait s'attacher immédiatement, semble abandonné aujourd'hui. On ne saurait trop le regretter.

à son quatrième voyage. Il a actuellement trois cent mille habitants.

La capitale est San-José; sous la domination espagnole, c'était Cartago. L'autonomie définitive de cet État date du traité de Madrid, 10 mai 1850.

Ici, je trouve comme envoyé extraordinaire M. Manuel de Peralta qui, en qualité de ministre plénipotentiaire, représente son pays en Espagne, en France, en Belgique et en Allemagne. Il est tellement répandu en Europe qu'on se demande où il a pu trouver le temps de naître à Costa-Rica. Pourtant c'est un des plus hauts personnages de cette république, et l'avenir lui réserve vraisemblablement de nouvelles dignités. Il est jeune, très actif, très distingué, très instruit. Dans le monde diplomatique comme dans l'aristocratie madrilène, on le recherche beaucoup et on l'apprécie grandement.

Les deux salles occupées par Costa-Rica sont pavoisées aux trois couleurs; le drapeau national ne diffère du drapeau français que par la disposition. L'aménagement est plein d'élégance et fait au mieux ressortir un lot considérable d'objets ayant appartenu aux peuples précolombiens et à ceux contemporains de la conquête espagnole. Ces peuples étaient principalement les Aztèques et les Mangues. Au reste, les races primitives, à Costa-Rica, ne figurent plus que pour une vingtaine de mille dans le chiffre fourni par la population. Notons en passant que le territoire, grâce à son climat et à la nature du sol, subviendrait aisément aux besoins d'une population dix fois plus dense. Rien ne manque au progrès réalisé, ni les ports, ni les chemins de fer, ni la lumière électrique, ni le télégraphe, ni le téléphone.

Les commencements auxquels nous fait assister cette petite Salente ne sont pas, sans doute, aussi brillants, cependant il faut reconnaître que les Aztèques et les Mangues, les Aztèques surtout, eurent une grande part aux progrès primitivement accomplis dans l'Amérique centrale. Leurs idoles, leurs statues, leurs autels attestent de leur part une recherche qu'on constate également dans les ouvrages en terre. Si leur divinité principale était la guerre, si leurs autels étaient faits pour le sacrifice humain, ils avaient, d'un autre côté, des dieux lares parfaitement avenants et presque toujours de bonne humeur. Ils multipliaient à l'infini les ustensiles de ménage, ils les polissaient et les ouvrageaient suivant la matière. Ils travaillaient également avec art le silex et la jade, en tiraient des couteaux tranchants comme l'acier et des flèches non moins perçantes que le même métal.

Ils étaient sanguinaires et, malgré cela, ils avaient toutes les coquetteries, comme aussi tous les fétichismes. Les bijoux et les amulettes entretenaient constamment leur habileté de main. Après la pierre, ils firent des objets charmants, soit en or, soit en cuivre. Inutile de dire qu'ils recherchaient les ornements en plume et qu'ils se paraient pour le bal. Au reste, ils adoraient la musique.

La république de l'Uruguay a pour représentant

M. Zorilla de San-Martin, un des hommes les plus marquants et les plus considérés. Son installation au centre d'une salle occupée par l'Espagne, toujours dominatrice en ce qui touche au document, n'a qu'une importance relative. Elle fournit pourtant des spécimens curieux de pointes de flèches, de haches en jade ou en silex, de massues, et une grande variété de pierres de fronde ou de lasso.

S'il est une coquette au monde, c'est bien la république de Guatemala. Son installation est une vraie débauche de ses couleurs nationales, le blanc et le bleu : plafond cintré en soie aux deux couleurs, tapis en moquette aux deux couleurs, trophées avec drapeaux aux deux couleurs. Les murs sont tendus en étoffe rouge lie de vin quadrillée de jaune, de bleu et de vert. Les bordures sont jaunes avec personnages hiéroglyphiques noirs. Au milieu de la salle est une borne à quatre spacieux divans en étoffe rouge rayée, surmontée d'une statue représentant une femme de couleur, assise et tenant une corbeille de fruits sur ses genoux. Des palmiers complètent la décoration. On se croirait dans un boudoir.

Les représentants de cette jolie république, qui ne compte pas moins aujourd'hui de quatorze cent mille sujets et qui est située, comme Costa-Rica, entre l'Atlantique et le Pacifique, sont MM. Fernando Cruz, ex-ministre des relations étrangères, et José-Maria Carrera, ministre plénipotentiaire à Madrid et à Lisbonne.

Le naturel des habitants primitifs de cette contrée

du centre américain était-il meilleur que celui des peuples de Costa-Rica? On serait tenté de le croire, si l'on s'en rapporte à l'installation d'abord, et ensuite au caractère plus ouvert des objets exposés. Seulement, il faut tenir compte de ce que beaucoup de ces objets sont souvent plus rapprochés de nous comme époque; le moderne y tient même une assez large place. Dans tous les cas, la notion de l'art mexicain envahit déjà les vitrines, et nous verrons bientôt où cet art nous conduit.

Indépendamment de livres et manuscrits précieux, de deux cartes autographes de Christophe Colomb, je citerai sans ordre plusieurs vases dont la décoration à personnages, figures allégoriques ou hiéroglyphes, dénonce un art dont il faut chercher la source au Mexique. Un nombre incalculable d'idoles en pierre, dont une très belle en pierre noire, d'autres en terre, des têtes, des figures humaines, des figurines, le plus souvent recueillies dans la région de Quiché, font le principal contingent de ces collections.

V

On a vu l'Espagne se plaçant, dès le début, en tête de la section où figurent les peuples issus de la conquête. Là n'est que le portail de l'édifice magnifique dans lequel, *alma parens*, elle embrasse toutes les manifestations et les élève à son propre niveau.

C'est ainsi qu'elle reproduit en double les installations des États américains, en exposant elle-même, en différentes salles, les objets de même provenance depuis longtemps recueillis dans ses musées. L'Amérique n'aurait pas répondu à son appel qu'elle pouvait à elle seule la suppléer tout entière.

Rien n'avait échappé à ses investigations, ni à ses classements. Elle restitue tour à tour les États-Unis, le Mexique, les Antilles, l'Amérique centrale, la Colombie, le Venezuela, le Pérou, le Brésil, la Bolivie, le Chili, la République argentine, le Paraguay, la Patagonie, la Terre de Feu, avec un choix de souvenirs qui fait revivre, dans cette enceinte, la domination qu'en d'autres temps elle étendait si loin.

Il est vrai que l'élite de la nation espagnole a secondé ce déploiement avec un zèle non moins grand que celui auquel a correspondu le succès de la section européenne. Ici on ne s'est pas tenu seulement à l'initiative du corps des ingénieurs des mines et à la participation des musées. Sous les auspices de savants tels que MM. Fabié, président de la Commission spécialement instituée; le R. P. Fita, directeur et organisateur de la section européenne; M. Saragoza, délégué général officiel pour le Congrès de Huelva, on a fait intervenir les documents historiques des Indes, conservés aux archives de Simancas, ainsi que ceux qui se trouvaient également au dépôt central de Alcala de Henares, à l'ayuntamiento des Archives nationales, à l'Académie royale, à celle des beaux-arts, à la bibliothèque de Tolède. On ne pouvait offrir un champ plus vaste à l'enseignement.

Dans les folios qui relèvent des archives de Simancas sont les documents ayant trait à Cristophe Colomb et à la découverte, les relations de voyages, les privilèges, les titres accordés.

Au même dépôt appartiennent deux capitulations intervenues entre les rois catholiques et Muley Boabdil, le dernier roi maure. La première fut signée par ce dernier à Grenade, le 15 avril 1493, et ratifiée par Ferdinand et Isabelle à Barcelone, le 15 juin suivant. Ratifiée par ces souverains le même jour et en la même ville, la seconde fut signée le 8 juillet à Andarax, par Boabdil. L'une et l'autre règlent les conditions du départ du vaincu pour la terre d'Afrique.

Les archives des Indes rentrent dans la donnée de Colomb, de son lieutenant Pinzon et de ses successeurs. Elles embrassent l'administration politique et religieuse des possessions de Saint-Domingue, de la Nouvelle-Espagne et de la conquête en général.

Cela représente une forêt compacte de documents auxquels viennent s'ajouter les envois de la Bibliothèque nationale, de l'Académie de l'histoire et de l'Académie des beaux-arts. Dans ces envois sont compris le manuscrit original de l'*Apologetica historia de las Indias*, par Bartolomé de Las Casas, évêque de Chiapa, et l'*Historia de las Indias*, par le même (manuscrits du xvie siècle). Un autre, provenu de la bibliothèque du duc d'Osuna, est la relation du premier et du troisième voyage du grand navigateur.

En parlant du Guatemala, j'ai omis de citer à son actif deux manuscrits historiques qui sont de la plus haute importance pour les savants. L'un traite de l'origine des peuples du nouveau monde et de la conquête du royaume de l'Utatlan ou Quiché par les Espagnols ; de la fondation de la ville de Guatemala par ces derniers ; du voyage qu'entreprit Fernand Cortès dans les montagnes de l'Itza et Lacandon pour en chasser Guatemuz, le dernier empereur des Aztèques. L'auteur termine par l'arrivée des dominicains à Guatemala.

C'est à l'un de ces religieux, frère Francisco Ximénes qu'est dû le second manuscrit, — trois volumes in-folio, — auquel on prête la plus haute autorité, l'auteur ayant été témoin des faits qu'il relate touchant l'occupation espagnole. Dans une partie de son ouvrage, frère Ximénes retrace les mœurs et reproduit les légendes religieuses des Indiens du royaume de Quiché. Ils étaient loin, suivant cela, de descendre du singe, et de n'avoir été tout d'abord que des animaux perfectibles.

Voici ce que ces Indiens disaient de l'homme : « Le premier qui fut créé s'appela Nalaquiché, le second Balama-Cab, le troisième Mahu-Cullab, le quatrième Iquilaban. Ils n'eurent ni père ni mère ; ils furent engendrés par le créateur qui s'appelait Tepen Icacumah. Et dès qu'il furent revêtus de la forme de l'homme, aussitôt ils parlèrent, ils virent et entendirent. Ils étaient les *meilleurs* des hommes et les plus beaux. Ils respirèrent et promenèrent partout leurs regards, admirèrent les magnificences du ciel et de la terre. »

Ce texte, que je traduis littéralement de l'espagnol, n'est pas de frère Ximénès. Lui-même l'avait puisé dans les livres mexicains antérieurs à la conquête et composés en caractères hébreux et chinois mélangés.

Voulez-vous maintenant savoir ce que les mêmes Indiens de Quiché pensaient de Dieu, ou du moins la notion qu'ils en avaient? Les textes mexicains reproduits par le savant religieux vont nous l'apprendre :

« Tout s'est fait et s'est perfectionné par le Créateur et le Formateur de tout, le père et la mère de la vie et de la création. C'est lui qui donne la respiration et le mouvement, c'est lui qui donne la paix. Il connaît l'avenir, il sait tout ce qui se passe ; il juge les actes et les paroles. Il entend tout, il voit tout. Ceux qui tenaient de lui la vie lui rendirent des actions de grâces en disant : « Nous te remercions de ce que tu « nous a créés, de ce que tu nous a donné une bou- « che, une chair, de ce que nous avons le goût, de ce « que nous avons l'ouïe, de ce que nous voyons le « grand et le petit, tout ce qui est sur la terre et « tout ce qui est au ciel! »

J'en appelle aux philosophes modernes : les hommes primitifs qui avaient la conception d'une genèse semblable étaient-ils des singes? Il est vrai que les Indiens de Quiché s'attribuaient un lien de parenté étroit avec les quatre premiers hommes. Ils en faisaient descendre en ligne directe les rois qui les gouvernèrent jusqu'à la venue des Espagnols.

N'importe, cette conception se rapproche tellement de la Genèse de l'univers retracée par Moïse qu'il semble impossible qu'il n'y ait pas entre les deux quelque corrélation. Mais comment renouer la tradition de ces peuples? C'est là l'inconnu, le mystère de l'Amérique. Cet inconnu, ce mystère, on les sent partout, nous les retrouverons à chaque pas. Et nul ne peut encore les éclaircir, les pénétrer, quels que soient les indices qu'on retrouve, quels que soient les monolithes géants qui sur tant de points attestent des civilisations ignorées. On remonte vers l'Inde, sans doute, mais l'Inde ne nous apprend rien à cet égard, l'Inde est muette comme le sphinx.

J'ai rencontré, ces jours derniers, un jeune savant, d'origine arabe, auquel je faisais part de ces doutes :

— Qui nous prouve, me dit-il, que ces civilisations préhistoriques qu'on ramène sans cesse dans l'Inde n'ont pas eu primitivement leur foyer en Amérique[1]?

Je bondis à cette assertion. Ah! si M. Oppert, mon savant compagnon de voyage des premiers jours, eût été là, quelle leçon aurait reçue l'orientaliste! Et, cependant, nul ne saurait au juste démentir son hypothèse?

La République dominicaine a pour représentant M. Ladislas Escoriaza, envoyé extraordinaire et ministre plénipotentiaire. La restitution de l'île de Saint-

[1]. Ce jeune savant, dont j'ai gardé le souvenir le plus agréable, s'appelle Ahmed Zeki Effendi. Il occupe, au Caire, un poste important dans les sphères les plus élevées du gouvernement du khédive.

Domingue dans ses traditions archéologiques et ethnographiques éveille chez nous autres Français bien des souvenirs. Dans cette installation très soignée, comme toutes les autres, figure une croix qu'on portait à la pose de la première pierre de la première cathédrale des Indes. La partie supérieure manque. Elle fut enlevée et envoyée à Cuba lors de la cession à la France du territoire que les Espagnols avaient encore dans l'île. La croix appartient à l'Église métropolitaine de Saint-Domingue. Je remarque encore une custode Renaissance en argent doré et un retable représentant Notre-Dame de la Antigua avec les portraits des rois catholiques, le tout appartenant à la même cathédrale. Celle-ci expose, en plus, tout ce qui a trait à la sépulture tant discutée de Christophe Colomb.

La République de l'Équateur présente des collections intéressantes de vases, de haches, de monnaies et de médailles. Il en est de même du Nicaragua, auquel il faut tenir compte en plus de ses collections de couteaux et d'armes, ainsi que de ses jarres et de ses vases polychromes.

Pour tous ces États on a la sensation immédiate du progrès accompli. Les ustensiles domestiques, les silex taillés de toutes façons, les jades converties en urnes, marquent à ne pas s'y méprendre le point de départ. Les reproductions de monuments, les ouvrages modernes, établissent la civilisation présente. Mais d'où sont venues les étincelles de civilisation passée qui jaillissent des ténèbres où ces peuples ont évolué ? C'est là ce qu'on ne saurait discerner.

VI

Le drapeau des Etats-Unis, tout le monde le connaît, c'est celui de l'indépendance à laquelle La Fayette a attaché son nom, celui de la nation la plus riche, la plus vaste et la plus populeuse du continent américain. Saint-Augustin, la plus ancienne ville, fut fondée, par les Espagnols, en 1565. La première colonie anglaise fut Jamestown (1614). La fondation de New-York, par les Hollandais, remonte à 1624. En 1610, les puritains fondèrent la colonie du Massachusetts. La civilisation moderne s'est rapidement développée depuis dans ces régions.

En 1770, les colonies se déclarèrent indépendantes de la Grande-Bretagne. L'acte de Séparation a son fac-similé à l'entrée des salles affectées à l'installation des États-Unis. Cet acte figure dans l'histoire de la race anglo-saxonne comme le document qui a le plus d'importance après la grande Charte ou Statuts des droits civils que signa le roi Jean d'Angleterre.

Cette installation semble dédaigner la coquetterie qu'ont apportée aux leurs les diverses républiques de l'Amérique centrale. Elle est grave, magistrale, un peu froide peut-être, mais grandiose.

C'est M. Franquelo, curateur, qui a bien voulu me

faire visiter une à une les collections : un gentleman accompli doublé de savant. Nous commençons par la collection ethnologique du Musée national des États-Unis, puis vient la collection archéologique du même musée : tout un monde à parcourir.

La méthode américaine, pour bien se rendre compte en pareille matière, est celle-ci : 1° un objet doit être étudié d'abord en tout ce qui touche à sa fabrication ; 2° dans sa relation avec d'autres produits se rapportant à une action humaine de même classe ou bien de classe similaire ; 3° dans son évolution historique, dans sa distribution géographique, originaire et nationale.

En effet, les collections des États-Unis, par leur choix, excluent tout ce qui n'a pas une portée ou une signification. Elles embrassent les quatre périodes avant de s'associer au progrès qui a suivi la conquête : l'âge néolithique ou âge de pierre, l'âge mezzolithique, l'âge paléolithique, enfin l'ère colombienne et son développement.

A ce sujet, M. Franquelo me disait : « Il paraît certain, aujourd'hui, que le niveau de civilisation, à la venue de Christophe Colomb, était à peu près égal, à part quelques exceptions au Nord et à l'extrême Sud, dans tout le continent américain. Le Nord-Est avait participé aux progrès du Centre et bénéficiait de l'expansion fournie par le Mexique. »

Cette observation est pleinement confirmée par l'examen attentif de toutes les collections d'États qui figurent à la section américaine. C'est-à-dire que toutes accusent une marche presque identique. Dans les unes comme chez les autres, le même art poind simultanément dans les multiples fabrications de la préhistoire, et cette préhistoire remonte aux aborigènes. Mais dès l'âge néolithique on voit déjà comme un reflet d'art dans la manière de tailler la pierre avec la pierre elle-même. La civilisation, avant l'ère chrétienne, n'était donc pas si ingrate en Amérique qu'on a bien voulu le dire. Certains savants vont jusqu'à affirmer que la civilisation mexicaine, en s'étendant à presque tout le continent, était relativement supérieure à celle de l'Europe, qui, sauf les Romains, n'était habitée que par des barbares.

Cette conclusion, je l'avoue, peut sembler un paradoxe; cependant, il faut convenir que la section américaine de l'Exposition ouvre le champ à bien des hypothèses, entre autres celle que je me défends d'admettre, et qui a ses partisans néanmoins, touchant l'action primitive du Mexique, servant de point de départ à la civilisation de l'Inde.

J'ai parlé d'un jeune orientaliste qui soutenait cette thèse. Eh bien, la même a été défendue, il n'y a pas longtemps encore, par M. Pi y Margall, un des hommes politiques les plus éminents de l'Espagne. Bien plus, elle a fourni matière, à Paris, à la publication récente d'un ouvrage fort curieux dont je ne puis d'ici rappeler ni le titre ni le nom de l'auteur.

La collection ethnologique des États-Unis comprend les armes, les armures, flèches, carquois, arcs, boucliers, masques, cuirasses; les ustensiles domestiques, vêtements, parures, figurines de bal, jouets, amulettes, coiffures, ouvrages de plumes, bijoux : tout cela avec un choix et dans un ordre qui créent des types de réelle beauté.

Si l'on jugeait de la civilisation d'un peuple comme de la précocité des collégiens, d'après la pipe et le tabac, on trouverait que les Indiens d'Amérique étaient le peuple le plus avancé du monde, puisqu'aux temps préhistoriques ils fumaient déjà dans des pipes qui sont de véritables monuments. La collection de ces dernières, collection qui est repétée, du reste, chez d'autres exposants, fournit des spécimens dont les archéologues font à bon titre le plus grand cas. Les pipes des aborigènes du Nord sont en pierre polie et en obsidiana, avec sujets exécutés à la pierre dure : des groupes humains ou des animaux. Certaines ne pèsent pas moins de quatre ou cinq kilogrammes. La part qu'elles prenaient aux cérémonies religieuses avait stimulé l'art de leur fabrication. Par la suite, on les couvrit d'ornements de toute sorte, on en travailla les manches de toutes façons ; on allait jusqu'à les orner de plumes et de panaches en crins de cheval.

Rien que le choix qu'ils faisaient des pierres dont ils se servaient annonce chez ces peuples un véritable goût artistique. La jade, la néfrite, l'obsidiana, l'actolinite, qu'on retrouve presque toujours dans les armes, les ustensiles et les ornements n'étaient pas à proximité et à portée de tous. On a reconnu que certains aborigènes faisaient venir ces marbres précieux de la Chine et, pendant un temps, de Sibérie. Ces hommes réputés si sauvages avaient donc, eux aussi, des relations commerciales.

Plusieurs contrées du Nord américain ont été habitées par l'homme avant et pendant l'âge de glace, auquel on fait succéder communément l'âge de pierre. Des savants estiment qu'un âge de terre a précédé ce dernier. La collection archéologique des États-Unis fournit sur ces données les spécimens les plus curieux; elle restitue les abris des habitants des Roches, les fortifications dont ils s'entouraient. En outre, elle fournit, d'après les débris humains retrouvés, d'après les crânes qu'elle nous montre par série, la classification suivante : l'homme post-glacial ou l'homme de l'âge néolithique avait la tête petite et ovale. Cette race est vraisemblablement celle qui avait émigré dans le nord de l'Europe. Les Esquimaux avaient la tête large. La race qui peuplait le Nord américain avait le type large et étroit à la fois, scientifiquement appelé dolichocéphale. Au contraire, les anciens « *pueblos* » du centre américain, du Mexique et du sud des États-Unis avaient le crâne court et large; ils constituaient ce qu'on appelle la race brachycéphalique. Ces races, avec le temps, engendrèrent le mélange, cela va sans dire. On ne saurait suivre les variations. Seulement, il en est résulté que le rapprochement produisit à la longue une uniformité physique, ainsi que la conformité de coutumes et d'arts qu'on constate aisément à l'Exposition.

Comme je terminais ma visite avec M. Franquelo survint le délégué général des États-Unis, le contre-amiral Luce. Petit, intelligent, bref, d'une politesse exquise, d'une amabilité charmante, il réalise à s'y méprendre le type de nos amiraux français.

— Monsieur, me dit-il, après Madrid, nous partons pour Chicago, et nous serons suivis par plusieurs États américains. C'est encore une flotte, quoique retiré du service, que je commanderai moralement.

En effet, si l'on tient compte du volume que représentent toutes les collections américaines, on se trouve en quelque sorte en présence d'une montagne qui de l'Espagne sera transportée à Chicago.

Et l'on dit encore qu'il y a des distances!...

Mais voici le docteur J. Walter Fewkes, représentant de la mission Hemenway, dont il est à chaque instant parlé. Le docteur Fewkes n'est pas seulement un savant, c'est aussi l'homme d'action. Il ne représente pas seulement la mission Hemenway, c'est lui qui en a été le pionnier. Voilà pourquoi, modeste et doux, le regard mélancolique, souriant, portant sa barbe blonde en broussaille, presque toujours absorbé, indifférent au monde moderne, il préside à une installation qui est le corollaire de celle des États-Unis. Là est son labeur, son âme, sa vie. Après avoir vécu pour cela, c'est avec cela qu'il veut vivre et mourir.

Cette collection justement célèbre rappelle, en outre, l'énorme sacrifice de fortune que miss Mary Hemenway, une Américaine de Boston, a fait dans un but purement scientifique, avec tout le fanatisme dont la femme supérieure est parfois susceptible, fanatisme que celle-là a fait partager à tous les savants qui l'entourent.

La mission Hemenway est une académie à la hauteur d'une académie d'État, mais elle joint l'action à l'étude; c'est une académie militante qui ne s'attarde pas à vaticiner; elle cherche, elle voyage, elle explore, elle pioche, elle fouille. Rien n'arrête son zèle, ses efforts et sa fièvre de découvertes.

C'est sous l'empire de ce travail assidu, persévérant, opiniâtre, sans cesse activé par le fanatisme qu'apporte lui-même le docteur Fewkes à l'œuvre commune, qu'a été formée la collection qui affirme, pour une part, la grandeur morale et scientifique des États-Unis.

Le but principal de la mission est de résoudre les problèmes ethnologiques et archéologiques que présentent les peuples indiens du nouveau Mexique et de l'Arizona. Dans l'espace de quelques années, les membres des diverses expéditions ont réuni un grand nombre d'objets antérieurement ignorés. Aux printemps de 1891 et 1892, les travaux ont eu pour objet essentiel l'étude des Indiens sédentaires de l'Arizona, occupé par le peuple Ho-pi. En somme, l'installation Hemenway est la monographie d'une tribu. Mais combien elle est suggestive, surtout quand elle s'attache au passé des habitants antérieurs, et reproduit à nos yeux les ruines des cités primitives disparues : Wospi, Awatobi, Sikaki, autant d'inconnus et de ténèbres au sein desquels la lumière est lente à se mouvoir!

VII

Si les États-Unis restituent le Nord américain dans la forme documentaire la plus riche, la plus exacte, la plus noble et la plus sévère, — tout en faisant la part de l'élément moderne, — le Mexique, de son côté, restitue le Centre dans l'ordre le plus suggestif, le plus fécond, le plus mouvant, le plus varié. Et cela dans un cadre encore plus absolu, si c'est possible, par rapport aux époques dont il importe d'éclaircir la donnée.

Son drapeau rouge, vert et blanc, avec l'aigle s'essorant au milieu, plane sur une installation d'une portée lumineuse et que seul cet État pouvait atteindre, grâce à sa fortune présente et à la tradition de plus en plus active attachée à son passé.

Ce drapeau si sympathique, si vivant, je l'ai vu à Huelva, à Cadix, à Séville. C'était un navire de guerre tout blanc, ayant un équipage ardent et enthousiaste, qui le promenait ainsi sur l'Océan et sur les fleuves, partout où les représentants du monde entier acclamaient le nom de Colomb. Partout, il a resplendi dans sa blancheur sous les feux d'artifice, parmi les illuminations, soit en rivière à Huelva, soit en rade à Cadix, soit sur le Guadalquivir à Séville, où, pendant huit jours, il fut un signal de fêtes sans cesse renouvelées.

L'aigle qui figure dans ses plis est la légende de Mexico, de même que la louve est la légende de Rome. Elle rapporte qu'à l'époque où les Aztèques envahirent l'Amérique centrale, un aigle dans l'espace leur marquait le chemin. Un jour il suspendit son vol et vint à terre se poser. C'est à cet endroit que les envahisseurs, croyant au fatidisme du roi des airs, fondèrent la capitale.

Cela remonte loin, bien loin, dans une nuit où la science ne peut projeter que des lueurs incertaines. Cependant, l'empire des Aztèques est un des points sur lesquels on reconnaît le plus aisément la civilisation... Est-ce de l'Inde qu'il faut dire, ou seulement du Mexique, — pris comme foyer?

On ne peut rien affirmer sur ce sujet. Si la bibliothèque d'Alexandrie existait encore, peut-être aurait-on ce secret, mais il y a beau temps qu'elle a été brûlée et détruite. Il est certain que d'anciennes peuplades, dès l'âge quartenaire, occupaient la région. Les Toltèques et les Zapotèques étaient les plus fameux. Ces derniers ont été l'objet d'une restitution qui occupe une salle entière. Des vues photographiques reproduisent les ruines des monuments dont ils furent les architectes, des monuments à proportions colossales pareils à ceux dont on retrouve les ruines dans l'Inde.

De même que leur architecture, leur céramique accuse un sens artistique très développé, en même temps qu'une très grande habileté comme exécution. Leurs divinités lares, leurs idoles, offrent une variété constante, et certaines sont de véritables œuvres d'art. Seulement leur sculpture a quelque chose d'architec--tural; elle prodigue l'ornement, cherche l'effet décoratif. La civilisation des Aztèques, sous ce rapport, n'était pas plus avancée; elle était plus brutale, toutefois. Eux aussi élevaient d'énormes monuments, mais, plus guerriers que les Zapotèques, ils fortifiaient et crénelaient leurs constructions. C'est à cette marque qu'on les reconnaît. Un fac-similé en réduction du temple de Cempoala en fournit l'exemple. L'enceinte des remparts est très vaste, le temple auquel on accède par un grand nombre de degrés est lui-même muni de créneaux comme une forteresse. C'est à Cempoala, comme on le sait, que Fernand Cortès, un instant en révolte contre l'Espagne (1520), livra bataille à Narvaez, — qu'avait envoyé, pour le faire prisonnier, le gouvernement de Cuba, — et le défit. C'est également Fernand Cortès qui mit fin à la domination aztèque, en détruisant l'armée de ce peuple et en mettant à mort le dernier empereur.

Le président de la Commission du Mexique est M. Francisco del Paso y Troncoso, un des hommes les plus éminents et un des archéologues les plus célèbres de l'Amérique. Jeune encore, svelte, nerveux, distingué, le teint un peu bilieux, il présente le type le plus pur de la race hispano-américaine. C'est M. de Loza, un de ses collaborateurs, qui a bien voulu me présenter à lui. M. del Paso a été le promoteur et il est l'âme de l'installation mexicaine; — elle embrasse cinq salles entières. C'est lui qui à l'approche du centenaire dirigea les fouilles qui ont permis de restituer le temple de Cempoala, autour duquel évolue, civilisation par civilisation, l'art mexicain dans son ensemble.

La tribu des Palencanos, avec ses plâtres sculptés, d'un goût et d'un fini presque modernes, fournit des types de décoration qu'on utiliserait encore avec fruit. La civilisation tarasque, due au peuple de ce nom, contemporain des Aztèques, n'est pas oubliée non plus ; on lui doit le temple de Tazin, dont un fac-similé permet d'admirer les majestueuses proportions. La civilisation Maya s'impose au souvenir par ses divinités. Un disque de granit avec un trou au milieu rappelle que la pelote était le jeu familier des Américains de la préhistoire. La grande habileté consistait à lancer la pelote de manière à la faire passer par l'ouverture pratiquée dans le disque [1].

Les souvenirs gracieux n'excluent pas les souvenirs terribles. Si les Aztèques adoraient le dieu des fleurs, dont tout le corps est décoré de roses et de lis sculptés, leur culte principal, en revanche, s'adressait au dieu de la guerre. La reproduction de l'autel des sacrifices du temple Majeur de Mexico, dans sa grandeur naturelle, — un monolithe géant, — atteste, en même temps qu'une recherche sculpturale surprenante, le caractère sanglant de leurs invocations. Au

---

[1]. Le jeu de *pelota* est, de nos jours, le plus en faveur en Espagne. Il relève de la tradition du jeu de balle basque. Il remplace les courses chez nos voisins par rapport aux paris. *Fiesta allegre* est, dans le genre, le premier établissement de Madrid.

centre du monolithe est une cuvette de laquelle part une rigole qui le traverse. On étendait la victime ; le grand-prêtre lui ouvrait la poitrine et lui arrachait le cœur. Le sang s'écoulait par la rigole et se répandait dans le sanctuaire sans qu'on fît rien pour le dissimuler. Des prêtres subalternes découpaient ensuite les jambes et les bras de la victime pour les donner au peuple, qui se jetait dessus et les dévorait. Les Aztèques n'étaient anthropophages qu'à l'occasion des fêtes du dieu de la guerre.

Tout ce qui précède tient à la période paléolithique et aux deux autres antérieures. Il ne faut pas que j'oublie, — sans changer d'époque, — les merveilleux miroirs en obsidiana, des masques faits d'albâtre et de marbres précieux : des objets en diorite de toute sorte, sculptés à la pierre dure, des tibias humains convertis en instruments de musique, des bagues, des colliers, des bracelets, des pendants d'oreilles, de nez, de lèvres. Parmi les crânes exposés, on remarque que certains ont des dents percées. On en a conclu que les Aztèques se mettaient, ainsi que certaines tribus nègres d'Afrique, des ornements aux incisives. Les monnaies n'existaient pas encore. En ce temps-là, on payait ses dettes avec des graines de cacao.

VIII

La Colombie et ses riantes couleurs, — le blanc et le bleu, — me rappellent M. Torres Caïcedo, cet aimable Colombien — mort, hélas ! — que nous avons tous connu quand il était ministre du San-Salvador à Paris. Combien de fois je lui ai entendu dire : — « La Colombie, mon pays d'origine, est une mine d'or. Tout y vient en abondance, les produits de l'Europe comme ceux des tropiques. Mes compatriotes n'ont qu'à se laisser vivre ; aussi ils ne travaillent pas. Libre aux étrangers de faire fortune chez eux... Voulez-vous que je vous fasse concéder trois cents hectares de forêt de palissandre? Je vous préviens seulement que, pour l'exploitation, il vous faudra envoyer des ouvriers d'Europe. Trois cents hectares, voulez-vous ?... A la *disposisión d'usted*.

Ce que disait M. Torres Caïcedo des ressources géologiques de son pays, M. Restrepo Tirado, délégué de Colombie à l'Exposition, me le répète par rapport aux souvenirs historiques et ce qui a trait aux investigations ethnographiques et archéologiques.

— On a publié, me dit-il, de savants ouvrages sur les antiquités du Mexique et du Pérou; c'est à peine si l'on a connaissance de celles qui touchent aux aborigènes de Colombie. Le grand tort des Colombiens a été de négliger les études archéologiques et de laisser perdre ainsi une foule d'objets précieux qui devraient enrichir les collections encore restreintes de notre Musée national.

La Colombie a néanmoins envoyé à Madrid une collection de bijoux en or retrouvés dans les sépultures, qui constituent trois types différents : le type *chibcha,* le type *antioquena* et le type *quimbaya.* Une vitrine placée au centre de l'installation renferme les pièces les plus riches et les plus curieuses. On y lit cette inscription : « Trésor des cymbayas. Hommage à S. M. la reine d'Espagne ; — à destination du Musée national de Madrid. » Ce don magnifique est fait en reconnaissance d'un arbitrage dans lequel est intervenue l'Espagne, lors des récents événements de Colombie. Des couronnes, des casques, des masques, des idoles, composent ce trésor dans lequel l'art ne le cède en rien à la beauté et à la pureté du métal.

Les trois types dont j'ai parlé sont aisément reconnaissables ; ils diffèrent entre eux par le style autant que par la forme et l'aspect. La distance qui les sépare est presque aussi grande que celle qui existe entre la céramique mexicaine et la céramique péruvienne. Autant celle-ci est sobre, autant l'autre vise à l'effet.

Les bijoux en or, en argent, en obsidiana, en diorite, abondent. Chaque État, particulièrement l'Espagne, a fourni de nombreux spécimens, mais aucun n'en a fait, comme la Colombie, l'objet d'une installation en quelque sorte spéciale. Cette orfèvrerie, du reste, varie très peu comme sujets. Elle affectionne principalement le lézard et le crapaud. Quel symbolisme pouvait-elle attacher à ces bêtes-là ? A force de les reproduire, elle était arrivée à les ciseler, le plus souvent avec perfection, et même à leur donner quelque physionomie. Il y a le lézard endormi, le lézard contemplatif, le lézard agressif, de même qu'il y a le crapaud mélancolique, le crapaud facétieux, le crapaud enjôleur.

Bref, tous ces peuples d'Amérique avaient mis l'idolâtrie et le fétichisme en tête de leur civilisation. Tout ce qui les élève porte la marque d'une recherche constante de l'infini, d'une propension exagérée pour le surnaturel. Leur architecture, c'est le temple ; leur sculpture, c'est l'idole ; leur orfèvrerie, c'est l'amulette ; leur céramique, c'est tout ce qu'on veut.

De même que ces peuples multipliaient d'une façon désordonnée le petit pot à crème, le petit vase, le petit récipient, le mortier et le pilon pour moudre le maïs et le cacao, de même ils prodiguaient, — toujours sous l'empire des mêmes préoccupations, — le détail curieux ou l'ornement facile. Ils peignaient, ils ouvrageaient avec une fécondité de moyens qui rend ridicules toutes les théories de Darwin et de ses adeptes. Par exemple, les armes occupaient chez eux une place capitale : — la chasse et la guerre, la vie et la mort. A cette double entente de l'existence concouraient tous leurs mythes. A leurs mœurs étaient également associés les jeux enfantins et les saturnales sanglantes. Les masques variant à l'infini, les ajustements faits de plumes d'ara étaient, avec les bijoux en or et en argent, ou seulement de pierre et d'os, leur principal luxe. Dans leur manière d'approprier la plume, ils avaient acquis à la longue un art inimitable. On a l'exemple de travaux reproduits par eux qui égalent les plus belles peintures. On suit pas à pas ce progrès à l'Exposition.

Les sépultures pouvaient être de leur part l'objet de rites divers, mais on acquiert la conviction, d'après le grand nombre de momies, que tous ensevelissaient leurs morts de la même manière, en ramenant les jambes par-dessus le buste du cadavre, pour n'en faire qu'un bloc écourté occupant le moins de place possible. Quant au procédé de préservation, il n'en reste pas trace ; elle doit tenir à la nature du sol dans lequel les momies ont été retrouvées.

L'Espagne en possède une collection qui n'en comprend pas moins de trente-deux ; elles furent rapportées des côtes du Pérou, et on les désigne sous le nom de *momies d'Atacama*. Certaines sont remarquablement conservées et ont la peau encore apparente. Les unes restent dénudées et desséchées, d'autres disparaissent sous les plis d'un grossier suaire ; toutes ont leur chevelure et leurs dents. Chez plusieurs, on reconnaît le sexe ; une mère porte son enfant dans ses bras.

Profitant de ce qu'elles avaient les jambes ramenées sur le torse, on les a assises dans les vitrines, le menton appuyé sur les genoux. Elles ont dans la mort une physionomie spéciale ; plusieurs paraissent en proie à d'horribles convulsions, d'autres semblent dormir d'un sommeil paisible. A les voir ainsi, on croirait qu'elles furent victimes d'un cataclysme ; pourtant, il n'en est rien. Du nord au midi, en Amérique, on avait partout le même mode d'ensevelissement et d'inhumation. Toutes les collections en font foi.

Comme curiosité, je citerai encore une massue en bois revêtue, au milieu, d'un morceau d'étoffe de laine entrelacée avec des tiges de palmier. Au manche est une lanière tressée de la même façon, qui permettait d'assujettir l'arme au poignet. Sur un des côtés, un papier relate, dans les termes suivants, un lugubre passé : « *Mayurucari, capitaine caraïbe, a tué, dans l'Orinoque, avec cette massue, le docteur Nicolas Gervais La Brid, natif de Lyon (France); peu de temps après, il a tué également deux chapelains, ainsi que le vénérable frère André Lopez, missionnaire. Ce caraïbe sacrilège est mort de la main du capitaine de notre escorte, le 19 août 1776. Pour la vérité de ces faits, j'ai certifié et attesté.* Signé : José Cumilla. »

Le Pérou aurait pu prendre rang avec le Mexique, si, de son côté, il avait restitué, comme elle le mérite, la civilisation incas. Il faut lui tenir compte, néanmoins, de ses envois céramiques qui accusent un niveau d'art particulièrement élevé. Les ouvrages provenus de cette région ont un modelage d'une pureté et d'une harmonie remarquables. Il en est de même des objets en or ou en argent, comme aussi des tissus qui, souvent, sont de toute beauté.

Je rappellerai encore une fois la salle où l'Espagne a exposé les documents historiques puisés aux archives de Simancas et à celles des Indes, pour mentionner un formidable travail qui restitue entièrement le calendrier en usage chez les Aztèques et les Mexicains, aux temps préhistoriques. Il est l'œuvre de Mme Zelia Nutall, une savante Américaine à peine âgée de trente ans, brune, jolie et d'une rare distinction.

A Huelva, où elle prit part au Congrès des américanistes, sa découverte avait fait sensation, et M. Oppert lui-même, sans être tout à fait convaincu, la trouvait admirable. Comment contester, d'ailleurs, au pied levé l'exactitude de plusieurs pyramides de chiffres, et surtout comment lutter avec une femme charmante qui fait de sa jeunesse un aussi noble emploi.

Je tiens de Mme Nutall, grâce à un voyage dans lequel je me recontrai alors avec elle et M. George Nutall son frère, un parfait gentleman, quelques notes sommaires sur ce calendrier. On les trouvera, sans doute, un peu obscures, mais je ne saurais aborder ici les développements.

Les Mexicains avaient vingt noms de jours, et ces vingt jours se divisaient par périodes de cinq, correspondant aux quatre points cardinaux : *acatl, tecpatl, calli, tochtli*.

Le système du calendrier consistait en trois comptes parallèles d'années, formant ensemble un cycle de 13,515 jours. L'année rituelle de 260 jours revenait cinquante-deux fois dans le cycle; l'année lunaire de 265 jours, cinquante et une fois, moins 5 jours; l'année solaire de 365 jours, trente-sept fois seulement.

A la fin du cycle, pour balancer les comptes d'années, on ajoutait neuf à dix jours à la dernière année solaire, en sorte que le nouveau cycle prenait date le soleil et la lune étant dans la même position.

Les vingt noms de jours étaient accompagnés de numéros allant de 1 à 13. Chaque année du cycle offrait une combinaison nouvelle des vingt noms avec les treize numéros. Chaque période ouverte par un des quatre signes cardinaux, — périodes de 5, de 65, de 260, de 365, de 3,445, se réglait également sur la division de treize.

Toute année commençait par un des jours initiaux dont elle prenait le nom. La solaire commençait non seulement par un jour de même nom, mais encore avec le même numéro par rapport à l'année. Ainsi l'année 1 *acatl* commençait infailliblement avec le jour 1 *acatl*, l'année 10 *acatl* avec le jour 10 *acatl*. Le cycle de 13,515 jours embrassait trois divisions de 3,445 jours et une quatrième un peu plus courte.

— A combien d'années, madame, faites-vous remonter ce système? demandai-je à mon gracieux professeur, le jour où il me fournit ces notes.

— A quatre mille ans au moins. Beaucoup plus, vraisemblablement.

— Et vous croyez que la civilisation mexicaine fut alors bien supérieure à ce qu'elle était lors de la découverte?

— J'en suis persuadée.

Et moi je ne pus m'empêcher de conclure:

— Il faut convenir, madame, que ces sauvages étaient de fameux mathématiciens...

Combien sont-ils, les savants qui font ainsi primer la civilisation de l'Inde par celle du Mexique? Ils sont de plus en plus nombreux, et j'avoue que cette donnée nouvelle ne manque pas de séduction. Sur ce point, on se trouve, d'ailleurs, en présence de si épaisses ténèbres que toutes les conjectures sont permises et que toutes les hypothèses peuvent sembler plausibles.

SECTION EUROPÉENNE

ENVOIS DU SAINT-SIÈGE

IX

L'Amérique va faire place à l'Espagne. Après les peuples conquis nous avons la vision du peuple conquérant. Il a chassé les Maures de son territoire; il occupe le nouveau monde. D'un côté, il s'approprie les trésors de la civilisation arabe; d'un autre côté, il propage la foi de l'Évangile et se fait l'apôtre de la civilisation chrétienne.

De cette double action triomphante ou plutôt de cet essor de destinée vient l'empire de Charles-Quint et de Philippe II. C'est l'apogée! Et cette apogée n'eût jamais existé sans les rois catholiques et Christophe Colomb, sans la reddition de Grenade et sans la découverte de l'Amérique.

Ceci a fait cela, ceci a fait la resplendissante Espagne du xvie siècle, en vertu de ce principe qu'on ne saurait nier : « Les grands événements ne se produisent jamais d'une manière fortuite; ils sont la conséquence d'un long enchaînement. » Qu'on supprime

Louis XIII et Richelieu de l'histoire française. Sans eux, comment expliquera-t-on le règne de Louis XIV ?

L'Exposition européenne ne s'est pas tenue aux XVe et XVIe siècles, — son cadre est autrement vaste ; — seulement, il faut dire que l'Espagne de ce temps-là est en quelque sorte l'axe de ce merveilleux ensemble. On y voit le plein développement, on y trouve la marque spéciale d'un peuple unifié soudainement et étendant partout sa domination.

On a souvent dit que le XVe siècle est un antre de ténèbres au-devant duquel pâlissent les historiens et dont ils se détournent avec épouvante... Certes, ce fut un siècle d'invasions et un siècle guerrier ; — or, la guerre et l'invasion, de tous temps, ont commis des excès. Mais combien grande paraît cette époque dès qu'on l'envisage dans sa chevalerie, son luxe, ses prodigalités, ses arts et ses raffinements! En France, les ducs de Bourgogne avaient élevé la magnificence princière au-dessus de la pompe royale elle-même. En Espagne, les grands capitaines, les gouverneurs, rivalisaient de faste avec les rois catholiques et les empereurs. Les Valois de France et les princes de la maison d'Autriche, devenus rois d'Espagne, firent presque simultanément la Renaissance, les uns avec l'art des Médicis, les autres en lui associant l'art des Abencérages.

La section européenne a pour première recommandation la participation du Saint-Siège et l'hommage éclatant que S. S. Léon XIII a rendu à S. M. Marie-Christine, en lui dédiant un envoi de documents puisés aux archives secrètes du Vatican.

Ces papiers sont la reproduction photographique des pièces originales. Ils sont exposés sous vitrine avec la magnifique reliure dans laquelle ils ont été envoyés. Elle est en velours grenat avec coins en bronze doré aux fines arabesques. Au milieu sont ciselées sur même métal les armes du Saint-Siège. Au-devant de la vitrine est un portrait sur panneau de S. S. Léon XIII, en vêtements pontificaux. La peinture de ce portrait se rapporte à celle des artistes de l'époque d'Alexandre VI. Aussi beau qu'il soit, dans sa petite dimension, il ne saurait faire oublier le grand portrait de Léon XIII par M. Chartran, tableau qui est actuellement exposé au palais des Beaux-Arts à Madrid, en même temps que le portrait du cardinal Lavigerie par M. Bonnat.

Les pièces envoyées du Vatican sont autant de bulles tour à tour signées des papes Nicolas V, Alexandre VI, Jules II, Clément VII. Le R. P. Fidel Fita les a reproduites textuellement et commentées au cours de divers articles publiés par le *Bulletin de l'Académie de l'histoire*.

La plus ancienne, celle de Nicolas V, — 20 septembre 1448, — fait appel aux évêques d'Islande pour qu'ils interviennent en faveur des chrétiens de l'île de Groenland, qui sont molestés depuis de longues années par des pirates *venus des confins extrêmes du paganisme*. Il retrace le désastre qui atteint ce peuple et le danger que court chez lui la religion. En terminant, le Saint-Père invite les prélats islandais à ordonner des prêtres pour le Groenland et à mettre à leur tête un évêque qu'ils introniseront.

Voilà un extrait de cette bulle :

« Mes chers fils de la communauté chrétienne de l'île de Groenland nous ont fait savoir une nouvelle qui nous a rempli d'amertume... Dans cette île, dont les habitants durent la foi du Christ aux prédications du roi Olaf, leur glorieux apôtre, et depuis la conservèrent inviolable sous la direction de l'Église romaine et du siège apostolique, dans cette île où la ferveur et la constante piété des fidèles avaient, dans la suite des temps, érigé de nombreux sanctuaires en l'honneur des saints et même une insigne cathédrale où le culte divin se célébrait avec assiduité, une incursion de barbares venus sur une flotte des rivages voisins que peuplent le paganisme *(in finitimis littoribus paganorum)* a cruellement envahi toute l'étendue du territoire, dévasté le sol et brûlé les sanctuaires [1]. »

La sollicitude de Nicolas V pour cette île lointaine a une signification qu'il importe de relever. Bien avant Christophe Colomb, on était persuadé au Vatican qu'une partie du globe était inexplorée et que les régions inconnues étaient accessibles par le pôle Nord. Le christianisme au Groenland, comme on vient de voir, était déjà ancien. Dans l'intervention du Saint-Siège en faveur de cette colonie chrétienne, placée sur *les*

---

[1]. Le roi Olaff II, celui dont fait mention la bulle de Nicolas V, mourut en l'an 1030. Dès le milieu du XIe siècle, Adalbert de Brême envoya un premier évêque au Groenland, mais ce n'est qu'en 1124 qu'eut lieu la fondation d'un évêché dans cette île, celui de Gardar. Il dépendit d'abord de l'archevêché de Hambourg-Brême, et, plus tard, de l'archevêché de Drontheim, institué en Norvège sous le pontificat d'Adrien IV.

confins de l'Océan, il faut, indépendamment du but évangélique, voir une sorte de préoccupation à l'égard des rivages qu'on supposait être plus loin.

Les évêques d'Islande répondirent à l'appel que leur fait la bulle de Nicolas V, mais les guerres survenues dans l'extrême Europe, les invasions de pirates de plus en plus actives au Groenland ramenèrent ce dernier à un état presque barbare. Seulement, lorsque plus tard eut lieu la découverte, on assure que des missionnaires venus d'Islande et de toute la région se répandirent en Amérique par le Nord, et en évangélisèrent les tribus, tandis que les évêques et les religieux espagnols activaient vers le centre la même propagande.

Quels sont maintenant ces pirates dont fait mention la bulle de Nicolas V ? On a cru longtemps qu'il s'agissait des Anglais, mais en étudiant de plus près la question, ainsi que l'a fait le docteur Gélie, on trouve que le pontife portait beaucoup plus loin ses yeux, lorsqu'il disait : « *ex finitimis littoribus paganorum* ».

Ainsi que l'a fait observer, d'un autre côté, le P. Castets, un savant que j'ai eu le plaisir de rencontrer à Madrid, et qui a publié, à un point de vue religieux, deux articles très remarquables sur l'Exposition, dans la Revue internationale : *les Études*, que dirige à Paris le R. P. de Scorailles, supérieur des missionnaires de la rue Monsieur, les Anglais de ce temps-là n'étaient plus un peuple païen, et leurs rivages, assez connus du Siège apostolique, « n'auraient pas été désignés comme si voisins des contrées lointaines perdues aux *confins extrêmes de l'Océan* [1] ».

Le R. P. Castets dit encore :

« Que le monde européen ait connu l'existence de l'Amérique avant Christophe Colomb, c'est une vérité déjà acquise à l'histoire ; que le *christianisme y ait fait son entrée longtemps avant cette découverte*, on n'en saurait presque plus douter. On pourrait s'en convaincre en parcourant, par exemple, à la section française de l'Exposition, les études de M. Gabriel Gravier, qui résument beaucoup de travaux antérieurs sur l'histoire et l'évangélisation de l'Amérique, et en particulier sa dissertation sur la *Découverte de l'Amérique par les Normands*, au Xe siècle, ouvrage couronné par la Société de géographie de Paris. »

J'avoue que je suis moi-même très partisan de cette thèse. Aussi, j'ai particulièrement recherché dans les collections tout ce qui pouvait être de nature à mettre sur la trace d'une évangélisation quelconque, antérieure à la conquête. Les documents fournis par les États-Unis et la mission Hemenway étaient les plus propres à m'éclairer à cet égard. Mes recherches ont été vaines ; rien n'est venu m'apporter une preuve réelle en faveur de l'hypothèse que M. Gravier et avec lui le R. P. Castets prennent pour une certitude. Le pape Nicolas V avait donc parfaitement raison en tenant pour des païens, surtout s'ils venaient

---

[1]. *Les Études*, numéros des mois de septembre et octobre derniers.

d'Amérique, les pirates qui désolaient le Groenland.

Tout porte à croire, en effet, qu'ils appartenaient aux tribus septentrionales du continent. Je me rappelle une pirogue avec tous ses accessoires, exposée par Nordenskiold, qui prouve surabondamment que ces tribus, dès les temps préhistoriques, pouvaient, sans trop de périls, affronter les longues traversées. Comment s'expliquerait-on autrement que, bien des siècles avant la découverte, ils aient eu des relations avec la Sibérie? Les missionnaires, sous l'ère chrétienne, seraient-ils venus de par là? C'est possible, mais c'est bien peu probable. Seraient-ils venus avec les Normands? Les Normands, au xe siècle, étaient déjà convertis en grand nombre; ils faisaient, il est vrai, d'assez mauvais chrétiens. Dans tous les cas, aucun vestige ne subsiste, qui atteste la découverte des Normands pas plus que l'œuvre évangélisatrice antérieure à Colomb [1].

Les bulles d'Alexandre VI, de Jules II, de Clé-

---

[1]. Beaucoup plus vraisemblable est la légende suivant laquelle des descendants des Norvégiens et des Islandais avaient fondé, au xiie siècle, des établissements sur le continent américain lui-même. On ne saurait, non plus, préciser à cet égard. Serait-ce la notion fournie par ceux-là qui aurait plus tard guidé les pirates américains vers le Groenland? Cette île, si l'on veut bien s'en assurer par les cartes, n'est, en somme, que la prolongation du nord oriental de l'Amérique. A ce compte, la découverte de celle-ci serait bien antérieure à Colomb; mais peut-on tenir un fait aussi isolé pour une découverte?

De même que l'Exposition de Madrid, celle de Chicago a fourni de précieux documents sur toutes ces questions. Ils proviennent tous des archives du Vatican, et ont été fournis également par S. S. Léon XIII.

ment VII ont toutes pour objet d'accorder aux rois catholiques et à leurs mandataires les pouvoirs les plus étendus pour instituer le culte et propager la foi dans les nouvelles colonies.

La plus importante, émanée d'Alexandre VI, est datée du 4 mai 1493. Connaissant la découverte et sachant que Christophe Colomb a déjà fortifié une des îles qui causent un si vif retentissement, le pontife autorise les rois catholiques à tracer sur l'Océan une ligne allant du pôle artique au pôle antarctique et à prendre possession, à partir du jour de la Nativité, de tout ce qui se trouvera au delà, sur une étendue de cent lieues au couchant des îles Açores.

Comme complément de cette bulle figurent aux mêmes envois deux cartes, dont l'une a un intérêt primordial pour le monde savant, qui en connaissait à peine l'existence.

Elle fut tracée, en 1529, par Diego Ribero, géographe de Charles-Quint. On y voit, en effet, la ligne qu'avait imposée le Saint-Père comme limite, dans le but exclusif de protéger la navigation portugaise.

On y voit, en outre, une seconde ligne qui rappelle les termes de la Convention de Tordesillas, passée en 1494, c'est-à-dire une année plus tard, entre les rois catholiques et Don Juan de Portugal. Cette seconde ligne réduisait l'espace ouvert aux Espagnols par la première. En provoquant cette convention, la ligne tracée par Alexandre VI avait donc été le *usque huc!* de la conquête.

— Sans elle, me disait un jour le R. P. Fita avec

un soupir de patriotisme déçu, l'Espagne aurait conquis le continent américain tout entier. Dieu ne l'a pas permis. Le pape Alexandre VI a été infaillible.

Les envois de S. S. Léon XIII affirment une fois de plus l'influence que la papauté exerça toujours sur les événements, surtout à l'époque à laquelle nous sommes ramenés. Ils nous montrent comment le Saint-Siège s'associa dès l'origine à la conquête du nouveau monde et collabora en bonne part à la rendre durable et efficace. Bien plutôt que les armes, l'Évangile réalisa ce but. Les évêques des Indes, à commencer par Juan de Quevedo, ainsi que les religieux franciscains, y concoururent presque autant que les explorateurs eux-mêmes. En ce temps-là, les liens entre le Saint-Siège et la couronne d'Espagne devinrent si étroits qu'on comprend le zèle emporté avec lequel Charles-Quint et Philippe II, par la suite, défendirent l'Église et ses prérogatives.

Dans cette épopée magnifique, il faut donc voir le triomphe de la Foi, tout autant que celui des armes de l'Espagne. Chacun connaît, d'ailleurs, le mysticisme de Colomb et le zèle apostolique dont il fut toujours animé. Au milieu de toutes les épreuves, il avait si bien compris et mesuré l'action du Saint-Siège que, dans son testament authentique, dont il a été fait mention à un récent congrès catholique tenu à Genève, il est dit : « *Je recommande à mes héritiers et à mes descendants de secourir le Pape, si jamais il était privé de ses biens, de sa liberté ou de son indépendance.* »

ENVOIS DE LA COURONNE

X

S. M. Marie-Christine, dont le nom, avec celui d'Isabelle la Catholique, restera attaché à la gloire de Colomb, a voulu, de même que le Saint-Siège, prendre une part directe à cette Exposition.

Indépendamment du zèle qu'elle a apporté à l'organisation du centenaire, des fatigues qu'elle s'est imposées et qu'elle a imposées au jeune roi Alphonse XIII, lors de son voyage en Andalousie, elle a tenu encore à ce que les souvenirs les plus attachants et les plus précieux de la monarchie, en tête de laquelle l'ont placée sa destinée si noble et son deuil si austère, soient associés à cette grande manifestation.

Il ne suffisait pas d'avoir pour la circonstance un palais tel que celui de la Bibliothèque, imposant dans sa masse, monumental sous tous ses aspects. Il fallait encore songer à la décoration intérieure de l'édifice; il fallait habiller les murs de cette énorme quantité de salles et prévenir le fâcheux effet qu'eût produit leur nudité dans un pareil ensemble.

Ni les étoffes, ni les pavoisements, ni les trophées ordinaires ne pouvaient suffire à meubler, à harmoniser ces espaces. C'est à l'intervention de l'auguste souveraine qu'on doit d'avoir réalisé ce but. Grâce au choix qu'elle a dicté parmi les collections de tapis réunies au Palais royal, grâce à la faculté qu'elle a laissée de puiser au Guardajoays, à l'Armeria, de recourir à l'Escurial, au Pardo, il a été aisé d'élever l'Exposition à un niveau qui n'a jamais été atteint...

L'Espagne était au faîte de sa grandeur et de sa puissance, au moment où la fabrication des tapis obtint en Europe son plus beau développement. Les rois et les empereurs tour à tour acquirent les plus purs et les plus somptueux modèles. Ils firent de cette industrie d'art la compagne de leur faste et de leur renommée ; ils l'associèrent à leurs victoires, à leurs conquêtes. A qui auraient pu échoir, de préférence à Charles-Quint et à Philippe II, les merveilleuses tapisseries de Bruges, d'Arras, de Bruxelles, de Beauvais, de Madrid, de Cordoue, de Séville ?

Certes, les temps, les guerres, les décadences, les révolutions et surtout l'incendie de l'Alcazar, dans la nuit du 24 décembre 1734, ont vraisemblablement amoindri ces trésors. Ce qu'il en reste ne fait pas moins de l'Espagne la nation la mieux pourvue en œuvres d'art et en souvenirs auxquels l'histoire est intéressée directement.

Soit au Palais royal, qui prit la place de l'Alcazar, soit à l'Escurial, soit au Pardo, soit à Séville, la Couronne possède encore des richesses incalculables; ses envois à l'Exposition ne représentent pas certainement la vingtième partie des pièces uniques, des raretés, des curiosités qui constituent son apanage. Il faudrait, d'un autre côté, grossir cette proportion, si l'on voulait se rendre compte des biens de même nature que la Péninsule possède en général.

Une quantité vraiment surprenante de tapis, où figurent les collections les plus célèbres, à commencer par celles des Flandres, entrent dans la réserve de la Casa Real. Il faut compter en plus ceux qui font partie de la décoration du palais. Tous ceux qui avaient été utilisés anciennement pour l'Alcazar furent détruits, cela va sans dire, lors de l'incendie. On rapporte que les collections qui se trouvent actuellement dans les diverses résidences royales et celles beaucoup plus nombreuses qui composent la réserve n'échappèrent au désastre que grâce à la coutume qu'on avait alors de les enfermer dans les caves de l'Alcazar. Celles-ci étant hermétiquement closes et protégées par des voûtes épaisses, les flammes ne purent y pénétrer.

De nos jours, l'intendance du palais a fait ranger ces tapisseries dans des magasins spéciaux, où elles sont l'objet de soins minutieux. Pour bien comprendre la sollicitude qu'on peut avoir à leur égard, il suffit de calculer la valeur que représente cette montagne d'or, de soie et de laine. Je ne parle pas de la valeur intrinsèque, il faut surtout tenir compte des chefs-d'œuvre qu'on y rencontre communément. Combien sont-elles, les séries de six, huit, dix panneaux dont l'estimation atteindrait, à coup sûr, un chiffre considérable de millions chacune ?

Le mandataire de la Couronne est le comte de Valencia de Don Juan (Léon), directeur de l'Armeria royale. Grand seigneur, il possède lui-même une collection princière qu'il a exposée également. Simple dans sa dignité, courtois et avenant, le gentilhomme accompli chez lui est doublé d'un archéologue dont la haute compétence est un point de repère pour les plus savants. Lui-même a bien voulu me faciliter l'étude des tapis sans pareils dont la fantasmagorie crée une atmosphère à part à cette Exposition. Presque tous proviennent des Flandres et eurent tour à tour pour acquéreurs les rois catholiques Charles-Quint, Philippe II et leurs successeurs.

Je signalerai d'abord quelques-uns des panneaux qui, dans les deux salles affectées aux envois de la Couronne, remontent au xve siècle. Il en est un qui fut directement acheté par Ferdinand et Isabelle, du marchand Mathias de Gueldre, alors très renommé à la foire de Medina del Campo. Il reproduit le miracle de la messe de saint Grégoire. Voilà maintenant trois panneaux de la série dite : *Histoire de saint Jean-Baptiste*. L'un représente la naissance du précurseur. Dans le second, saint Jean se rend au désert pour y faire pénitence. Dans le troisième, on le voit apportant la parole de Dieu au peuple d'Israël. Les scènes champêtres qui bordent la cimaise font partie de la série dite : *Histoire de David et de Bethsabée*. Deux autres panneaux ont trait au mystère de la maternité divine ; un autre a pour motifs la pénitence de saint Jérôme et divers épisodes de sa vie.

Un panneau également flamand, de la fin du xve siècle, me revient à l'esprit par suite d'une similitude étrangère au sujet. Il est relatif à l'accomplissement des prophéties touchant la sainte Vierge. Pour peindre un Jason rapportant la Toison d'or, l'artiste, dans ses cartons, emprunta les traits d'une femme et revêtit son personnage d'une armure qui la fait ressembler à une Jeanne d'Arc. Nous sommes enclins, nous autres Français, à revoir partout notre héroïne nationale. Peut-être bien que l'artiste était loin de songer à elle ; cependant, sa légende ne devait pas être ignorée de lui. Y songea-t-il? Son sujet ne l'y obligeait en rien. Je me borne à noter un sentiment.

Je ne saurais, à cause des redites inévitables, entreprendre une nomenclature entière. Cette impossibilité est encore plus grande vis-à-vis du xvie siècle. De son commencement datent quatre tapis qui furent tissés par le célèbre Guillaume de Pannemaker, de Bruxelles, sur la commande de Jeanne d'Autriche, et dont hérita plus tard Charles-Quint. Du même héritage échut à ce dernier un baldaquin d'une majesté inoubliable, dont la composition rappelle la manière de Roger Vander Weyden. Le ciel du baldaquin est fait d'un panneau qui représente Dieu le Père et le Saint-Esprit portés sur les nuées. Le panneau vertical supérieur est un chef-d'œuvre sans pareil. Au sein d'un paysage flamand, Jésus est attaché à la croix. Deux anges dans l'espace se tiennent auprès de lui. A droite, au pied de la croix, la sainte Vierge, en compagnie de saint Jean, succombe à sa douleur. A gauche se tient, sous les traits d'une femme somptueusement vêtue, la Justice divine remettant une épée au fourreau, tandis qu'une autre femme, portant, elle aussi, de riches vêtements, — sans doute la Miséricorde, — recueille dans une coupe d'or le sang qui coule à jet de la poitrine du crucifié. Le troisième panneau, placé en dessous de celui-ci, n'a plus la même suavité ni la même finesse, mais il exprime avec une maëstria touchante le pardon de la pécheresse.

Un tapis, acquis par Charles-Quint en 1534, de Pannemaker, devenu son fournisseur, représente la *Dernière Cène du Sauveur*. On attribue les cartons à Van Orley. Cette Cène est mouvementée à la manière flamande. Saint Jean fait ses adieux en embrassant son maître ; deux apôtres, d'un autre côté, s'embrassent également. Nous sommes loin de la solennité mystique de la Cène de Léonard de Vinci, que nous admirons au Louvre. Cependant il faut croire que Van Orley, en admettant qu'il fût le dessinateur, avait quelque notion du chef-d'œuvre italien, puisqu'il lui a emprunté les traits et même la ressemblance entière de plusieurs personnages.

Un peu plus loin est un autre panneau qui entre dans la fameuse collection dite *l'Apocalypse*, commandée, celle-là, par Philippe II au même Pannemaker. Il retrace les visions de saint Jean l'Évangéliste, entre autres la condamnation de la grande prostituée. Au milieu sont groupés les élus de Dieu. Tout autour, ainsi que dans l'espace, sont les maudits et le châtiment. La prostituée apparaît sur le monstre à sept têtes; on la revoit dans les flammes. Des animaux aux formes hideuses surgissent de toutes parts, des damnés disparaissent dans l'abîme, un ange exterminateur détruit une ville. On ignore qui fut l'auteur des cartons; cependant la fougue de cette composition fait encore songer à Van Orley. Le panneau mesure 8^m,90 de large sur 5^m,30 de hauteur.

Je m'arrêterai encore à un superbe ouvrage, presque de même dimension, dont le sujet est moins troublant et le caractère plus noble. Il appartient à la collection composée de neuf panneaux, dite *les Honneurs*. Le panneau qui se trouve avec les envois de la Couronne représente la Justice trônant dans un temple style Renaissance allemande. A ses pieds, Néron, terrassé et les mains liées, personnifie la tyrannie. Aux côtés de la divinité sont : Tomiris, Scipion et autres figures allégoriques de la Sagesse et de la Vertu. Au premier plan, la Grâce distribue des dons à David et à Jacob. De nombreux personnages de l'antiquité s'empressent au-devant d'elle et en sollicitent leur part. Dans la partie supérieure de la composition, sur un côté, sont des scènes mythologiques retraçant les châtiments que subirent Phaéton, Ixion, Sisyphe et autres personnages pris dans la mythologie.

Telle est la décoration murale des deux salles de la Couronne, à l'Exposition historique. La même décoration se renouvelle, d'ailleurs, pour toutes les autres salles, la Casa Real ayant pourvu sous ce rapport à tous les besoins. Somme toute, elle a fourni deux cents panneaux qui sont autant de chefs-d'œuvre, parmi lesquels, indépendamment des autres modèles de la série *les Honneurs*, on trouve la magnifique série commandée par Charles-Quint, la *Conquête de Tunis*, comme aussi les séries dites *Triomphe de la mort* et *Histoire de Cyrus*.

La plupart de ces ouvrages ont comme dimensions trois, quatre, cinq, six mètres de largeur, sur trois, quatre, cinq, six mètres de haut. Ils sont autant d'éditions princeps qui défient les reproductions. Il s'en trouve aussi un assez grand nombre qui sont les seuls ayant existé ou qui existent encore. Tous, à part deux ou trois exceptions, sont tissus d'or, de soie et de laine [1].

La sensation apportée par ce déploiement est d'autant plus vive que les ouvrages qu'il embrasse ont gardé la fraîcheur, l'éclat, la jeunesse qu'ils avaient au premier jour de leur fabrication. Jamais on ne se douterait que plusieurs dateront bientôt de quatre siècles, et que beaucoup, parmi les autres, en ont trois de révolus. — Aucun n'est postérieur à 1640; c'était la limite

---

1. Si les tapis de Flandre ont généralement fait les frais de l'installation, il ne faut pas non plus oublier que l'Espagne eut aussi ses fabriques nationales. L'art du tapis y fut importé par les Romains, et se perpétua plus tard avec les Arabes. Les écrivains du xiie siècle mentionnent déjà l'élégance et le goût des panneaux tissés à Chinchilla, Cuença, Grenade, et dans la région de Murcie. Par la suite, grâce aux fabriques de Séville et de Madrid, cet art resta associé aux fastes de la monarchie, comme aussi aux pompes des cathédrales.

imposée par le règlement. Le temps chez eux n'a altéré en rien ni la suavité des couleurs, ni le relief des plans, ni le moelleux des perspectives, ni la grâce encore plus fragile des bordures et des encadrements.

Dans la buée d'or qui s'en dégage, les personnages créent une fantasmagorie d'autant plus charmante que l'antiquité en elle se pare et se travestit à la mode du temps où ces ouvrages furent faits. Les artistes d'alors ne se piquaient d'aucune exactitude par rapport aux costumes. Ils prenaient les hommes tels qu'ils les voyaient journellement et les faisaient entrer de plain-pied dans la composition des sujets anciens. C'est ainsi que, dans les tapis de Flandre, les patriarches souvent ressemblent à des bourgmestres et les sages à des échevins; la sainte Vierge elle-même a des atours de princesse, et les saintes, suivant leur âge, sont vêtues, soit à la Marie-Stuart soit en gentilles damoiselles.

De cet anachronisme constant est venue la chronologie exacte des tapisseries en général. Pour connaître leur date de fabrication, il suffit de voir les costumes. La coiffure, le manteau, le pourpoint, l'épée, la dague, la chaussure, sont autant de garanties en faveur de la certitude à acquérir. De cette façon, la vérité historique regagne d'un côté ce qu'elle a perdu de l'autre. En outre, la féerie trouve un élément de plus à cette confusion. Au sentiment des âges évoqués se joint le mouvement des époques auxquelles les ouvrages remontent.

Aujourd'hui, la Couronne d'Espagne a la propriété presque exclusive des chefs-d'œuvre de la tapisserie flamande. J'ai dit que ses envois à l'Exposition s'élèvent au chiffre de deux cents panneaux. Ce chiffre est considérable, mais il n'est que la faible part de celui que le comte de Valencia a établi à ma demande, et dans lequel il a fait entrer tout ce que la Couronne possède en propriétés de ce genre, — embrassant toutes les fabrications, — dans les diverses résidences royales. Ce chiffre général s'élève à deux mille tapis [1].

XI

Une époque qui avait réalisé cet idéal dans la fabrication du tapis ne pouvait faillir à la tâche d'atteindre le même niveau en ce qui touche la broderie. Les ouvrages de ce genre appartenant à la Couronne, particulièrement ceux provenus de l'Escurial, sont autant de modèles qui défient les efforts que l'indus-

[1]. Parmi les autres tapis appartenant à la Couronne se trouvent encore :

Six panneaux faits à Bruxelles, sur cartons de Raphaël, et dont l'un représente la pêche miraculeuse, saint Pierre marchant sur les eaux; les autres ont pour sujet Jésus et les apôtres guérissant les malades, et encore les prédications de saint Paul, ainsi que son apothéose.

La collection dite : *la Conquête de Tunis,* dont j'ai parlé plus haut, comprend cinq panneaux. Ils furent exécutés à Bruxelles par Guillaume de Pennemaker, auteur de la collection dite : *l'Apocalypse,* sur cartons de Jean Vermeyen, le célèbre Barbalunga. Sur chacun, des inscriptions latines relatent l'événement représenté.

trie a tentés, de nos jours, pour rivaliser sous ce rapport avec l'art ancien.

Il est vraiment à regretter que les chasubliers, les fabricants d'ornements d'église, les brodeurs français en général, n'aient pas davantage pris souci de l'Exposition de Madrid et n'aient pas fait relever les types incomparables qu'elle leur offre, pour les faire concourir à un progrès dont ils seraient les premiers à se féliciter.

Sous l'influence des cathédrales, qui cumulaient l'autorité civile et religieuse, l'industrie des brodeurs en Espagne était devenue une des plus prospères et des plus lucratives. Non seulement elle subvenait à l'ornementation des autels et aux manifestations les plus pompeuses du culte, mais encore elle pourvoyait au faste des cours archiépiscopales et des seigneuries placées sous leur dépendance. Dans les grandes villes, les brodeurs formaient une corporation d'élite dont faisaient partie les dames de qualité elles-mêmes et des dessinateurs dont plusieurs ont été justement célèbres.

Cet art très certainement existait en Espagne bien avant la conquête; il ne devait pas être étranger dans l'origine à l'influence arabe. Cependant, sous Charles-Quint, Philippe II et ses successeurs, il bénéficia du concours que lui prêtèrent des artistes spéciaux amenés de Flandre et d'Italie. Il est même aisé de comprendre l'émulation et la recherche que provoqua cette participation étrangère appliquée à l'industrie des brodeurs comme à toutes les autres. En venant s'adjoindre aux magnifiques étoffes que Valence et plusieurs autres villes de la Péninsule fournissaient déjà, les velours de Gênes et d'Arras firent le complément et l'apogée.

Trois ouvrages, empruntés à la décoration de messe blanche de l'église de l'Escurial, montrent à quel degré merveilleux de richesse et de fini on avait atteint dans le genre. Commencée en 1588, la série entière de cette collection ne fut terminée que deux ans plus tard. Elle avait été exécutée sous la direction de Daniel Rutiner, sur dessins de Peregrino Tibaldi, peintre célèbre, par les brodeurs qui habitaient la localité de l'Escurial[1].

Le premier des ouvrages exposés est le frontal d'autel dans la ligne horizontale duquel sont brodés à l'or et à la soie sept scènes de l'enfance du Christ. Chaque cadre alterne avec un cadre d'ornements, comme un poème entremêlé d'idylles. On a dit que les fées inventèrent la broderie; on croirait vraiment que cet ouvrage est éclos sous leurs mains. Les groupes

---

[1]. Dès le début du xve siècle, on compte, à commencer par Juan Pascual, attaché à la cathédrale de Séville, des brodeurs célèbres en Espagne. A partir de ce moment se succédèrent Juana Gonzales, Pedro Gonzales, Germain Ruiz, Martin Caro, Juana Ruiz. A la fin du même siècle, on avait encore Juan Rodriguez, Isabel Fernandez, Rodrigo de Sosa, Isabel Valdez et Elvire de Morales. Je dois ce document à M. de Leguina, un des plus éminents critiques d'art de la presse espagnole, rédacteur de la *Epoca*. Ainsi tombent les assertions de quelques écrivains qui ont prétendu que l'art de la broderie n'avait été introduit en Espagne qu'au xvie siècle, par des Italiens et des Allemands. J'ai nommé les brodeurs espagnols connus antérieurement. Certains envois des cathédrales, notamment un magnifique fauteuil gothique appartenant à celle de Cordoue, affirment le mouvement qui s'était produit dès le xve siècle.

sont brodés et nuancés avec une délicatesse de touche qui égale celle des plus fameux miniaturistes. Aux deux bouts sont les attributs du martyre de saint Laurent.

Ce martyre est, comme on sait, la légende attachée à la fondation de l'Escurial. Les troupes de Philippe II, en prenant Saint-Quentin, avaient détruit un sanctuaire où saint Laurent était l'objet d'une vénération spéciale. Ayant conçu de ce fait une sorte de terreur, le roi fit vœu de réparer ce désastre au sein même de ses États. En souvenir du gril sur lequel était mort le martyr, il commanda à Jean de Tolède, son architecte, un édifice qui affecterait la forme de cet instrument de supplice.

La construction prit date en 1565 et se prolongea durant une période de vingt et un ans. Herrera, élève de Jean de Tolède, termina les travaux. Le monument apparut dès lors tel que l'avait souhaité le fondateur. La façade représente le manche du gril et les quatre tours marquent les pieds du tragique quadrilatère. Les bâtiments intérieurs disposés en lignes parallèles complètent la donnée.

Quelques écrivains français ont eu la naïveté de regretter que l'Escurial ne ressemblât pas au Louvre ou au palais de Versailles. A cela on peut répondre que, si tous les grands édifices se ressemblaient, il en résulterait une monotonie fâcheuse dont les touristes et les archéologues ne manqueraient pas de se plaindre. Le fait est que ce palais a été construit dans le style dorique, le plus simple de tous. Seulement, il revêt en majesté, en formidable expression de force et de puissance, ce qu'il perd sous le rapport de l'agrément extérieur.

Il coûta vingt millions à construire, c'est-à-dire plus de soixante millions de l'argent d'aujourd'hui. Cependant on avait tout auprès la magnifique pierre, pareille à du marbre, dans la blancheur de laquelle il semble encore construit d'hier. Le paysage est triste, mais lui, ce palais, a une fière allure de dominateur et de conquérant. Il est en possession du sol jusque dans les entrailles ; si son faîte élargi par une masse énorme ne menace pas le ciel, du moins on peut être certain qu'il brave et qu'il défie les siècles !

Le monastère et l'église attestent l'accomplissement du vœu qu'avait fait Philippe II de restituer le culte de saint Laurent et de réparer les sévices de ses armes sur un sanctuaire consacré à ce saint. Le soin en fut confié aux religieux de Saint-Jérôme, ordre qui n'existe plus aujourd'hui ni en Espagne ni en France. Différemment, le palais tout entier devint le monument commémoratif de la bataille de Saint-Quentin et de la prise de cette ville.

Cette intention est formellement exprimée par la fresque qui retrace cet événement dans la fameuse *Salle des batailles,* placée au centre des appartements royaux.

Au sujet de cet ordre de Saint-Jérôme, dont il vient d'être fait mention, il est un point extrêmement curieux et totalement ignoré d'histoire que je m'empresse de relater.

C'est au xive siècle que les Jérômistes s'établirent,

pour la première fois, en Espagne. Leur maison-mère était en Estramadure. A la suite, ils fondèrent des couvents en Castille et en Andalousie. Comme cet ordre comptait les principaux savants de l'époque parmi ses membres, il s'attira rapidement la faveur des souverains et prit dans leurs conseils une place considérable.

Deux frères Jérômistes italiens, appelés Pecci, — il serait mieux de dire deux *Yérônymites,* comme on les appelait alors, — qui étaient venus en Espagne vers l'année 1350, contribuèrent beaucoup à cette vogue. Placés à la tête de leur ordre, ils en hâtèrent le développement et jetèrent sur lui le vif éclat qu'ils s'étaient acquis par leur sagesse et leur savoir.

Or, il est généalogiquement établi aujourd'hui, et cela de la façon la plus authentique et la plus péremptoire, que ces deux frères Pecci appartenaient à l'illustre famille italienne de ce nom, et qu'ils étaient parents du pape actuel S. S. Léon XIII. Bon sang n'a pas menti.

La destination que donna Philippe II à l'Escurial avait comme principal but d'en faire le foyer des archives de l'Espagne, depuis les temps les plus reculés. Avec le concours des Jérômistes et de l'élite du clergé, on institua la bibliothèque et on la forma de tous les manuscrits grecs, latins, hébreux, arabes qu'on put réunir, soit dans les archives des cathédrales, soit dans celles des couvents, soit partout ailleurs. De cette sorte on fit de l'Escurial un monument encore plus gigantesque au point de vue intellectuel qu'il ne l'est au point de vue archéologique.

« Sombre Escurial », disent les voyageurs. Sombre, il peut le paraître, en effet, lorsque, après avoir visité la *Capilla mayor,* on descend dans la crypte en marbre précieux, en porphyre principalement, où sont les sépultures royales. Certes, s'il est un endroit où le néant des vanités plaide de toute sa force, c'est bien dans ce Panthéon où les plus grands, les plus puissants, Charles-Quint lui-même, ne mesurent que les six pieds d'espace qui sont dans la destinée des plus humbles et des plus petits !

Cette sépulture, d'ailleurs, n'entra jamais dans les dispositions premières ayant trait à ce palais. Philippe II voulait y vivre, y marquer le faste de son règne et celui de sa cour, mais il ne songeait pas à s'y faire enterrer. On peut dire, par exemple, qu'il y est enterré vivant, tant est persistante et exclusive la sensation qu'on a de lui ! Son image se dresse à chaque pas. Dans la *Salle des batailles*, on le revoit environné d'une pompe sans pareille. Dans la pièce où il se tenait habituellement, on le retrouve dans toute son austérité : une simple table, un prie-Dieu, quelques chaises de cuir, un escabeau de chêne... Le Louvre, c'est François Ier ; Versailles, c'est Louis XIV ; l'Escurial, c'est Philippe II !

J'en reviens aux broderies. Les deux autres ouvrages qui correspondent à celui dont j'ai parlé en premier sont des dessus de pupitre de chœur en drap d'argent brodé d'or ; ils atteignent l'un et l'autre la même perfection. Aux extrémités de chacun sont deux cadres avec sujets d'une maëstria qu'on ne peut définir.

Le raffinement des brodeurs dans ces ouvrages semble défier le peintre le plus subtil. A la beauté des scènes représentées et nuancées de soie, il faut ajouter le charme des ornements dont une partie est en style oriental.

En présence de chefs-d'œuvre pareils, on est tenté de regretter comme une profanation l'emploi qu'on en faisait. Habiller un pupitre de chœur, c'est bien peu, à coup sûr, mais il faut songer que sur ces panneaux d'étoffe étaient des livres liturgiques ayant, eux aussi, une valeur inestimable, des missels, des livres de plain-chant, manuscrits sur vélin, mesurant un mètre de haut, véritables écrins d'enluminures.

Combien d'ouvrages j'aurais encore à signaler ! Par malheur, on ne décrit pas des broderies. Il faudrait trop de fils d'or et de soie au bout de la plume, et les fées seraient jalouses si l'écrivain usurpait leur procédé [1].

---

[1]. Les amateurs de broderies, parmi les envois des cathédrales, trouvent un émerveillement non moins grand que celui qu'ils ont éprouvé en présence des vitrines de la Couronne. C'est là que cet art s'affirme dans sa plénitude.

XII

Quels que soient, comme tableaux, les envois de la Couronne, il ne faut pas oublier que le musée de Madrid est voisin de l'Exposition et que c'est par lui qu'on devrait commencer s'il fallait dresser le bilan des trésors en chefs-d'œuvre que possède l'Espagne. Là nous ne trouverions pas seulement des maîtres tels que Raphaël, Titien, Rubens, Van Eyck, Rembrandt, Albert Durer, Teniers, Van Dyck, nous y verrions surtout Murillo, Velazquez, Zurbaran, Ribera, Greco, Coello, Cano, More, Morales, Mazo (del Martinez) et encore Goya !

Certes, je ne veux pas dire que ceux-ci soient supérieurs aux premiers ; je prétends, toutefois, qu'ils intéressent davantage parce qu'ils sont moins connus. D'abord ils ont une marque tellement spéciale, tellement en dehors, qu'ils excluent toute rivalité et défient tout rapprochement. C'est par leur reflet de nationalité intense qu'ils séduisent, par leur originalité qu'ils charment et captivent. Quiconque ne connaît Murillo et Velazquez que pour les avoir vus au Louvre ne peut se rendre un compte exact de leur personnalité. Leur œuvre est en Espagne, et c'est là qu'il faut venir pour la voir et la bien juger. L'Espagne seule les explique et les commente, elle seule fait ressortir à nos yeux le degré où doit s'élever l'admiration dont ils sont dignes. Madrid suffit pour Velazquez; pour Murillo, il faut encore Séville. Le voyage n'est rien dès qu'il s'agit de peintres semblables, c'est un enchantement.

Mais il ne faut pas oublier que nous sommes à l'Exposition. Le Musée de Madrid est une institution permanente à la renommée de laquelle il n'y a rien à ajouter. Ici, nous nous plaçons sur un terrain nouveau, encore inexploré, fait d'éléments multiples auxquels on ne saurait trop s'attacher, les jours étant comptés pour cet ensemble qui restera sans lendemain et dont les générations à venir, les centenaires futurs, ne rencontreront d'autre trace que celle qu'en auront laissée les savants, les artistes, les écrivains groupés autour de lui!

Les tableaux qui figurent parmi les envois de la Couronne sont des œuvres véritables et dignes des meilleurs maîtres. Cependant il faut les considérer avant tout comme des souvenirs dont la première valeur est dans l'intimité en quelque sorte familiale où les tint la monarchie jusqu'à ce jour. Ce qu'on recherche principalement en eux, ce n'est pas tant la marque artistique que l'effluve lointain des existences royales dont ils furent les compagnons assidus et les muets témoins. On les interroge ainsi qu'on interrogeait jadis le Sphinx, surtout quand ce sont des portraits, non pour les faire parler, mais pour en obtenir un reflet, un je ne sais quoi d'humain que personne n'a discerné encore et qui ajouterait un trait de plus aux physionomies si souvent ingrates que l'histoire retrace [1].

De cette investigation, il résulte parfois que l'œuvre d'art, même la plus transcendante, n'offre à l'esprit du visiteur qu'un intérêt médiocre par rapport à la sensation que peut procurer un ouvrage tout autre et presque secondaire.

Ainsi parmi les envois de la Couronne se trouvent un portrait de petite dimension d'Isabelle la Catholique et un grand portrait de l'empereur Charles-Quint. Celui-ci est peint par Pantoja, un des maîtres espagnols les plus renommés, tandis que l'autre n'est qu'une copie.

Eh bien, cette copie pour moi est infiniment plus suggestive que le portrait original signé de Pantoja. Il est vrai que cet artiste avait dû recourir lui-même, n'étant pas contemporain, à une autre peinture pour faire Charles-Quint. Seulement le portrait primitif auquel il avait recouru, et qu'on peut voir encore au musée du Prado, était de Titien. Ni l'un ni l'autre n'ont donné à leur modèle le sentiment qu'il devait avoir, ni l'un ni l'autre n'ont compris Charles-Quint. Qu'ils

---

1. La grande peinture, parmi ces envois, est représentée par un tableau dit du *Crucifiement*, qu'on croit, à juste titre, être de Roger Vander Weyden, le premier des peintres flamands de ce nom. C'est une œuvre accomplie de majesté et de solennité religieuses. Aux côtés du divin crucifié se tiennent la sainte Vierge et saint Jean, tous les deux debout et de grandeur naturelle. Ce tableau magistral a subi des réparations, mais il garde son ampleur et son superbe caractère. Il en est fait mention, comme étant de « maître Roger », dans les plus anciens inventaires de l'Escurial. Il fut donné à la communauté de Saint-Laurent de ce palais, en avril 1574.

en aient reproduit les traits, c'est possible ; mais, ce qu'ils n'ont pu reproduire, c'est la flamme intérieure qui avait exalté si haut sa puissance, c'est le colosse que l'âme avait fait de ce corps en quelque sorte débile.

L'âme, voilà ce qu'on cherche dans ce tableau : on ne la trouve pas ! En revanche, Titien et Pantoja ont appliqué tout leur talent à décrire par le menu la magnifique armure sous laquelle disparaît l'empereur, à nous montrer son casque placé tout à côté de lui. Pas un détail n'a été omis ; les fines ciselures milanaises resplendissent dans ce beau travail de fer bruni et d'or. C'est superbe comme cuirasse, comme brassards, comme cuissards, comme armure. Mais combien on préférerait, au lieu de ce personnage officiel, de ce commandant d'armée à la pose, un Charles-Quint, ne fût-il qu'en robe de chambre, en présence duquel on aurait le sentiment immédiat, l'intuition de sa grandeur morale et des énergies qu'il mit à dominer le monde jusqu'à en mourir !

Autre chose semble la copie, — dont le travail de facture est admirable d'ailleurs, — qui nous représente Isabelle la Catholique. Il exclut tous les attributs et nous montre le personnage isolé de tout faste et de toute représentation. La reine est déjà âée ; son vêtement est sévère, presque monacal, son attitude calme, noble, recueillie. Le visage est déjà empâté, mais les traits gardent leur pureté ; les yeux sont bleus et, sous la coiffe qui couvre leurs bandeaux plats, les cheveux paraissent encore blonds.

Le détail n'est rien; c'est de l'ensemble que vient l'impression qu'on éprouve. L'artiste primitif avait encore mieux saisi son modèle au moral qu'au physique. Telle qu'il nous la fait voir, on comprend que cette femme ait remué le monde. Une intelligence irradiante réchauffe son austérité et la transfigure : on retrouve Isabelle dans l'épopée dont elle fut l'héroïne; en même temps on admire son repos, sa sérénité et la simplicité antique qu'elle associe au triomphe définitif. Ce tableau, comme conception, est vraiment génial; il émane directement du modèle. C'est bien là cette Isabelle la Catholique si ferme dans sa foi, si persévérante dans ses volontés, si opiniâtre dans ses desseins. On a beau vouloir se la représenter autrement, on est chaque fois ramené à ne la voir qu'ainsi[1].

Il en est de même de Philippe *le Bon*, dont un portrait, tout auprès du précédent, se recommande de Van Eyck, peintre favori de ce prince. L'ouvrage est digne d'un tel pinceau. Tout petit qu'il est, il fait une grande figure de Philippe, duc de Bourgogne, dont le nom a tant de fois retenti au xve siècle et dont les intrigues politiques, ainsi que son alliance avec l'Angleterre, furent un moment si funestes dans la lutte soutenue par Charles VII.

Ce prince politicien ne mérita jamais le qualificatif que l'histoire lui donne. Il était magnifique, il est vrai, mais l'astuce et la perfidie avaient dénaturé en lui toutes les vertus chevaleresques de sa maison. Il avait

---

[1]. L'original de ce portrait est à Paris, au palais de Castille, chez S. M. la reine Isabelle II.

vendu Jeanne d'Arc aux Anglais, et cela donne la mesure de son machiavélisme. Van Eyck, en retraçant son visage rasé, coupé de dures rides, troué d'un regard métallique, secoué d'une sorte de rictus paterne derrière lequel on sent la félonie, a fait plus qu'un portrait, il a peint un caractère.

Tour à tour défilent ainsi, images sévères ou gracieuses, graves ou souriantes, Philippe II, ayant passé la soixantaine, et sa quatrième femme Anne d'Autriche en toilette de cour, toute jeune et blonde, à l'air ingénu ; Philippe III, Philippe IV et ses deux femmes, Isabelle de Bourbon et Marie d'Autriche ; Isabelle de la Croix, fille de Maximilien II, le duc de Santangel, le roi Sébastien Ier de Portugal. Que de pages d'histoire feuilletées ainsi ! Que d'événements, que de secousses, que d'amours, que de drames, que de sensations diverses !

Çà et là des silhouettes de femmes inconnues (*desconocida*) se dressent dans la nuit des légendes de cour. « Inconnue », c'est le néant, la poussière, l'oubli de ce qui fut cela. Au bas d'une de ces images sont ces trois lettres : F. C. V. — « fille de l'empereur Charles-Quint ». Le catalogue ne la nomme pas. Desconocida, elle aussi.

Maintenant qu'importe [1] !

[1]. Il est fait mention dans les chroniques historiques de diverses provenances d'une *Madama Margarita*, fille naturelle de Charles-Quint. Elle devint duchesse de Parme. Son portrait-miniature se retrouve dans la collection Noguez.

On pourrait supposer que la *Desconocida* des envois de la Couronne est la même que cette *Madama Margarita,* dont la trace se

XIII

Le sentiment artistique reprend en partie ses droits avec les tableaux et encore les diptyques, triptyques, rétables provenus des oratoires de la couronne, des monastères et des couvents restés placés sous son protectorat : l'Escurial, Las Claras de Tordesillas, Las Huelgas de Burgos, Las Descalzas de Madrid. Que de sensations morales s'attachent à ces œuvres qui, pendant si longtemps, ont été les confidentes des joies de l'âme comme aussi des tristesses secrètes des souverains, des reines, des infantes !

Tantôt c'est la *Présentation de la Vierge au Temple,* sinon de Vander Weyden lui-même, du moins d'après

---

retrouve en Italie. Les portraits ne se ressemblent pas. Il ne faut pas oublier, d'un autre côté, que Charles-Quint, indépendamment de don Juan d'Autriche, le vainqueur de Lépante, eut plusieurs enfants naturels. On se rappelle aussi, sans doute, la fin particulièrement héroïque de son unique femme légitime Isabelle de Portugal, fille du roi don Manuel. Au milieu des douleurs de l'enfantement, elle s'était fait un devoir de reine de ne proférer ni un cri ni une plainte. C'est en vain que les médecins s'efforcèrent de vaincre sa résolution à cet égard. Elle persévéra invinciblement dans son mutisme, et peu après elle fut emportée par les complications survenues.

Isabelle de Portugal est restée célèbre pour sa beauté. C'est en présence de son cadavre que François de Borgia, duc de Candie, fit vœu de renoncer au monde et d'entrer en religion. Il fut le troisième général de la Compagnie de Jésus.

sa manière. Tantôt c'est une *Sainte Famille* procédant de l'école flamande du XVIe siècle. Voici une *Adoration des mages* de la même école. Par là est un triptyque peint par Van Eyck : par ici en est un autre de Maître Jean. Que dire encore d'un ouvrage de même genre, du commencement du XVIe siècle, dans le panneau médian duquel on voit saint Jérôme adorant une croix, plantée dans un tronc d'arbre? Quelle solitude et quel paysage ravissants! Le panneau de droite représente la Fuite en Égypte, celui de gauche, saint Antoine de Padoue et l'Enfant Jésus. Les sujets dans les peintures de ces temps-là ont beau se répéter, le sentiment change chaque fois. Comment ne pas être charmé, d'ailleurs, par un art si naïf et si beau! Comment ne pas admirer des artistes, — on aurait aussitôt fait de dire des peintres mystiques, — dont toutes les œuvres sont une constante évocation de l'âme et un rapprochement incessant de la matière avec l'infini!

Un oratoire polyptique du XVe siècle, ouvrage qui mesure trois mètres et demi de haut sur cinq mètres de large, synthétise toutes ces splendeurs et les renchérit encore en associant la sculpture à la peinture. Les quatre battants de porte qui le ferment, une fois tirés, on a la sensation que causerait la vue soudaine d'un édifice véritable, on se croirait dans un chœur de cathédrale Renaissance où le gothique bourgeonne et fleurit comme les plantes au printemps.

Cette illusion est produite par deux bandes qui se détachent d'un fond bleu semé d'étoiles d'or, et qui créent, dans toute la profondeur de l'oratoire, une double galerie de nefs, de cloîtres, de portiques aux fines colonnades, aux exquises dentelures, entièrement dorées et resplendissantes comme des bijoux.

Sous ce couvert monumental, sur les deux bandes, se détachent en hauts-reliefs sculptés et peints différentes scènes de l'Écriture que l'artiste a représentées par groupes séparés les uns des autres. Au centre de la bande supérieure est Jésus-Christ crucifié entre les deux larrons. La Vierge, saint Jean et des soldats à cheval, armés à la mode du XVe siècle, sont au pied de la croix. Le Christ attaché à la colonne fait le sujet du groupe placé à droite, et le baiser de Judas le sujet de celui qu'on voit à gauche. Au centre de la ligne inférieure sont retracées les Sept Douleurs. Sur un côté est la scène de l'Ensevelissement, sur l'autre celle de la Résurrection.

Les quatre portes dorées au feu sont ornées de motifs que l'artiste a exécutés avec une suavité de couleur vraiment idéale. On y voit tour à tour les docteurs de l'Église, la visite de Notre-Seigneur aux infirmes, l'Ascension, saint Thomas incrédule, la visite à sainte Isabelle, le Massacre des innocents, la Circoncision, la Naissance de Jésus, l'Adoration des mages, la Sainte Vierge et l'Enfant-Dieu environnés des anges.

Cette prodigalité n'engendre aucune pesanteur. Au contraire, l'ensemble est d'une légèreté, d'une sveltesse et en même temps d'une harmonie dont rien ne saurait donner l'idée. Jamais patience humaine n'a combiné ainsi des effets plus heureux, n'a associé tant de motifs divers dans un goût plus parfait, un caractère plus aimable, un art plus séduisant.

Je ne signalerai que pour mémoire deux triptyques et un tableau de Géronimo Bosch, peintre hollandais célèbre pour sa bouffonnerie. J'avoue que son apolyptisme et son symbolisme, son spiritualisme et son matérialisme confondus, semblent surprenants en aussi bonne compagnie. En Espagne, on le prise beaucoup plus qu'en France et on le met volontiers au niveau des plus grands peintres. Il est vrai qu'il excelle dans la couleur, mais ses conceptions se répètent sans cesse et ne font voir en lui qu'un halluciné.

On prétend qu'il se vengeait de ses ennemis en les caricaturant de la sorte. Il ne l'eût fait que par hasard, ce serait excusable, mais il ne varie jamais ni dans la forme, ni dans le caractère. Avec ses personnages, il chevauche perpétuellement dans l'impossible, entasse gibbosités sur gibbosités. S'il entrevoit l'idéal, c'est pour retomber immédiatement dans l'horrible. Un ange qui sort de sa palette est aussitôt converti en démon et se livre à des jeux obscènes ou macabres.

Bosch est le peintre des saturnales mystiques, ou plutôt le peintre de l'hystérie; il y a un fonds de démonisme en lui. Encore s'il évitait l'épisode cynique, mais il en est prodigue; ses œufs gigantesques, les monstres qu'il promène sont féconds en lascivités. Les goinfreries aussitôt expiées ne l'épouvantent pas davantage. Il se vautre avec un véritable sadisme dans les fanges de son imagination. Sa pensée est constamment en délire. C'est, à part la couleur, Gavarni devenu fou.

Et il fait métier de sa folie, il l'exploite avec un art de maître, ou, plutôt, il y persévère en incurable, en artiste qui a gâté un don divin, qui s'est gâté lui-même, et qui ne peut se soustraire à l'état de décomposition cérébrale où il est tombé. Fou, fou, fou !

XIV

Devant m'occuper plus loin des envois spéciaux de la Bibliothèque nationale de Madrid, je me bornerai, à l'égard des livres et manuscrits de la Couronne, à l'examen de ceux dont l'intérêt s'impose immédiatement.

Le plus ancien est le livre des *Cantiques de sainte Marie*, manuscrit sur parchemin, grand in-folio avec texte en deux colonnes, écriture française du xiiie siècle, contenant, paroles et musique, les poésies d'Alphonse X, dit le Sage, roi d'Aragon et empereur d'Allemagne. Ce souverain est une des grandes figures du xiiie siècle. Son histoire embrasse la lutte contre les Maures, l'intrigue politique qui le fit élire empereur par la Diète, — comme héritier des droits de la maison de Souabe, — l'élan qu'il imprima à la chevalerie, la protection qu'il accorda aux lettres, aux arts, enfin les démêlés et le faste excessif qui entraînèrent sa déposition comme empereur par le Saint-Siège.

Au rang suprême où il s'était élevé, il tint toujours à honneur d'être le roi des troubadours et troubadour lui-même. Ses poésies, dont il composait et écrivait lui-même la musique, ont grandement secondé la formation de la langue espagnole ; elles sont, en outre, un précédent aussi curieux qu'utile par rapport aux mètres et aux rythmes de la versification. Le sentiment religieux y tient la plus grande place, mais il revêt cette grâce naïve et tendre qui fit le charme des trouvères, tant en France qu'en Italie. Chez ce roi-poète, on sent déjà le souffle des cours d'amour et de la pléiade ; on se complaît à voir en lui un précurseur de Charles d'Orléans, le prince captif de l'Angleterre, et de Gaston de Foix, roi-félibre, lui aussi, qui mourut en héros.

Heureux sont les souverains dont la mémoire se retrouve dans un chef-d'œuvre tel que les *Cantiques de sainte Marie !* Il est la plus haute expression de l'art au moyen âge et du raffinement auquel il atteignait déjà. Son frontispice gothique n'est que l'avant-coureur des surprises que ménagent dans le texte quarante planches de miniatures dont le dessin, la couleur luttent d'élévation, de recherche avec la pensée, et revêtent de formes exquises son mystique idéal[1].

---

[1]. Par ses miniatures et ses enluminures, qui ne sont pas sans analogie avec celles du fameux livre d'heures de saint Louis, cet ouvrage atteste l'influence que la France exerça aux XIIIe et XIVe siècles sur les arts de la Péninsule. Il est le plus précieux document qu'on ait sur le XIIIe siècle; ses dessins sont autant de révélations par rapport aux usages, aux mœurs et à tout ce qui a trait à la vie intérieure et extérieure.

A côté de ce livre, devant lequel on s'attarde avec ravissement, est l'édition en deux magnifiques volumes qu'en a faite l'Académie de la langue. Le marquis de Valmar, avec le concours de R. P. Fidel Fita et M. Menendez Pelago, ont écrit sa remarquable préface ; le commentaire bibliographique est dû à M. Luiz Aguado.

Le livre d'heures d'Isabelle la Catholique, manuscrit sur vélin du xve siècle, avec miniatures et initiales enluminées, ne saurait non plus passer inaperçu. La reliure en cuir, couverte de satin cramoisi, garde l'empreinte d'un fréquent usage. Sur ses deux faces est un écusson en argent niellé, avec les armes royales antérieures à la prise de Grenade. Ce livre fut vraisemblablement le compagnon de la reine héroïque, aux heures où la tenait éloignée de toute coquetterie intime le vœu légendaire qui a fait dire depuis : « la couleur Isabelle ».

Le livre d'heures sur vélin avec écriture du xve siècle de Jeanne la Folle (*la Loca*), fille de la précédente, est encore plus suggestif. Ce n'est pas seulement un manuscrit hors de pair, c'est également un incomparable bijou. Les rois catholiques consacrèrent à sa décoration le premier or qui avait été importé d'Amérique. Il ressort dans une merveilleuse reliure Renaissance aux armes d'Aragon, émaillée en reliefs, blancs, rouges, verts, azur et noir, qui s'étendent à toute la surface.

On n'a pas oublié, sans doute, que Jeanne la Folle fut la mère de Charles-Quint. Son mariage avec Philippe le Beau est le point de départ de la dynastie autrichienne en Espagne. D'où vinrent les alternatives du mal dont elle était atteinte ? Dès l'époque de son mariage avec l'archiduc, sa mère semblait craindre chez elle un dérangement d'esprit ; on en trouve la preuve dans un ouvrage espagnol nouvellement paru, de M. Rodriguez de Villa, intitulé : *Juana la Loca*, ouvrage qui a été commenté à l'Académie de l'histoire et à la suite dans le *Bulletin* de cette dernière par M. Fabié, ancien ministre et éminent historien.

Il abonde en documents curieux et inédits. On y voit, entre autres choses, que Jeanne devait être précocement atteinte du germe de la folie, mais il semble qu'il se soit développé sous l'influence de la jalousie qu'avait provoquée chez elle l'inconduite de Philippe le Beau. Il mourut prématurément, et Jeanne garda pour lui une tendresse aussi violente qu'inconsidérée. Elle avait fait exhumer son cadavre, sous prétexte de le porter à Grenade. De ce voyage datent des excentricités que le peintre Pradilla a synthétisées dans un tableau à sensation qu'on peut voir au Musée du Prado. La reine a ouvert le cercueil de son mari, et d'un regard avide, halluciné, interroge sa dépouille, comme si elle attendait que la mort le rende soudain à son affection tant de fois déçue.

Dès l'origine, le livre d'heures de Jeanne la Folle dut être considéré comme un objet de haute curiosité excluant tout usage. Son parfait état de préservation, semble l'attester ainsi. Ce livre a pourtant son histoire. En 1642, Philippe IV, ainsi qu'en fait foi une inscription latine rapportée au manuscrit, le donna au prince-cardinal Trivulce en reconnaissance de la part qu'il avait prise à l'expédition de Catalogne. Pour le même motif, le cardinal fut fait vice-roi d'Aragon. L'inscription latine, en relatant ce fait, établit en ces termes la provenance : « *Ferdinandus et Elisabeth, piissimi reges, sacrum hunc librum* INDIÆ GAZÆ PREMICIIS ORNARUNT. » Ferdinand et Élisabeth (Isabelle) ornèrent ce livre avec les prémices des trésors de l'Inde.

Ne pouvant les décrire comme ils méritent, impuissant à m'approprier leur substance et leur art, je me bornerai à citer des manuscrits tels que le livre d'heures de Charles-Quint, l'inventaire de ses armes, le livre *De la Monteria* d'Alphonse XI, où se reflète plus spécialement l'art espagnol, un volume de pensées autographes du Tasse, donné par Joseph-Napoléon, un moment roi d'Espagne; le livre du chœur du monastère de l'Escurial, enluminé sur vélin par Fray André de Léon, les manuscrits autographes et ceux relatifs à la vie et aux fondations de sainte Thérèse de Jésus, ainsi que le seul texte existant encore d'une lettre dans laquelle Christophe Colomb entretient les rois catholiques de ses découvertes.

Nous voici aux harnais de joute de Charles-Quint et de Philippe II, dont les mannequins resplendissants, empanachés, la lance tendue, arrêtent chaque jour au passage le flot des visiteurs.

Si l'Exposition est voisine du musée, quant aux tableaux, il ne faut pas oublier que, pour les armes, elle dépend de l'Armeria royale. Là sonne dans le fer et l'acier le souvenir des plus grands noms et des plus retentissantes campagnes; là Goths, Maures et Castillans se trouvent en présence et vivent dans la mort en parfaite harmonie. Nous avons le musée de Cluny, celui des Invalides : aucun ne saurait donner l'idée exacte de l'Armeria de Madrid. C'est le type accompli de collections en fait de pièces historiques. Depuis le temps des plus vieux romanceros jusqu'à nos jours, l'évocation y est constante.

Le harnais de joute de Charles-Quint date du commencement du XVIe siècle. Il est une des plus belles panoplies qui aient été créées de ce temps là. Elle fut fabriquée à Augsbourg par le célèbre armurier Colman. Charles-Quint devait avoir seize à dix-sept ans lorsqu'il s'en servit, à l'occasion des joutes de Valladolid, en 1528, avant d'être fait empereur d'Allemagne. La barde et les défenses du cheval ne sont pas moins riches ni moins solides que celles de l'homme. Toutes sont ciselées à la manière allemande, avec sujets et attributs. L'ajustement joint la légèreté à une grande force de résistance.

Plus beau encore est le harnais, fait également en Allemagne, que commanda Philippe II à l'occasion de son mariage avec Marie d'Angleterre. La barde du cheval qu'on voit à l'Exposition ne fait pas partie de cette armure, mais elle ressort du même modèle. Elle fut faite postérieurement pour Don Carlos, fils de Philippe II. L'ensemble n'en souffre aucunement, car l'ornementation en or est la même. Celle-ci, loin d'être allemande, se rapporte à l'art le plus finement détaillé de la fabrication milanaise.

Cette association m'a été expliquée par le comte de Valencia, qui, en sa qualité de directeur, possède tout le secret de l'Armeria royale. Au xvie siècle, les plus célèbres armuriers étaient, soit à Augsbourg, soit à Milan.

Les premiers l'emportaient en solidité, mais les Milanais excellaient dans l'ornement. Il en était résulté une sorte d'échange. Les armuriers milanais recouraient volontiers aux ouvriers allemands, pour donner plus de force aux harnais qu'ils fabriquaient, et les autres, en revanche, employaient des ouvriers milanais en ce qui avait trait à la décoration.

Il ne faudrait pas supposer, d'ailleurs, qu'une armure complète de ce temps-là consistât en un seul ajustement. Elle comprenait d'abord le harnais de joute ou de tournois, la joute étant le combat à deux, et le tournois le combat à plusieurs contre plusieurs. A cette première série succédait la série des harnais de guerre pour la lutte à cheval et la lutte à pied. Le nombre des pièces forgées comprenait un matériel entier, en sorte qu'il fallait la fortune d'un roi ou celle d'un prince pour recourir à ce luxe. L'armure complète qui correspond aux harnais exposés de Philippe II est conservée avec inventaire et lettres authentiques à l'Armeria royale.

L'Espagne n'a jamais eu la spécialité des grandes panoplies, comme fabrication. En retour, elle eut longtemps un grand renom pour la forge, soit à Tolède, soit à Valence, des épées et des armes militaires. Les types qu'offre l'Exposition des défenses que revêtaient les soldats de cette nation, aux xve et xvie siècles, donnent en partie l'explication des succès qu'ils remportaient à la guerre. Leur équipement, dû aux industries nationales, établissait en leur faveur une supériorité aisément appréciable par rapport aux autres nations.

Nouveau chef-d'œuvre est un bouclier en acier doré dans lequel un artiste qu'on suppose être Jules Romain a buriné une apothéose de Charles-Quint, inspirée d'une allégorie héraldique qui existait dès 1517, et qui montre ce monarque franchissant les colonnes d'Hercule, si longtemps réputées la limite du monde, avec ce cri pour devise : *Plus ultra.* J'irai au delà ! La renommée et la victoire exaltent son audace. Au-devant de lui, Hercule déplace les monts, tandis que Neptune de son trident montre au loin les espaces ouverts à la conquête. Une femme coiffée d'un turban et attachée par les cheveux à un tronc de palmier représente l'Afrique subjuguée par la conquête de Tunis. Un homme qui se tient auprès du dieu marin symbolise Bétis, l'ancien Guadalquivir, auquel il revint par la suite de servir d'intermédiaire entre la mère-patrie et les nouvelles possessions.

Je dois encore citer une armure ayant appartenu à Philippe le Beau, mari de Jeanne la Folle, l'épée de Fernand Cortès, conquérant du Mexique, celle de François Pizarre, conquérant du Pérou, ainsi qu'un casque-salade rapporté en Espagne, lors de la conquête de Tunis, en même temps que les armes de l'empereur Barberousse.

Je termine cette nomenclature par un bouclier de cuir, en forme de cœur, recouvert d'une admirable mosaïque de plumes exécutée par les Indiens-Aztèques de Mexico, représentant tour à tour la bataille de Navas de Tolosa, l'entrée des rois catholiques à Grenade, la bataille de Melbourg et le combat naval de Lépante. On estime que cet ouvrage remonte à la fin du règne de Philippe II ou au commencement de celui de Philippe III.

Il est le plus beau de tous ceux qui rentrent dans cette catégorie. Il en existe cependant un autre, qui est infiniment remarquable, au palais Pitti, à Florence. Il fut donné à l'origine à un cardinal de la famille de Médicis. Mme Nutall, dont j'ai déjà parlé, en a envoyé un fac-similé à l'Exposition. On doit, en outre, à cette infatigable autant que sympathique savante, une étude complète, relatée dans les annales du Congrès de Huelva, sur cet art mexicain.

V

L'orfèvrerie, la joaillerie embrassent les modèles les plus purs de la Renaissance italienne et de la Renaissance espagnole. Je ne puis prétendre en donner une idée exacte, car la plume, — ici, comme en bien d'autres cas, — est insuffisante pour faire ressortir, comme il mérite, le travail de l'artiste. Ce sont, le plus souvent, des boîtes, des coffrets, des reliquaires, des vases sacrés, des médaillons, des crucifix, des croix chez lesquels on ne sait ce qu'il faut le plus admirer, étant donnés la richesse de la matière, le fini qui s'attache au moindre détail.

On se rappelle, sans doute, le renom que s'étaient si justement acquis les artistes milanais du xvie siècle. Les Sarachi comptaient parmi les plus célèbres, comme lapidaires. En sa qualité d'orfèvre, Jean-Baptiste Croce ne leur cédait en rien. Il était le fournisseur attitré de la duchesse Catherine de Savoie, fille de Philippe II, et c'est sur sa commande qu'avec le concours de Sarachi il entreprit et réalisa le chef-d'œuvre qui prime le genre parmi les envois de la Couronne.

Qu'on s'imagine une boîte (*caja*), ou plutôt un coffret de grande dimension, formé de neuf plaques de cristal de roche, avec armature en argent doré ornée aux angles de cariatides, de satyres, et, sur chaque plan, de perles, de camées, de mascarons en lapis-lazuli et autres pierres précieuses, à monture en or émaillé. Les plaques de cristal sont décorées de sujets gravés par Sarachi. On y voit, entre autres, les figures allégoriques des éléments ; sur le couvercle est un Apollon conduisant son char.

L'art des lapidaires et celui de l'orfèvre combinés ont produit un ensemble dont l'harmonie et la richesse

font songer involontairement aux *Mille et une Nuits.*
Quels sont les objets qui ont été trouvés dignes de la
première place dans ce coffret, qui produit la sensation d'un rêve, alors même qu'on le touche et le
palpe? Quels joyaux, quels diamants, quelles rivières,
quels colliers, quelles ceintures sont entrés dans cette
splendeur, se sont mirés dans cet idéal?

Nul ne saurait le dire ; il y a si longtemps de cela !
Le coffret fut donné par Catherine de Savoie à sa
sœur aînée, l'infante Isabelle... Les filles de Philippe II
sont une grâce, un rayonnement, une gloire même.
Celui qui étendait un gantelet de fer sur l'Europe se
transformait soudain à leur contact. Il y avait deux
hommes en Philippe : le monarque implacablement
soucieux de sa puissance et le père à tout instant
préoccupé des fillettes d'abord et ensuite des deux
infantes sur lesquelles il semble avoir reporté toute
sa tendresse. D'un côté, il était fort et terrible ; de
l'autre côté, il était faible et désarmé. A l'extérieur,
le monde entier redoutait son empire, tremblait sous
ses menaces; dans l'intimité, la vieille servante Madeleine, déjà caduque et encore amie de la danse et des
taureaux, avait le don de l'intimider. Sa sollicitude
pour ses filles et tout ce qui touchait à leur existence
était une constante défaite pour sa volonté tant de
fois immuable.

Je me rappelle l'étonnement, la stupéfaction que
provoqua, il y a dix ans environ, la révélation de ce
Philippe II intime, si longtemps inconnu de l'histoire,
révélation due à la publication par feu M. Gachard,

archiviste général du royaume de Belgique, des lettres
que le roi écrivait aux infantes Isabelle et Catherine,
quand elles avaient à peine de treize à dix-sept ans.
L'émotion produite par cet ouvrage fut si forte que plusieurs eurent des doutes sur l'authenticité des lettres
qu'il renfermait ; d'autres ne voulaient y voir que l'expression d'une fausse tendresse. Non seulement les
lettres étaient authentiques, puisque M. Gachard les
avait puisées dans les archives de Turin, en vertu
d'une autorisation obtenue, longtemps avant, du ministre espagnol M. Pidal, mais encore la lecture attentive de ce document, essentiellement humain, démontre
de la manière la plus péremptoire la sincérité du sentiment intense qu'on y trouve attaché.

Pour nous, ces deux princesses ont un intérêt que
leur origine rend doublement pressant. Elles étaient
issues du mariage en troisième lit que Philippe avait
contracté avec Élisabeth de Valois, fille de Catherine
de Médicis. Elles sont comme l'émanation de la France
au sein des plus grands fastes de la monarchie espagnole. Bien plus, il ne faut pas oublier que l'infante
Isabelle, par suite de la mort de Henri III, assassiné
par Jacques Clément, devint un instant l'héritière présomptive du trône de France. Si l'intrigue organisée
par son père pour faire prévaloir ses droits eût abouti,
Henri IV serait resté simple roi de Navarre et il n'aurait aujourd'hui dans l'histoire qu'un rôle secondaire et
peut-être effacé.

Les filles de Philippe II, à côté de leur père, ont
une place considérable à l'Exposition. Elles sont les

figures qui s'imposent d'elles-mêmes, alors qu'on a peu songé à les mettre en évidence. L'infante Isabelle surtout apporte une image de beauté et de majesté entièrement conforme à la tradition désormais établie. Tous les portraits qu'on a exposés d'elle sont autant de pages ajoutées au livre de M. Gachard. Toujours vêtue à la Médicis, elle a une grâce indicible et garde un tel reflet de la cour de France qu'on est tenté de croire qu'elle entretenait la ferme espérance d'y entrer en souveraine.

Sa sœur Catherine apparaît sous un jour plus modeste, mais elle est entourée de tous les témoignages qui ont porté si haut son renom de vertu et de supériorité intellectuelle. En cela, du reste, l'infante Isabelle, comme on va voir, n'eut rien à lui envier. Toutes les deux, dès l'âge le plus tendre, avaient donné des promesses qui expliquent la sollicitude avec laquelle leur père veillait à leur éducation.

Les archives de Simancas à cet égard correspondent à l'attente des esprits les plus méfiants et les plus investigateurs. Fourquevaulx, ambassadeur de France en Espagne, écrivant à Catherine de Médicis, lui disait un jour d'Isabelle, encore toute petite : « Ne le prenez pas en flatterie, je vous assure qu'elle est fort belle : le front large, le nez un peu grand, comme celui du père *dont elle ne ressemble pas de la bouche*, encore qu'on la trouve un peu grandette. Bref, ses traits, son *teint* promettent une grande beauté et blancheur. » Quelque temps après, le même fait savoir à l'aïeule : « L'Infante est belle comme le jour. »

Je passe le mariage de l'infante Catherine avec le duc de Savoie, et l'hommage constant rendu à sa mémoire, pour rappeler l'intrigue, ou plutôt la prétention, — puisqu'elle était fondée, — de faire de sa sœur, l'infante Isabelle, la reine « propriétaire du trône de France ». C'était là le principal objet de l'ambition de Philippe II. A cette fin, il avait soutenu la Ligue de son argent. Par deux fois, il avait fait entrer dans le royaume Alexandre Farnèse et ses régiments. La plupart des personnages politiques lui appartenaient.

En 1592, lorsque Farnèse eut forcé Henri de Navarre à lever le siège de Paris, il savait que le Parlement aurait à pourvoir à la vacance du trône, en sorte qu'il n'avait rien épargné, principalement auprès du duc de Mayenne, pour hâter la convocation des États généraux. Dans une conférence qu'eurent, à cette époque, ses agents avec M. de La Châtre et le président Jeannin, il fut dit à ces derniers que le roi, pour le soutien de la cause catholique en France, ne dépensait pas moins de quatre millions par an.

Les représentants du duc trouvèrent que cela ne suffisait pas, si le roi voulait que l'infante Isabelle eût des chances de succès. Suivant eux, il fallait dépenser au· moins de huit à dix millions chaque année, afin de gagner les princes, les gouverneurs et *beaucoup d'autres* de la noblesse. Ils demandaient aussi que l'infante, si elle était élue, s'engageât à venir résider en France dans le délai de six mois et que, dans les autres six mois, elle se mariât avec *la participation* des conseillers et ministres de la Couronne, qu'elle ne changeât rien aux lois et coutumes du royaume, « qu'elle le conservât en entier ».

Philippe avait M. de Tassis pour ambassadeur en France. Il fit, en outre, directement intervenir en son nom le duc de Feria, — Lorenzo Suarez, — avec des instructions qui figurent tout au long dans les archives de Simancas. On devait, en premier lieu, demander que l'infante Isabelle fût déclarée, comme j'ai dit déjà, « reine propriétaire du trône de France ». Au cas de refus, il importait d'obtenir que le choix du prétendant fût remis à Philippe II, qui choisirait lui-même son gendre. Cette prétention écartée, on aurait encore à demander que les États appelassent au trône l'un des archiducs, frères de l'empereur Rodolphe II.

Comme dernier recours, Philippe aurait voulu également faire élire le duc de Guise et, à son défaut, le cardinal de Lorraine, mais aucune de ces combinaisons ne devait aboutir. Le Parlement, réuni à Paris en 1593, ne voulut ni prince ni princesse étrangers. Quant au duc de Guise et au cardinal de Lorraine, ils furent écartés par le fait de l'abjuration de Henri IV et son adhésion décisive au catholicisme. Philippe se vengea de lui, comme on se souvient, par une guerre qui dura quatre ans et que termina, en 1696, le traité de Provins.

On voit d'après ce qui précède que les prétentions à un trône, — alors même qu'elles sont fondées et qu'elles n'aboutissent pas, — nécessitent presque toujours de grands sacrifices d'argent. Avis aux prétendants modernes qui se fient exclusivement sur leur bon droit. Il est vrai que Henri IV ne s'impose pas d'aussi grands frais. Il paya toutefois de sa personne de façon à servir d'exemple à quiconque aurait assez de cœur pour marcher sur sa trace.

De toute cette entreprise restée sans issue, il résulte que l'infante Isabelle est faite pour réveiller notre curiosité et frapper nos imaginations par rapport aux changements que son règne eût apportés dans l'histoire. Presque à la même époque où sa destinée, en France, subissait cet échec, un ambassadeur de la République de Venise en Espagne, appelé Francesco Vendremin, faisait d'elle le portrait suivant, qu'on a retrouvé aux archives de Simancas : « La princesse est d'une beauté rare et suprême beauté, mais elle commence à prendre de l'âge et elle a perdu le plus beau temps de sa vie. Aussi, quand on célèbre son jour de naissance, elle a coutume de dire en plaisantant que le nombre de ses années est devenu tel qu'on ferait mieux de les dissimuler que de les célébrer. C'est une dame d'une vertu éminente et qui mène une vie retirée comme une religieuse. Elle est très aimée de son père, qui très souvent lui communique les affaires de l'État. »

Elle n'avait pourtant que trente-deux ans lorsqu'elle épousa, le 15 novembre 1598, l'archiduc Albert, frère de l'empereur Rodolphe II, auquel elle apporta en dot les Pays-Bas. Son mari, pour la circonstance, eut à déposer la barrette de cardinal, qui, en ces temps-là, était fréquemment l'apanage des cadets de maisons royales. Ce règne se rapporte à une des époques les plus calmes et les plus prospères de la Belgique. La reine était « chérie » de ses sujets, assurent tous les documents. A son veuvage, elle gouverna avec toute l'habileté politique qu'elle avait pu puiser dans sa collaboration avec son père. Dans un portrait qui me revient à l'esprit, on la voit en habit religieux de Cordelière. C'est le vêtement qu'elle avait un moment adopté pour mieux manifester le deuil conjugal dont elle resta inconsolable.

XVI.

Le coffret donné par Catherine de Savoie à l'infante Isabelle ne resta pas longtemps en la possession de cette dernière. Elle en fit don à son tour au monastère de Saint-Laurent, où le temps, par la suite, exerça sur lui de sensibles ravages, puisque le roi Alphonse XII, en 1885, dû recourir à une des grandes maisons de Paris pour sa réparation. Aujourd'hui, son état ne laisse rien à désirer : ses perles, ses émaux, ses pierres précieuses, ses camées, ses mascarons, son armature entière jettent un éclat aussi vif que lorsqu'il était neuf.

Il est entouré d'objets qui se rapportent à la même période et dont l'art, pour être moins prodigue, n'en est pas moins attractif et fécond en enseignements. Le cristal de roche, chez plusieurs, représente la matière première et rappelle les prodiges qu'accomplirent les artistes de la Renaissance pour son ornementation. Cette difficulté a tenu éloignés de lui, pendant longtemps, les lapidaires; mais, de nos jours, il semble qu'on revienne à ce travail avec quelque faveur. Je souhaite à ceux qui l'entreprennent le succès qu'eurent leurs devanciers.

Autre modèle fournit un reliquaire en argent doré, affectant la forme d'un temple avec les murs, les colonnes, la coupole de cristal tantôt lisse, tantôt gravé. Il est élevé sur degré en lapis-lazuli; les colonnes sont à base de même matière et encore d'agate et de cornaline. D'autres pierres dures et des figurines d'argent, dont certaines font défaut, entrent dans la décoration. Ce reliquaire fut donné à Philippe par un duc de Mantoue.

Favorisés comme l'étaient les souverains d'Espagne par les succès militaires remportés en Italie, on ne saurait s'étonner du nombre de pièces d'orfèvrerie Renaissance qui entrent dans les collections de la Couronne. Les ouvrages de grande beauté, les modèles introuvables partout ailleurs se succèdent dans les vitrines et attestent communément le degré de perfection qu'on avait atteint. Aux coffrets, aux crucifix, aux croix processionnelles, aux reliquaires, aux médaillons, à toute la gamme des ciselures, à celle de l'émaillerie translucide viennent s'ajouter les vases sacrés, les ouvrages en bronze ou en acier, les chefs-d'œuvre sur bois et sur ivoire.

Si le XVIe siècle tient la principale place parmi ces

objets, il faut reconnaître également que les époques antérieures n'ont pas été oubliées. Le xe siècle est là, comme en vedette, avec l'art byzantin, dans un arqueta-reliquaire en os sculpté rehaussé d'or, avec peintures polychromes dans lesquelles figurent l'impératrice Héleine exhumant la croix du Calvaire et encore l'empereur Héraclius ramenant ce bois sacré après l'avoir reconquis sur les Perses.

La plupart de ces ouvrages appartiennent, soit à la Capilla real du palais de Madrid, soit à celle de l'Escurial, et ils ne sont qu'une partie des pièces de même ordre réunies dans ces sanctuaires. Parmi celles qui rentrent dans la donnée moderne et qui, par conséquent, n'ont rien de commun avec l'Exposition, la Capilla real en compte encore d'aussi recommandables par le souvenir que par la richesse de la forme.

Les reliques des saints, en Espagne, sont l'objet d'une grande vénération ; les vestiges de la vraie Croix se placent au premier rang. Ils sont trop nombreux, il est vrai, pour qu'on puisse avoir toute confiance dans leur authenticité. Cependant, ceux qu'on expose à la Capilla real offrent de réelles garanties historiques, entre autres celui que renferme un magnifique reliquaire fait à la commande de la reine Isabelle II, et qu'on peut voir le Vendredi Saint à la cérémonie de l'adoration de la Croix. Le bois placé en évidence au centre de ce reliquaire fut donné par le pape Léon X au cardinal Cisneros ; depuis, il appartint à l'Université d'Alcala.

Un autre vestige du drame du Golgotha a été également l'objet d'une recherche artistique qui fait de lui le principal ouvrage de la collection. Il s'agit cette fois d'un des clous de la sainte Croix, un clou dont la légende semblerait romanesque, n'était le caractère attaché à son souvenir. Cette légende, je la tiens du R. P. Mullé de la Cerda. Il a écrit à ce sujet un opuscule sur lequel je me guide pour plus amples renseignements. Ils m'ont paru de nature à intéresser nos archéologues français.

On sait par saint Grégoire de Tours et les historiens de Byzance que l'impératrice Héleine, mère de Constantin, eut en sa possession les clous de la Croix, après sa découverte. L'un fut donné à la cathédrale de Trèves, où il est encore. Une bulle de Léon X reconnaît et proclame son authenticité. La même sainte, cédant au fanatisme maternel, employa un autre clou à la fabrication d'un mors à l'usage du cheval que montait son fils à la guerre. De Constantinople, où il resta jusqu'au VIIIe siècle, celui-là fut apporté à Carpentras, ville du Vaucluse, où il est vénéré encore aujourd'hui.

Un troisième clou, — il s'agit, comme on voit, des quatre qui avaient percé les membres du Christ, — fit partie d'un diadème que Constantin portait dans les circonstances solennelles. Il en est fait mention dans l'éloge funèbre que prononça saint Ambroise de l'empereur Théodose : « Un clou sacré a ceint sa tête. » Apporté à Rome par saint Grégoire, au VIe siècle, ce diadème fut donné à Théodelinde, reine des Lombards, récemment convertie, et prit place dans la basilique dédiée à saint Jean-Baptiste, qu'on achevait de construire à Monza, ville dans laquelle étaient couronnés les empereurs d'Allemagne, sans préjudice de leur couronnement à Rome. Charles-Quint lui-même fut l'objet de cette double cérémonie.

Ce diadème, connu dans l'histoire sous le nom de la couronne de fer, et sur l'authenticité duquel le pape Clément XI a rendu un dernier témoignage en 1717, appartient encore à la cathédrale de Monza. Il n'a que 16 centimètres de diamètre; il ne pouvait recouvrir qu'une faible partie de la tête de celui qui était appelé à le ceindre. Sa forme byzantine et les pierres précieuses qui l'ornent le font ressembler à la couronne votive de Suinthila, qu'on conserve à la Armeria de Madrid, et à celle de Recesvintho, que possède chez nous le musée Cluny. Ces dernières proviennent du trésor de Guarrazas, dont la découverte remonte à 1858.

L'histoire du quatrième clou est plus obscure. Les uns affirment que sainte Héleine le jeta un jour dans l'Adriatique pour calmer la tempête; d'autres assurent qu'elle ne fit que l'associer à ses invocations à cet effet. On est peu d'accord, d'ailleurs, sur le nombre de clous qui entraient dans le branchement de la Croix. Des historiens racontent encore que Constantin, à la demande de sa mère, en fit forger douze avec des parcelles des vrais et du fer rapporté, afin de les distribuer à diverses églises. On en vénère un au couvent des Anges, à Florence, au reliquaire duquel est attachée cette inscription : « *Unus ex duodecim* », — un des douze.

Quelle est la provenance de celui qu'on expose à Madrid, le Vendredi Saint, à la Capilla real? On a lieu de croire qu'il fit partie des douze dont la distribution remonte à Constantin, mais on ne sait rien de précis à son égard. Cependant il figure dans l'inventaire des biens de Philippe II comme un des objets les plus précieux appartenant à la Couronne. Par suite, plusieurs historiens, tels que Gil Davila, Geronimo de Quintana, ont fait du reliquaire qui le renfermait une description qui se répète dans toutes les versions. C'était une fleur de lis mesurant un mètre de haut, d'un travail admirable et entièrement décorée de pierreries, dans laquelle il entrait le clou sacré, un fragment du bois de la Croix et un morceau d'étoffe du vêtement de la sainte Vierge.

Rien que cette fleur de lis tant de fois vantée atteste une origine française. La version la plus plausible est qu'elle avait été faite sur la commande d'un duc de Bourgogne et qu'elle appartint à Micheline de France, première femme de Philippe le Bon. Dans les luttes pleines d'alternatives de ce temps-là, particulièrement celles avec l'Angleterre, la fleur de lis serait tombée aux mains d'un roi de France et se serait trouvée en la possession de François Ier, lors de sa captivité à Madrid. Charles-Quint, en vertu de son titre de duc de Bourgogne, aurait à ce moment revendiqué le précieux reliquaire et aurait fait de son retour une des conditions de la rançon du prisonnier. « *La Joya a su verdadero señor.* »

Cette fleur de lis fameuse, sur le compte de laquelle

on en est encore réduit aux hypothèses, disparut un instant dans les ruines de l'Alcazar, lors de l'incendie de 1734. Retrouvée en débris dans les décombres, on fit un nouveau reliquaire de ce qui restait d'elle, et ces vestiges sacrés furent rendus au culte dont ils étaient primitivement l'objet dans l'église Saint-Gilles.

Le 28 mai de l'année 1858, des voleurs, en violant ce sanctuaire, firent main basse sur son trésor et emportèrent cette fois le pieux souvenir. La reine Isabelle II, aussitôt, fit proclamer qu'il lui importait peu de perdre les matières précieuses, pourvu que les reliques lui fussent rendues. A cet appel, des mains inconnues remirent au palais le clou seul de la vraie Croix, grossièrement enveloppé dans du papier.

C'est pour lui et de lui qu'a été créé le reliquaire qu'on expose aujourd'hui. La reine Isabelle II apporta une largesse vraiment royale à la commande qu'elle en fit au joaillier Pizzala. Il est formé d'une sorte d'ovale, surmonté du globe et de la croix, porté sur un pied dont la richesse et le travail sont magnifiquement assortis à l'ornementation suprêmement élégante de la partie supérieure.

Sur cette digression, je me hâte de clore mon étude des envois de la Couronne. A leur sujet, comme membre du jury, j'assistais récemment à une délibération, sous la présidence de M. Canovas, touchant la récompense qu'on pouvait leur décerner [1].

1. Parmi les *joyas* de la Couronne, entre autres pièces d'un ordre incomparable, figure le fameux diptyque d'ivoire, qui a été l'objet

L'avis fut unanime. Ils se placent hors de tout concours.

d'une étude spéciale de la part de M. Amador de Los Rios, dont on connait la haute autorité. Il date du xiv⁰ siècle, et reproduit dans ses compartiments des scènes de la Passion, y compris celle où saint Pierre coupe l'oreille de Malchas.

Il faudrait faire mention de tout. Je rappellerai plus spécialement les calices de la Capilla real, un reliquaire d'ivoire style roman, un coffret de fabrication allemande rehaussé or et argent, des médaillons d'or du xvi⁰ siècle, un merveilleux bloc d'agate monté en or, une croix d'or fleurdelisée, une autre grande croix de cristal de roche et un baiser de paix (*portapaz*) qui fut donné par Philippe II au monastère de l'Escurial.

TRÉSORS DE CATHÉDRALES

XVII

Les envois des cathédrales, en plus d'un cas, sont au même niveau que ceux de la Couronne ; cependant les richesses qui ont été déplacées pour la circonstance ne sont que la faible partie des trésors que renferment les *guardajoyas* des basiliques espagnoles. Certaines des plus riches n'ont pas exposé du tout, d'autres n'ont en quelque sorte envoyé que des cartes de visite par rapport à ce qu'elles peuvent fournir. Et, malgré tout, de cette participation fort incomplète il est résulté un ensemble de collections aussi suggestif que prestigieux à bien des points de vue.

Avant d'aborder le détail, je me permettrai quelques considérations qu'ont la plupart négligé de faire les écrivains français voyageant en Espagne au sujet des édifices religieux. On a proclamé, il est vrai, de toute façon, la substitution de l'architecture chrétienne à l'architecture arabe, mais on a négligé à tort de remonter plus loin ; encore a-t-on mal défini le point de départ pour cette dernière.

Le développement de l'art architectural dans la

Péninsule a tenu à celui qui se produisait chez nous en Aquitaine, et c'est dans le type roman qu'il s'est affirmé en premier. Toutefois, on y voit rarement les églises à coupoles par pendentifs, selon la donnée bysantino-aquitaine. On ne trouverait sous ce rapport que les vieilles cathédrales de Zamora, de Salamanque et la collégiale de Toro.

L'église de Saint-Martin du Fromista reproduit par plusieurs côtés, principalement dans sa tour octogonale, la cathédrale de Saint-Cernin, de Toulouse. Autres comparaisons trouvent à faire les touristes qui visitent, dans la province de Palence, les églises de Santiago de Carrion et de Santa-Maria. Des ruines, dans la même contrée, fournissent d'identiques témoignages.

Les églises romanes sont, la plupart, d'architecture clunisienne. On en rencontre partout de grandioses et de simples (sans sculptures), suivant le type cistercien ou de Cîteaux. L'Auvergne, la Bourgogne, la Champagne sont les sources ordinaires de l'art roman riche en sculptures. Les bénédictins de Cluny avaient de nombreuses abbayes, particulièrement dans le nord pyrénéen; ils appliquaient à la construction des églises le style spécial à leur ordre. On signale comme un des types les mieux conservés l'église de Saint-Sauveur de Leyret, en Navarre.

Les Français, aux xie et xiie siècles, abondaient en Espagne. Ils s'étaient en quelque sorte associés à la lutte contre les Maures et, après avoir suivi les armées, ils se fixaient généralement dans le pays. De ce temps-là, Inescas, petite ville située à moitié chemin de Madrid à Tolède, était exclusivement habitée par des Gascons. Dans diverses localités, les mêmes Gascons, devenus de plus en plus nombreux, avaient obtenu le privilège de ne pas être expropriés lorsqu'il s'agissait de construire un édfice ou pour toute autre cause d'utilité publique. Cela montre en quelle bonne harmonie ils étaient avec la population.

Ce n'est pas pour obéir à un esprit étroit de nationalité que je signale ces faits. J'estime que l'art n'a pas de patrie et qu'il n'a rien à voir avec les préoccupations chauvines. Ce qu'il importe, c'est d'étendre le plus possible sa notion en la déterminant d'une façon exacte. En cela, je ne fais, d'ailleurs, que me guider sur les indications que m'offrent avec la plus aimable courtoisie les savants espagnols eux-mêmes.

Après avoir montré la dominante dans le style roman, il faut faire aussi une part, relativement minime, au style byzantin qu'avait antérieurement importé l'invasion visigothe et dont saint Isidore et saint Léandre, deux des plus grands saints de la Péninsule, favorisèrent un instant l'expansion. Cet art est presque entièrement disparu. Cependant on le retrouve dans l'église de Saint-Jean-de-Dept, édifice de petite dimension en marbre blanc, jauni par les siècles, qui porte encore les traces de couleurs rouge, verte et or. L'église de Saint-Jean-de-Bagnos garde également quelques indices du même genre. Elle possède, en outre, des spécimens curieux, comme statuettes, de l'art visigoth au VIIe siècle.

On a fait une chose tellement absolue de l'art arabe qu'on a l'air d'un iconoclaste dès qu'on établit certaines réserves à son égard. Loin de moi la pensée de discuter sa beauté. Seulement, il ne faut pas oublier que les envahisseurs étaient venus de Perse et que leur architecture en premier ne fut que le reflet, et encore le reflet mitigé, de l'architecture persane. En s'appropriant les fondations qui existaient avant eux, ils créèrent un art composite auquel ils ne substituèrent que plus tard l'architecture de Damas. On est donc autorisé à conclure que les Maures en Espagne n'ont rien inventé du tout et que leur seul mérite réside dans le mélange qu'ils firent du byzantin et du persan, comme aussi dans l'application définitive, — toujours influencée par l'Occident, — d'un art qui venait de Syrie.

Il ne faut pas méconnaître non plus que le style gothique existait et avait sa manifestation en Espagne bien avant la conquête des rois catholiques, ainsi qu'en font foi l'abside de l'église de Palence, la cathédrale plus ancienne de Léon, celle de Burgos et principalement la surprenante merveille que représente la cathédrale de Tolède.

Le gothique fut pratiqué ici, en même temps qu'en France, dès le commencement du XIIIe siècle. Indépendamment des édifices dont il a été parlé, une foule d'autres constructions en apportent la preuve indéniable.

Pour ne rien ignorer sur ce sujet, il faut également considérer que le roman et l'architecture latine elle-même avaient été devancés par l'architecture dite romaine, dont il existe de nombreux vestiges dans l'ordre profane, et qu'attestait il y a pas longtemps encore, dans l'ordre religieux, la petite église, aujourd'hui en ruines, de Husillos.

Ce que les Maures avaient fait en s'appropriant l'art byzantin importé par les Visigoths, les Espagnols, après la conquête, le renouvelèrent en s'emparant de l'art arabe et en lui substituant ou seulement en lui associant le gothique.

Certes, la beauté des édifices perdit sans doute quelque harmonie à ce procédé, mais l'histoire en a tiré depuis un profit inestimable. Dans tous les cas, il donne un intérêt de plus à des monuments tels que les cathédrales de Séville et de Cordoue auxquelles est attachée, dans sa plus magnifique expression, cette double physionomie.

Les basiliques les plus célèbres de l'Espagne, parmi lesquelles, indépendamment de celles que j'ai citées, il faut compter encore celles de Palence, Saragosse, Burgos, Oviedo, Vallodolid, sont autant de musées qui possèdent des trésors d'un prix inestimable, trésors qui sont gardés avec un luxe de précautions paraissant exagéré, peut-être, mais qui est néanmoins justifié par les convoitises qu'ils sont capables d'éveiller.

Les sacristies dans lesquelles on les conserve leur font un abri pareil à celui qu'ils trouveraient dans une forteresse. Leurs gardiens attitrés sont pris parmi les chanoines du chapitre. Ils ont le dépôt des clefs, et ce sont eux qui, à jour fixe, servent de circeroni aux visiteurs. Chaque fois, ils sont aux moins trois qui vaquent à cette occupation. L'un ouvre les portes, le plus souvent en fer, qui donnent accès; un autre a la clef de telle partie du trésor; le troisième celui d'une autre partie. Le premier ne peut rien sans le concours des deux autres.

Dans mon séjour en Andalousie, j'ai fréquemment visité la cathédrale de Séville [1], non tant pour contempler son trésor que pour recueillir la vision des richesses artistiques sans nombre qu'elle renferme dans toute sa colossale étendue. A elle seule, cette magnifique basilique gothique, extérieurement parée, ainsi qu'une reine orientale, de la tour de la Giralda et des restes de l'ancienne mosquée, est un musée à l'étude duquel il faudrait passer plusieurs mois pour le connaître à fond.

Par malheur, le regard ne saurait, en ce moment, embrasser son ensemble. De profondes crevasses se sont produites dans les voûtes des principales nefs, et l'on ne voit plus l'édifice qu'à travers une forêt d'échafaudages. Pourtant, même au milieu de ce désastre,

---

[1]. Les envois de cette cathédrale sont peu nombreux. Il faut néanmoins tenir compte d'objets de premier choix, tels que le calice argent et or, — style ogival fleuri, — sur lequel sont gravées les armes du cardinal de Mendoza; des croix, des paix, des draps d'or et de soie brodés, des candélabres, et enfin la porte à deux battants de la chapelle du Sagrario, qui reflète, dans la note chrétienne, tout l'art qu'avaient acquis les artistes maures. C'est un type accompli de style mudejar. Marteau, verrou, serrure sont exquisement ornementés et damassés. Les inscriptions en lettres gothiques sont tirées de l'Écriture : *Caro mea vere est cibus. — Qui manducat meam carnem et bibit meum sanguinem vivit in æternum.*

Dans l'étoile du centre et dans les angles est répétée l'invocation arabe : *Allah!*

on a la sensation d'une œuvre géante que rien ne saurait dépouiller de son élévation, de son caractère et de son écrasante majesté. Les piliers sont vraiment titaniques; en les voyant, on ne sait ce dont on s'étonne le plus, soit de la masse qu'ils représentent, soit de la sveltesse avec laquelle ils traduisent la conception mystique.

Le même étonnement se renouvelle à chaque pas devant les effets combinés auxquels participent tous les arts avec une égale noblesse et dans une constante harmonie. Tout y est grand, les plus petits comme les plus formidables objets. Les chefs-d'œuvre succèdent aux chefs-d'œuvre. Ici, les sculpteurs sont tantôt Gonzalo Bias, tantôt Geronimo Hernandez, tantôt Juan Millen. Les peintres s'appellent tour à tour Murillo, Zurbaran, Alonso Cano, Herrera le jeune, Valdès Leal, Luis de Vargas, Velazquez, Anton Ruiz, Goya, sans compter les Italiens.

En tête des verriers se place Arnold de Flandre. Quatre-vingt-trois fenêtres à vitraux sont peintes d'après Michel-Ange, Raphaël, Albert Durer, Tibaldi, Cambiaso. En même temps que leur éloquence, il n'est pas jusqu'aux sépultures qui n'aient aussi leur grandeur. Dans son tombeau de la *Capilla real*, le roi saint Ferdinand à travers sa châsse de cristal, d'argent et de bronze, semble braver la décomposition et l'oubli ; non loin de lui repose sa femme, la reine Béatrix, et comme pour violer l'austérité de ce couple, en sa compagnie, comme en celle du roi Alphonse X, enterré là, lui aussi, vient la cendre ga-

lante de Maria Padilla, favorite de Pierre le Cruel.
Vanitas vanitatum !

Ils sont partout les trésors dans les cathédrales comme celle de Séville, mais il faut encore les voir dans les sacristies, où certains sont gardés plus spécialement[1]. Et ils embrassent toutes les plus belles choses d'un temps où l'on ne faisait que le beau ! Que dire encore de ce monument d'orfèvrerie, de cette custode, appartenant à la même basilique, que Jean de Arfé construisit en 1587, et dont le bloc d'argent, sculpté, ciselé, a une pesanteur telle qu'il faut vingt-quatre hommes pour le porter ?

— Ceux qui ont fait cela, me disait un jour un savant qui m'accompagnait dans une de ces visites, avaient la magie de l'art jointe à la foi qui accomplit les prodiges. Notre époque ne les égalera jamais.

En parlant ainsi, ce savant redressait sa haute taille et, rajustant sur son nez des lunettes d'or, il restait absorbé des quarts d'heure entiers en de muettes contemplations. Il s'appelait Adam Kristoffer Fabricius et était venu de Copenhague pour faire une

---

[1]. L'orfèvrerie religieuse, particulièrement prodigue aux XVIe et XVIIe siècles, est une des plus grandes richesses de l'Espagne et un des plus beaux signes de son ancienne prospérité. Dans le gothique et son émaillerie, on trouve partout l'influence française qui domina au XIIIe siècle, et qui se prolongea au XIVe, jusqu'au moment où l'influence italienne envahit le littoral et s'étendit à toute la Péninsule. Mais on peut dire que la Renaissance française avait devancé la Renaissance italienne en Espagne. L'influence flamande vint au commencement du XVe siècle. Des deux influences italienne et flamande combinées résulta, aux XVIe et XVIIe siècles, ce que j'ai appelé le mouvement de Renaissance espagnole.

communication au Congrès que les orientalistes devaient tenir à Lisbonne, au mois d'août 1892. Ce Congrès n'ayant pas eu lieu, M. Fabricius s'était rendu à Huelva, et, quand je le rencontrai, il terminait à Séville une étude sur la première invasion des Normands en Espagne, au IXe siècle. Là était l'objet de la communication pour laquelle il avait entrepris un voyage inutile.

J'appris donc avec lui comment les *Madjous*, — c'est ainsi qu'on appelait les envahisseurs, — s'étaient un instant emparés de Séville et comment l'émir Abdérame parvint enfin à les battre et à les chasser. M. Fabricius me cita à ce sujet tous les historiens arabes depuis Ibn-al-Houtia jusqu'à Roderic de Tolède, sans oublier Makkari. Il savait par cœur toutes les versions, il avait compulsé tous les textes, et il m'en faisait part doucement, en me regardant à travers ses lunettes d'or, dans un français presque aussi incompréhensible pour moi que de l'arabe et encore de l'hébreu. Seulement, ce bon M. Kristoffer Fabricius mettait une telle persévérance à se faire entendre que je finissais à la longue par deviner ce qu'il me voulait dire.

Après la visite à la cathédrale, nous étions montés à la Giralda, au sommet de laquelle on accède par une pente douce sans gravir d'escalier. A chaque ouverture, le savant se penchait en dehors, scrutait les murs, cherchant les éraflures des flèches enflammées avec lesquelles les Madjous tentèrent d'incendier la mosquée.

Quand nous fûmes en haut, il étendit un bras qui me sembla démesurément long, et me montrant la plaine :

— C'est là, me dit-il, et ça ne peut être que là qu'Abdérame battit les Normands !

Ses lunettes d'or flamboyaient au feu d'un soleil couchant qui nous enveloppait d'un éclat pareil à celui qui faisait resplendir, à quelques mètres au-dessus, la statue de la Giralda. A nos pieds, tout autour, était Séville avec ses rues en labyrinthe. Nous apercevions d'un côté les jardins de l'Alcazar, de l'autre côté le palais de San-Telmo, et plus loin, décrivant de larges courbes, le Guadalquivir, sur lequel des navires descendaient lentement vers la mer.

XVIII

Aussi riche en toute sorte de richesses que soient la cathédrale de Séville ainsi que plusieurs autres, il ne faut pas perdre de vue que celle de Tolède se place au-dessus de toutes, non seulement au point de vue religieux et architectonique, mais encore au point de vue politique et national. Elle est en quelque sorte l'arche de l'ancienne monarchie espagnole et elle en est restée le Panthéon. En elle se retrouve le foyer encore plein d'enveloppantes lueurs sous l'influence multiple duquel un peuple, lentement et laborieusement unifié, étendit soudainement son empire sur les deux mondes [1].

Dans cette destinée, il serait puéril de ne voir que la conquête de quelques hommes : il faut surtout y faire entrer le développement lointain apporté par les collectivités animées du souffle et de la fièvre qui firent le moyen âge. De ce développement non interrompu depuis le XIe jusqu'au XVIe siècle, la cathédrale de Tolède s'offre à nous comme le moteur et le principal agent. Elle synthétise, encore mieux que l'histoire ne l'a fait jusqu'à ce jour, l'action du pouvoir laïque et religieux s'appuyant l'un sur l'autre, ne faisant qu'un, et suivant la voie uniforme d'un égal et implacable envahissement.

Dès qu'on part de ce principe, qui tient à l'esprit et à la dominante d'une époque, les horizons de l'histoire sont considérablement élargis, et l'on entre alors de plain-pied dans le secret des faits. Les hommes ne sont plus que les instruments et par-des-

---

[1]. Primant les envois divers de cette basilique, on trouve un calice byzantin du XIIIe siècle, où sont représentées en relief les figures des évangélistes; au pied sont gravées des figures d'anges et celles des douze apôtres ; une vierge en ivoire du XVe siècle, qui bientôt sera reproduite à l'infini; une mitre ayant appartenu au cardinal de Cisneros, chef-d'œuvre de broderie, sur la frange de laquelle est l'inscription : *Ecce crucem Domini, fugite partes adversas;* une cape du XIVe siècle qui appartint au cardinal de Abbornoz, et que rendent extrêmement remarquable une série de figures de saints, à chacune desquelles est attaché le nom en caractères gothiques. Suivent des manuscrits des XIe et XIIIe siècles, ainsi que d'autres ouvrages infiniment rares et précieux.

sus leur œuvre plane la conception mystique du mouvement dont on suit la trace. Cette conception apparaît partout dans les édifices religieux que nous a légués le moyen âge. En France, comme aussi en Espagne, le prodigieux essor de l'architecture gothique, ses colossales visions sont en quelque sorte la marque du triomphe définitif de l'Eglise dans la lutte à laquelle le drame du Golgotha servit de prologue. Ce sont les extases de la maternité divine, les tortures de la Passion, comme aussi l'œuvre de rédemption tout entière accomplie par le Christ, les apôtres et les saints, qui ont dicté le plan et l'apothéose des basiliques, qui ont fait leur enlevée surhumaine, et cet enveloppement dans la symphonie duquel on sent monter jusqu'au ciel l'hymne de la Jérusalem céleste !

Telle est en général la conception mystique des cathédrales gothiques, de celles qui affirment le plus haut la chute du monde païen et la soumission du monde barbare au joug de l'Évangile. C'est dans cette donnée triomphale qu'est le point de départ des merveilles issues du moyen âge, c'est dans ce Cantique des cantiques de la foi qu'est le secret des richesses devant lesquelles nous restons confondus, nous autres, et que nous sommes trop souvent portés à n'attribuer qu'au génie des architectes et des artistes !

La cathédrale de Tolède fournit le type le plus absolu de cet admirable synthèse, et, pour ne laisser aucun doute sur sa conception primordiale, j'invoquerai ici un document recueilli par le R. P. Fita, dans lequel l'archevêque Rodrigo Ximénès, par lettre épiscopale, datée du 10 juillet 1238, trace lui-même le plan idéal de la basilique dont il a posé la première pierre. « De concert avec son chapitre, il a statué qu'il sera construit quatorze chapelles et élevé autant d'autels consacrés à la Sainte-Trinité, à la *Sainte* Nativité, à la *Sainte* Apparition, à la *Sainte* Passion, à la *Sainte* Résurrection, à la *Sainte* Ascension, au Saint-Esprit, à saint Ildephonse, aux saints Anges, à saint Jean-Baptiste, aux patriarches et aux prophètes, aux apôtres et aux évangélistes, aux martyrs, aux confesseurs, aux vierges.

Dans le même document, il est, en outre, statué en faveur de la construction de six autres chapelles qui seront consacrées à des mémoires royales ou bien qui seront affectées à un culte de prières en faveur de personnages vivants, en attendant de servir d'asile à certains après leur mort. Le prélat se comprend lui-même, ainsi que toute sa famille, dans cette catégorie. Des signatures d'habitants de Tolède accompagnent celle de l'archevêque, vraisemblablement pour attester la donation qu'il fait de tous ses biens en faveur de son œuvre. Parmi ces signatures figure celle d'un maître d'école, avec cette mention : *Jussi scribere pro me :* « J'ai ordonné de signer pour moi. » Pourquoi ce maître d'école ne signa-t-il pas lui-même? On ne saurait mettre cet empêchement que sur le compte d'une blessure ou d'une infirmité.

Aussi vaste que puisse paraître la pensée du fondateur, elle ne fut qu'un premier canevas dont le développement, grâce au zèle déployé à la suite par les archevêques, se prolongea bien au delà du xv⁰ siècle, époque à laquelle l'édifice fut terminé. Chacun tint à honneur d'y imprimer sa marque et d'y laisser son souvenir. Il reproduit toutes les phases de l'architecture gothique, depuis la lourde solidité du xiii⁰ siècle jusqu'à l'élégance fleurie des temps plus rapprochés.

Les architectes s'appelèrent tour à tour Pedro Perez, Rodrigo Alphonso, Alvar Gomez, Antonin Egas; les artistes Vilalpando, Beruguette, Philippe de Bourgogne (Borgoña), Dolfin, Henriquo Ruiz, Pedro Bonifacio, Juan de la Cuesta...

— Je ne sais pas à quelle école appartenait le premier architecte de cette cathédrale, me disait un jour M. Pedro de Modrazo. S'il n'avait pas étudié en France, le plan de cette basilique ne lui appartient pas.

Aujourd'hui, en effet, les critiques d'art les plus renommés, M. Street entre autres, estiment que les trois cathédrales de Léon, Burgos et Tolède ont été bâties suivant un plan purement français. Une seule circonstance suffit pour prouver cette origine en ce qui a trait à celle de Tolède, c'est la manière ingénieuse dont l'architecte a voûté le double collatéral qui fait le pourtour du sanctuaire. Les voûtes triangulaires ne se rencontrent nulle part en Espagne. En France, on trouve cette disposition dans le chœur de la cathédrale du Mans.

Cet argument tiré de la construction paraît plus décisif encore que les autres arguments fondés sur la forme architectonique, qui est à la portée de la critique la plus vulgaire, pour établir l'origine exacte du plan suivant lequel est construite la cathédrale de Tolède.

On ne sait ce qu'il faut admirer le plus parmi tant de magnificences, non irréprochables toujours, mais toutes correspondant à la majesté d'ensemble qu'offrent cinq immenses nefs sous le couvert de soixante-douze coupoles ogivales. Sont-ce les dispositions architectoniques, sont-ce les tribunes, les arcatures à claire-voie, le fameux *transparent*, le retable à grands reliefs, les cristaux polychromes, la grille plateresque de Vilalpando, les sculptures de Beruguette et de Bogoña [1], les peintures et les tableaux de tous ordres, les sépulcres des anciens et des nouveaux rois, les orgues, les pupitres géants, les missels?

On ne décrit pas la cathédrale de Tolède en une page; des volumes ne suffiraient pas si l'on abordait en détail ce musée, si l'on scrutait ses marbres, ses bronzes, ses murs, ses espaces, son chœur, son

1. A la demande de M. Metman, archéologue distingué de Dijon, j'ai recherché, en Espagne, quelle pouvait être l'origine bourguignognne exacte des Borgoña (Philippe Vigarny), dont le nom glorieux est en même temps resté attaché aux stalles de chœur des cathédrales de Valence, Burgos et de la Capilla real de Grenade. Un historien, M. Mariejol, auteur du livre *Ferdinand et Isabelle,* le fait naître à Langres; or M. Metman m'assure que cette ville n'a conservé aucun souvenir à cet égard. Les biographes espagnols attestent tous son origine bourguignonne, mais pas un ne précise le lieu de sa naissance. Ce qu'on ne saurait ignorer ici, c'est que, à la même époque, il y avait en Espagne un peintre du même nom appelé Jean. Était-il frère ou seulement parent du sculpteur? On ne sait rien de précis sur ce point pas plus que sur l'autre. Toujours est-il qu'ils vivaient contemporains, et que leur trace se retrouve dans plusieurs des mêmes édifices. L'un et l'autre étaient Français et Bourguignons, incontestablement. Jean survécut au sculpteur.

abside, son transept, ses chapelles, son cloître, ses balustres, ses chapiteaux, ses portes, ses fenêtres, ses façades. Que d'erreurs chez ceux qui ont entrepris ce travail à la légère! Que d'anachronismes commis, que de noms confondus, que de fausses interprétations! Certes, on y sent aujourd'hui la vague déchéance apportée par la révolution politique et économique du siècle, ce sanctuaire primat des Espagnes n'est plus celui de la Tolède impériale, il est celui d'une Tolède amoindrie et réduite à une faible population; mais, dans la tristesse de ses fastes évanouis, il a toute sa grandeur matérielle, jointe à la majesté dont l'histoire, parmi tant de siècles, l'a revêtu!

Ce qu'on ignore généralement en France, c'est l'histoire de l'Église primitive de Tolède, avec laquelle on est ramené dans la tradition et la légende de la cour des Goths. Légendaire, en effet, peut paraître la venue, dans la ville du Tage, des apôtres saint Pierre, saint Jacques et saint Paul. Il est vrai que nous avons, de notre côté, la légende encore plus poétique des *saintes Marie de Provence*. Toujours est-il que l'introduction du christanisme en Espagne s'affirme dès le début de notre ère ; on croit que Tolède, au siècle Ier, eut un temple chrétien. Au IVe siècle, alors que Constantin rendait la paix à l'Église, Mélancius, prélat de Tolède, consacra un sanctuaire principal à l'invocation du Sauveur et de sa Mère. Vint l'hérésie arienne, et ce temple, ainsi que le relate une inscription conservée dans la cathédrale moderne, fut violé. C'est le roi Récarède qui le rendit à son premier culte; il y fut tenu plusieurs conciles, entre autres le deuxième, le troisième, le neuvième et le onzième.

Suivant une autre légende, la sainte Vierge, en 666, intervint miraculeusement elle-même pour revêtir de la célestiale chasuble l'illustre archevêque saint Ildephonse. Grande extension, nouveaux conciles ; seulement la ville tomba au pouvoir des Sarrasins. Ils permirent aux chrétiens le culte mixte arabe, autrement dit mozarabe, dans un nombre déterminé de sanctuaires ; ils se réservèrent l'église principale pour en faire la mosquée, l'*Aljama*.

La capitulation et la reddition de Tolède à Alphonse VI, en 1085, changea cet état de choses. Toutefois, les Maures, se prévalant des libertés qu'ils avaient accordées, obtinrent du vainqueur qu'on leur laissât l'Aljama et l'exercice de leur culte. Cette concession indisposa les chrétiens, principalement l'archevêque Bernard de la Sauveda, un Français originaire de Gascogne, et la reine Constance elle-même. Profitant, par suite, d'une absence que fit Alphonse VI, les chrétiens s'emparèrent par force de la mosquée.

Courroucé de ce qu'on eût violé sa parole, le roi s'apprêtait à sévir contre les siens, lorsqu'il en fut empêché par l'Alfaqui, — le grand-prêtre maure, — qui, redoutant les conséquences d'une répression, aima mieux accepter le fait accompli et se désintéresser de l'Aljama. Ainsi rachetée du pouvoir arabique, l'église des saint Ildephonse et des Julien fut l'objet d'une consécration solennelle accompagnée de réjouissances publiques. Elle acquit de nombreux développements sous Alphonse VII et Alphonse VIII ; sous Ferdinand III le Saint, elle était déjà à la tête de la chrétienté. C'est alors que l'archevêque Rodrigo Ximénès, l'ami et le conseiller de ce roi, eut la conception de la basilique moderne [1].

Dans celle-ci on place désormais tous les personnages qui relèvent de cette tradition, ainsi que ceux de la légende. La chapelle mozarabe est la continuation de l'office institué par saint Isidore, office qu'on célèbre encore de nos jours, suivant son rite primitif, dans ce sanctuaire à part de l'église gothique.

Dans la seconde section de la Capilla mayor sont deux piliers latéraux qui soutiennent l'arc intermédiaire. L'un répète la légende de l'Alfaqui, le grand-prêtre arabe qui désarma le bras dont Alphonse VI menaça un instant ses sujets. A l'autre revient la légende d'une intervention miraculeuse attachée au gain de la bataille de Navas de Tolosa. Un petit berger (*pastorello*), à ce moment décisif, indiqua aux Espagnols le chemin qu'ils suivirent pour tomber à l'improviste sur les ennemis et les mettre en déroute. Ce pâtre, chez lequel on a voulu voir saint Isidore lui-même, est personnifié en costume de moine sur le pilier qui porte son nom. Au-dessus de sa statue, un peu lourde et disproportionnée, est placée celle plus élégante et plus svelte d'Alphonse VIII, ayant les traits et l'air martial d'un tout jeune homme.

---

[1]. Voir *Tolède*, ouvrage en espagnol et en français, qu'a publié, il y a quelques années, M. le vicomte de Palazuelos, correspondant de l'Académie de l'histoire.

Je ne rappellerai que pour mémoire les illustrations ecclésiastiques, toujours voisines du trône, de la cathédrale de Tolède, tant cardinaux qu'archevêques : Ximénès, que j'ai déjà cité ; Cisneros, le fondateur de la chapelle mozarabe ; Tavera, Siliceo, Sandoval y Rogas, Astorga y Cespédès. Cisneros fonda également l'Université d'Alcala ; on lui doit, en outre, la première traduction polyglotte de la Bible. Bien avant lui, l'archevêque Raymond avait provoqué l'évolution scolastique européenne des XIIe et XIIIe siècles, en traduisant en latin les philosophes arabes.

Telles sont les impressions et les certitudes que je suis allé recueillir sur les lieux mêmes, avant de les écrire. Parmi tant de sensations éprouvées en visitant la cathédrale de Tolède, il en est une tout à fait inattendue que je dois consigner ici. Je traversais le vestibule de la chapelle du *Sagrario*, lorsqu'une grande planche en cuivre, sans autres ornements que deux filets dorés, attira mes regards. C'était la sépulture de l'archevêque Fernandez Pontocarrero. Et sur la planche était gravée cette inscription : *Hic jacet pulvis, cinis et nihil.* « Là ne gît que poussière et cendre, rien ! » Bien des gens qui gisent là surent être grands, même dans la mort.

XIX

Les envois de la cathédrale de Tolède sont de premier ordre, cela va sans dire, mais il ne faut voir en eux qu'un reflet de sa splendeur locale. Cependant il n'est pas banal de sa part d'avoir déployé de nos jours l'étendard qui flottait sur la galère de Don Juan d'Autriche, pendant la bataille contre les Turcs, au golfe de Lépante.

Pie V l'avait fait confectionner expressément pour servir d'enseigne à la Ligue. Après l'avoir béni de sa main, il le confia aux soins du comte Taxatello et du cardinal Granvola, qui l'apportèrent à Naples pour en faire la remise. C'est dans l'église de Sainte-Claire de cette ville qu'eut lieu, le 15 août 1571, cette solennité religieuse et militaire. En même temps que la bannière, Don Juan reçut le bâton du commandement dont l'avait investi Sa Sainteté.

Philippe II était tellement sûr de la victoire que, sans en attendre la nouvelle officielle, il fonda la fête de son anniversaire. Il statua, à cet effet, qu'elle aurait lieu à perpétuité, le 7 octobre, dans la cathédrale de Tolède, et qu'à cette occasion seraient arborés tous les trophées se rapportant à cette victoire, suivant les dispositions déjà prises pour la commémoration des batailles de Navas de Tolosa et d'Oran.

L'étendard de Lépante est en damas bleu et se termine en pointes arrondies. Il a beaucoup souffert du temps et les réparations qu'il a subies le déparent considérablement. Le ton cru des pans d'étoffe rapportés déshonorent sa glorieuse vétusté, sans ajouter quoi que ce soit à sa conservation. On ne saurait méconnaître cependant le mérite qu'il tire de son indiscutable authenticité. Le ramage d'or qui couvre sa trame est bruni, souvent déchiqueté, sans presque laisser de trace. Au centre est l'image à peine reconnaissable de Jésus crucifié; sur les côtés sont les armes d'Espagne ainsi que celles de Pie V : trois bandes de gueule sur champ d'argent. Il mesure $7^m,16$ de large sur $4^m,30$ de haut. On le retrouve dans le tableau, actuellement au Musée de Madrid, où le Titien, déjà octogénaire, représenta la bataille de Lépante.

Non moins instructive et encore plus intéressante, peut-être, serait une bannière sarrasine, tout autant déprimée par les siècles que la précédente, si l'on pouvait établir exactement son passé historique. Les uns font remonter sa possession à la victoire remportée par Alphonse XI, en 1340, sur les bandes du Salado, près de Panifa. Elle aurait appartenu dès lors à la ville de Grenade; mais les Maures exposaient rarement les étendards sacrés au sort problématique des batailles. D'autres font provenir cette bannière de la prise d'Oran ; elle aurait été enlevée d'une mosquée. On est généralement d'accord pour reconnaître en elle une des *enseñas cabdales,* enseignes capitales ou sacrées dont il est fait mention dès Alphonse le Sage.

Sa nuance dominante, le vert, — exclusivement réservé aux descendants du Prophète, — atteste sa haute origine. La richesse de son tissu de soie et d'or ainsi que celle de son ornementation en sont la garantie.

Elle est distribuée en dessins formant plusieurs panneaux, avec un globe couleur d'azur à chaque coin. Dans les lignes d'encadrements sont des inscriptions tirées du Coran et tissées en caractères arabes de la plus élégante pureté. Au panneau central sont quatre rangs d'étoiles et quatre rangs de globes, cerclés en forme de croissant à la partie supérieure, avec une boule intérieure sur le fond vert de laquelle se détachent, en caractères blancs, ainsi que pour les précédentes, de nouvelles invocations. Çà et là, épanouies, comme les fleurs, dans les profilures sans nombre d'une polygonie impeccable, parmi tant d'orbes affrontés, se détachent des couleurs vives, piquant la trame sans rompre son harmonie et son parfait équilibre. Autant de détails amassés, compilés, gardent une légèreté idéale et une gravité, je dirai presque une solennité qui ressort pleinement des maximes de haute sapience qu'on y peut discerner.

Je ne saurais les reproduire toutes, car elles sont si nombreuses qu'elles font de ce tissu éthéré, qui semble convenir bien mieux à des robes de sultanes qu'aux fanatiques provocations de l'Islam, un livre véritable d'orthodoxie, dont on ne peut, à part le charme, définir le mystique amalgame. « Je crois dans le Prophète, dit l'un de ces actes de foi musulmane, parce qu'il fut envoyé par le Seigneur. Et tous les croyants se fient en Allah, en ses anges, en ses écritures et ses envoyés. Nous ne faisons aucune différence entre eux. Et nous disons : « Entendons et « obéissons. » Pardonne-nous, Notre Seigneur... »

Entre temps, ce sont de brèves invocations dont celle-ci est la principale : *No hay otro Dios, sino Allah! Mahoma es el enviado* d'Allah ! — « Je n'ai pas d'autre Dieu qu'Allah ! Mahomet est son prophète ! » Les Espagnols conservèrent ce *Credo* en le parodiant ; il revient parfois dans le langage moderne. Un gueux que traquent ses créanciers est encore aisément porté à dire : *No hay otro Dios, sino Allah! Mahoma es el enviado!* Puis il ajoute piteusement : *Y yo no tengo ni una peseta!* « et moi je n'ai pas le sou ! »

Deux inscriptions, d'un autre côté, mettent sur la voie des recherches quant à l'origine de la bannière appelée, à tort ou à raison, *del Salado*. Dans l'une est signalé « le sage, le vainqueur, l'assidu, le généreux, roi, sultan, calife, fameux émir des musulmans, représentant du maître de l'univers Abu-Saïd-Osman... » Dans l'autre est cette mention correspondante : « l'adorateur d'Allah, le modeste, le guerrier émir *Nassir-si-Din*, défenseur de la loi, *Abu-Yusuf-Yacoub*, fils de *Abd-il-Hac*. En l'Alcazar de Fez, à la lune de Moharram de l'année *doce y siete cientos* », — 712 de l'Hégire; du 9 de mai au 7 juin de l'année 1312 de l'ère chrétienne.

Une autre bannière du même genre provient, dit-on, de la bataille de Navas de Tolosa. Elle n'accuse pas cette ancienneté; il est vrai qu'elle a été réparée par des mains habiles, mais peu soucieuses de l'histoire. Son éclat est très vif et sa beauté relative n'est pas discutable. Elle ne saurait égaler en finesse la précédente. Elle ressort toutefois du même art et de la même symétrie. Elle est également chargée d'inscriptions de même provenance. Son tissu est de soie rouge et amarante avec un mélange de blanc, de bleu et des filets verts très menus; les inscriptions sont en bleu. On croit qu'elle fut donnée par Alphonse VIII au monastère royal de las Huelgas de Burgos, auquel elle appartient encore. Dans tous les cas, elle a toujours figuré à Burgos, dans les solennités commémoratives de la célèbre bataille à laquelle on fait remonter sa propriété. Reste son origine, au sujet de laquelle on est encore réduit aux hypothèses. Elle est à chaque instant l'objet de nouvelles expertises, qui, jusqu'à ce jour, n'ont eu rien de décisif. Ce qu'on ne saurait nier, c'est qu'elle est fort belle.

Je m'en tiendrai là quant aux bannières historiques, les trois que j'ai envisagées se plaçant hors de pair. Elles sont l'épisode héroïque des événements militaires. Les cathédrales me rappellent dans le domaine religieux. Indépendamment de sa caractéristique spéciale, celle de Palence accuse plus que toute autre l'influence française. Les reliques de saint Antonin de Pamiers, qu'elle possède, témoignent de ses anciennes relations. Les tapis gothiques et les vêtements sacerdotaux qu'elle expose sont autant de précieux documents. Ceux-ci dans leurs exquises broderies ont, d'un autre côté, un caractère essentiellement régional qu'on distingue à certains ornements. La Renaissance trouve en eux ses plus beaux et ses plus rares modèles [1].

La cathédrale de Santiago ne fut pas étrangère à ce mouvement, et la Galice entière s'y retrouve associée. Indépendamment de Lope de Mendoza, dont s'honore cette basilique, elle eut primitivement un évêque qui s'appelait Bernard, comme celui dont j'ai déjà parlé pour Tolède. Celui-là n'était pas Français, mais il a laissé un grand renom de sagesse et de sainteté. En outre, il me fournit matière à rapprochements. Ayant renoncé à l'épiscopat, il s'était retiré dans le monastère de Sar, où il mourut le 20 novembre 1240. On l'enterra dans l'église Santa-Maria de cette localité.

Depuis, il fut exhumé; c'est au siècle dernier, autant que je me rappelle. Comme son corps était parfaitement conservé, on garda une partie des vêtements épiscopaux dont il était revêtu. De notre temps, ces étoffes ont été confrontées avec certaines qui sont au musée de Cluny, et il s'est trouvé qu'elles offrent la plus grande analogie avec celles que le même musée possède du vêtement sacerdotal d'un abbé de Saint-Germain-des-Prés appelé Morand, qui vivait à la fin du xe siècle. Pareille analogie a été constatée avec les

---

1. Ouvrage à consulter : *Catalogue des objets de Galice,* par M. José Villa-Amil, directeur des études à l'Université centrale, un des plus hauts et des plus savants fonctionnaires du ministère de Fomento.

vêtements, — également au musée de Cluny, — d'un autre évêque appelé, lui aussi, Bernard, qui occupait le siège de Bayonne à la fin du xiie siècle.

Cette conformité ne tenait pas au tissu seulement, elle se rapportait, pour un premier panneau d'étoffe, à des fleurs de lis ayant quatre feuilles, et pour un second panneau aux animaux symboliques d'un goût manifestement oriental dont il était orné. Cela ne prouve en rien que ces étoffes fussent sarrasines, mais cela confirme pleinement la tendance qu'eût l'épiscopat, aux xe, xie et xiie siècles, à se rapprocher le plus possible de la tradition asiatique.

Lors de l'exhumation de l'évêque Bernard, de Santiago, on constata que sa longue barbe, parfaitement intacte, affectait encore la forme et la disposition de celles qu'ont les statues de la galerie chaldéo-assyrienne du Musée du Louvre. La tendance asiatique d'alors, ainsi affirmée doublement, n'était donc pas douteuse. L'Exposition en apporte d'ailleurs plus ample confirmation. En effet, presque tous les portraits de prélats, remontant ou se rapportant à ces siècles lointains, ont tous la même physionomie caractérisée par le port de la barbe à la chaldéenne et par le cachet oriental que garde le vêtement.

XX

Ne voulant pas fatiguer l'esprit du lecteur, j'envisagerai rapidement les envois en commençant par l'art le plus ancien. Le byzantin n'occupe qu'une place relative, suffisante toutefois pour marquer son origine grecque, sa dégénérescence latine et ses nombreuses affiliations à l'art oriental. Il est l'évolution qu'on suit avec une complaisance extrême, tant on trouve de fantaisie à sa recherche parfois heureuse et à son hiératisme presque toujours exagéré.

Les crucifix et les croix processionnelles émanées de lui ont la saveur d'un art primitif et mystique dont il faut subir l'impression sans trop vouloir l'analyser. Ce n'est pas par ses grosses gemmes qu'il séduit le plus, c'est principalement par le caractère et les sveltesses qu'il tire de ses angles, le ferme éclat qu'il joint à son émaillerie. Les symbolistes de nos jours ont voulu le reproduire; ils ne l'ont fait qu'à demi, n'étant pas dans le même sentiment et n'ayant aucun droit aux mêmes naïvetés. J'estime néanmoins que les joailliers en tireraient un profit considérable, et je m'étonne qu'ils restent indifférents aux types que leur fournit Madrid en ce moment.

Que de révélations dans ce genre éminemment

suggestif apportent les trésors des cathédrales et encore les envois des particuliers ! J'ai parlé des crucifix, des croix ; les modèles se succèdent, les plus riches comme les plus simples, tous féconds en enseignements. Les gros reliefs alternent avec la gravure plate, le cloisonné, les pierres aux vives couleurs. Tantôt le Christ est affalé et porte de tout le poids de son corps sur ses pieds convulsivement ramenés l'un sur l'autre ; tantôt il les tient séparés et son cadavre tendu vers le ciel semble encore chercher en lui un refuge à d'horribles souffrances. Le dragon byzantin apparaît partout sous ses formes multiples, affrontant ses ailes grossièrement attachées ou n'ayant que sa croupe annelée et roulante. De ce mythe en dérivent d'autres accompagnés de figures de saints et de saintes, émaciées, douloureuses ou ascétiques...

Les reliquaires, les coffrets à pignons avec galerie à jour, les boîtes, des crosses d'évêques, des vases sacrés, des plats d'argent, des ivoires procèdent du même art et se parent des mêmes symboles[1]. Certains dans leur donnée sont incomparables. Çà et là, des tableaux nous font remonter vers la Grèce en passant par Constantinople. Ce sont des scènes de l'Écriture avec des tons singuliers, des rouges bizarres, des fonds d'or sur lesquels se détachent et se plaquent des personnages austères ou tragiques. Cette manière de peindre s'est perpétuée jusqu'à nous et trouve

[1]. La plus belle des crosses d'évêque appartient au Musée archéologique national, dont il sera parlé plus loin. Œuvre d'orfèvrerie limousine, la douille en est admirablement émaillée.

encore sa vogue en Russie. La France non plus n'y est pas étrangère. Chaque année, nos expositions comptent quelques imitations du même genre.

Le byzantin insensiblement passe dans le roman et revêt un goût plus châtié, des formes plus exquises. L'ornement acquiert un moelleux qu'il n'avait pas. Il est moins prodigue de gemmes ; il les dispose avec plus de symétrie, les assortit avec plus de méthode. L'effet entier est combiné, calculé ; on sent que cet art subit déjà d'autres influences ; il s'est affiné dans son séjour en France.

Le gothique survient, et sa manifestation est en même temps forte et idéale. On le retrouve à chaque pas, sous toutes ses faces. Dans cette transition, gardant encore la trace des genres précédents, se place un document sans pareil qui synthétise à lui seul la majesté et l'opulence des basiliques. Jamais on ne vit œuvre d'art plus accomplie, plus touchante. La salle qui la renferme en est comme illuminée.

C'est la statue tombale (Jacente) de l'archevêque Maurice, qui, le 20 juillet 1221, fonda la cathédrale de Burgos ; cette fondation devança de cinq ans celle de la cathédrale de Tolède, par l'archevêque Rodrigo Ximénès. Le prélat Maurice, suivant quelques historiens, était né en Angleterre ; suivant d'autres, il était Français ; les Espagnols le revendiquent également. Ceux qui penchent pour l'Angleterre assurent qu'il était venu en Espagne avec la reine doña Léonor, épouse d'Alphonse VIII. Il reçut de la reine Bérengère la mission d'aller prendre et de ramener la princesse Béatrix, fille du duc de Savoie, roi des Romains et empereur d'Allemagne, qu'elle avait choisie comme épouse pour son fils saint Ferdinand. C'est lui qui leur donna à Burgos, en 1219, la bénédiction nuptiale. Alphonse de Carthagène le qualifie du nom de Fameux (*el Famoso*).

Dans sa statue qui est en bois recouvert de cuivre doré, l'archevêque Maurice a la tête appuyée sur un coussin dans les émaux duquel, à chaque cloisonné, sont des croix bleues et blanches. Il porte la mitre gothique, dont la partie inférieure primitivement était enrichie de grosses gemmes. Un léger masque abrite son visage. Le corps est revêtu de vêtements épiscopaux ornés de tours d'Espagne et recouverts de la chasuble tombante que décorent des fleurs de lis dessinées en ronde bosse. Le col et la bordure de la chasuble étaient également enrichis de grosses pierres; la plupart ont disparu. Le prélat, de la main droite, fait le geste de bénir, et de la main gauche il devait porter une crosse qui, par malheur, n'existe plus [1].

Rien ne saurait traduire la pureté de lignes et

---

[1]. Ce chef-d'œuvre porte incontestablement la marque de l'orfèvrerie limousine, mais il est probable qu'il fut exécuté sur place par des sculpteurs et des émailleurs qu'on avait fait venir tout exprès. Il n'en garde pas moins la marque française, et c'est en lui que tous les savants s'accordent à voir la pièce la plus admirable de l'Exposition.

Une autre statue tombale d'égale dimension représente l'archevêque de Salerne, Luis de Torres, mort à Rome le 13 septembre 1553. Sa dépouille fut rapportée et inhumée à Malaga, sa ville natale. La statue est fort belle, mais elle est totalement écrasée par le voisinage de celle de l'archevêque Maurice.

l'idéal dans lequel flotte cette statue que son art transfigure et qui provoque instantanément le respect et l'admiration. Qui sont les artistes qui ont enfanté ce chef-d'œuvre inoubliable? Nul ne le sait et on ne le saura jamais. Cet anonymat ne gâte en rien la sensation et le saisissement qu'on éprouve. Le grand artiste auquel revient l'honneur de cette monumentale évocation est le génie du christianisme. La cathédrale de Burgos, rien qu'avec cet envoi, tient la première place dans l'ordre religieux.

Une custode appartenant au couvent de l'Esclavitud de Notre-Dame-de-Almudena de Madrid a pour nous un intérêt historique. Elle fut faite en 1693 par l'argentier Manuel Manso, et dans sa fabrication on fit entrer le diadème que portait à Paris, le jour de son couronnement, la reine Marie-Thérèse, épouse de Louis XIV et fille de Philippe IV.

Surmonté de la croix, ce diadème était digne de celle qui le ceignit. Les perles, les brillants, les rubis, les magnifiques émeraudes qui l'ornaient justifiaient pleinement l'estimation à 243,100 réaux qu'en fit, à l'origine, Pablo de Ocampo, l'expert joaillier de S. M. Catholique.

Marie-Thérèse, en souvenir de son pays natal, le donna au couvent de l'Esclavitud.

Cet hommage pieux devait être préconçu, car le diadème portait sur les côtés, soutenu par des anges, le clou entrelacé d'un S, symbole du couvent. La reine de France entendait-elle par là se consacrer au culte de Notre-Dame-de-Almudena, ou bien ne visait-elle qu'à montrer sa soumission au joug de son union avec Louis XIV? Docile jusqu'au renoncement comme elle le fut, sa vie entière est la confirmation de cette pensée.

La cathédrale de Huesca a envoyé une boîte-reliquaire avec des émaux de Limoges d'une beauté souveraine. Cette boîte fut expressément commandée à un émailleur de cette ville, par Ramiro II d'Aragon. Ce roi avait des goûts artistiques qui devaient le tenir très rapproché de la France, car la même cathédrale expose un autre reliquaire de même provenance[1].

Cela n'a rien d'étonnant de la part de Ramiro II. Les liens de notre nation avec l'Aragon furent longtemps très étroits. Je voyais récemment des chartes qui prouvent que, jusqu'au xive siècle, les rois de cette contrée signaient en invoquant l'an de grâce du règne du roi de France.

XXI

Au développement de l'art franco-espagnol ou pyrénéen est restée attachée la figure éminemment sympathique de la reine Félicia, dont le nom se retrouve sur plusieurs pièces romanes du goût le plus affiné.

Issue de la famille française des comtes de Châ-

[1]. Le premier est du xiie au xiiie siècle, le second du xiiie.

lon, elle fut l'épouse de Sanche Ramirez, roi de Navarre et d'Aragon, et la mère de Don Pedro Ier, d'Alphonse Ier, de Ramirez II. Elle mourut le 14 avril 1035. Son fils Alphonse est le célèbre *batailleur* dont la conquête un moment menaça Grenade elle-même. Il figure au rang le plus glorieux parmi les précurseurs des rois catholiques.

L'influence arabe n'était pas non plus étrangère à l'art pyrénéen. Ainsi, du temps de la reine Félicia, on voit en Aragon des ouvrages romans avec des ornements mauresques. On sait, d'ailleurs, que les cathédrales n'avaient pas hésité à sauvegarder l'art arabe en se l'associant. Souvent on recourut à lui pour la décoration des vêtements sacerdotaux, celle des vases sacrés et des tabernacles. Les portes d'églises elles-mêmes, en plus d'un cas, revêtirent la même livrée.

De toutes les influences subies résulta pour l'Espagne un ordre d'orfèvrerie et de joaillerie qui, aussi bien que la peinture et la sculpture, rentre dans le caractère général. Les artistes nationaux apportèrent plus de robustesse et de relief que n'en avaient les artistes florentins et milanais, dont en dernier ils avaient plus particulièrement suivi la trace. Le fini n'est pas le même, l'effet parfois semble plus séduisant ; n'oublions pas que cette marque de tempérament existe avant tout dans l'architecture. Dans les basiliques dont j'ai parlé, on sent le besoin d'espace et une fièvre de domination. Cela crée un cachet grandiose, mais les édifices ainsi conçus n'égalent pas en unité, en harmonie les types que représentent nos cathédrales françaises, celles de Reims, de Chartres, de Beauvais, Rouen, ainsi que Notre-Dame de Paris.

Les envois qui procèdent des cathédrales de Saragosse, San-Salvador ou la Seo et Notre-Dame-del-Pilar, ainsi que des autres églises du diocèse, ont une importance de premier ordre. Un coffret d'ivoire du xiv° siècle, de forme cylindrique et de fabrication arabe, dont l'ornementation à jour est un des plus beaux travaux dans le genre, appelle tout d'abord l'attention. Il est enguirlandé d'inscriptions arabes qui s'attachent au fermoir lui-même, et dont le sens a été restitué par deux savants, MM. Saavedra, membre des Académies de la langue, de l'histoire, des sciences morales et politiques, et Francis Codera, académicien également et professeur d'arabe à l'Université de Madrid.

A Notre-Dame-del-Pilar, on doit un merveilleux olifant qu'un inventaire du xv° siècle dit avoir appartenu au célèbre Gaston, vicomte de Béarn, chef des Navarrais, qui accompagnèrent Alphonse le Batailleur à la conquête de Saragosse. Il est fait d'une seule dent d'éléphant, sculptée et décorée en style roman. Sur ses différentes faces sont représentés les travaux d'Hercule. Aux deux bouts sont quatre anneaux, toujours dans le même style, qui font nettement remonter au xi° ou xii° siècle l'origine de l'ouvrage.

Comme reflet bien plus rapproché de l'influence française, je trouve parmi les envois de cette église un jeu de burettes et son support, émaillés par Jacques Landin, de Limoges. La forme est ovale; le fond est en émail noir avec ornements dorés ; les figures sont en émail blanc et grisaille. Ce précieux travail date du xviie siècle. Il fut l'objet d'un ex-voto dont l'auteur est représenté lui-même en costume de pèlerin agenouillé. Deux blasons permettraient encore de retrouver la famille. L'un porte sur champ d'argent une chevrette d'or. Dans la partie supérieure se trouve un croissant accosté de deux étoiles d'or. A la partie inférieure est une rose à sa couleur. L'autre blason diffère peu du premier, si ce n'est qu'il n'a plus le croissant et que, indépendamment de la chevrette, il a un cerf dans sa partie inférieure.

Un des émaux nous montre Pilate se lavant les mains. Dans un médaillon est représenté Notre-Dame-del-Pilar. Les couvercles des burettes sont ornés, l'un du chiffre de Jésus, l'autre de celui de Marie. Celle du vin a pour sujet Noé plantant la vigne et peu après se grisant avec son fruit. La seconde représente Moïse faisant jaillir l'eau avec sa baguette dans la plaine d'Horeb, tandis que deux jeunes filles accourent avec leur cruche pour puiser à cette source.

Parmi les envois de la cathédrale de la Seo est un retable d'autel portatif qui appartint à Ferdinand d'Aragon, petit-fils des rois catholiques et archevêque de Saragosse. Les peintures qui le décorent sont de Jérôme Cosida, peintre ordinaire du prélat. Elles reflètent la manière d'Albert Dürer, sans toutefois perdre entièrement la marque espagnole. Certaines sont admirables, particulièrement les groupes qui représentent la mort du Christ et les scènes de son enfance. Ce retable est un des ouvrages auxquels les savants attachent le plus vif intérêt.

Il a pour compagnon un triptyque monumentalement encadré, avec émaux peints de Limoges, représentant la Nativité, l'Épiphanie et la Présentation. Je signalerai encore un bâton pastoral, joli travail mexicain du xve siècle ; une nef en nacre et argent doré portée sur un dragon aux yeux d'émail, le front constellé d'une émeraude ; les pièces restaurées d'un vêtement pontifical qu'on croit avoir été exécuté par Pedro de Bellebrera sur dessins de Cosida ; enfin, une chape du xviie siècle, dite du *Vieux Testament*, en drap d'argent brodé d'or et de soie, qu'on croit avoir été faite par le célèbre Clarin et son cousin Renedi del Rio. Le capuchon de la chape (*el capillo*) et la frange entière sont plus anciens que l'ouvrage. On raconte qu'un évêque les acheta à un soldat qui les avait pris, en Angleterre, au sac de l'église Saint-Paul de Londres, au temps de Henri VIII [1].

La cathédrale de Gérone fournit un document de premier ordre avec un coffret hispano-mauresque longtemps associé aux dispositions de son maître-autel. Il fut donné par Al-Mahdi-hil-Lah, calife de Cordoue, à des Aragonais qui, au commencement du xie siècle, avaient pris parti pour lui dans une expédition.

---

[1]. Deux plats d'argent doré, ciselé et repoussé, de forme dodécagone, envoyés par la cathédrale de la Seo, offrent des modèles parfaits de l'art espagnol au xvie siècle. Le lion et le chiffre : CÆS. AUG, estampés sur le fond, attestent qu'ils furent faits à Saragosse.

Il est revêtu de plaques d'argent repoussé et nickelé et décoré de deux sortes de feuillages noués en guise de fleur de lis, dans des médaillons à deux rangs formés de rinceaux. Des clous, des bordures font saillie sur chaque plan. Les mêmes motifs élargis et allégés se reproduisent sur le couvercle bombé, que traverse par le milieu un appareil richement ouvragé de serrurerie. Les inscriptions en caractères coufiques, qui se détachent sur fond tantôt lisse, tantôt feuillagé, sont tirés du Coran. Cependant il en est une qui fixe l'origine de ce merveilleux travail. Il fut exécuté au xe siècle, à la commande du calife Al-Hakem II, qui à la suite le donna à Hixem II, son fils et son héritier.

Les coffrets arabes sont peu nombreux, mais ils se recommandent par la beauté, le fini, autant que par la rareté. La cathédrale de Palence en possède un qui rappelle sans l'égaler le coffret universellement connu du musée de Burgos. Sa chapa (son placage) est en argent repoussé. Sur chacun des côtés se détachent des figures de satires et de nymphes. Des allégories du printemps et de l'hiver ornent la face. L'encadrement est fait de feuillage, de palmes et de fleurons portés par des génies. Des scènes de chasse, des oiseaux complètent la décoration. Sur les joints ont été rapportées des bandes d'émaillerie de Limoges. On fait remonter cet ouvrage au xie siècle.

J'ai déjà cité Santiago comme foyer de développement; il me reste à signaler les envois de sa cathédrale. Les plus anciens de ces ouvrages, — calices, croix, paix, crucifix, reliquaires, — attestent comme toujours l'influence française. Une croix processionnelle avec émaillerie de Limoges prouve que cette vogue n'était pas encore entièrement effacée au xve siècle. Un ostensoir de la même époque, par son élégance fuselée et ses figures sculptées, en fournit un nouveau témoignage.

L'objet le plus curieux est une statuette en argent doré représentant saint Jacques. Il porte la double tunique du pèlerin et l'escarcelle sur le côté. Un large sombrero couvre sa tête. Son visage est envahi par une épaisse barbe. Il tient un livre d'une main et le bourdon de l'autre. Cette pièce d'orfèvrerie fut apportée en Espagne au commencement du xve siècle et déposée en ex-voto au sanctuaire du saint par un Français appelé Jean de Roucel. L'inscription latine qui relate le fait est ainsi conçue :

NOBILES

VIR DOMINUS

JOANNES DE ROUCEL MILES DE REGNO FRANCIE DEDERUNT ISTAM IMAGINEM ET IEHANNA UXOR EIUS AD HONOREM DEI ET SANCTI IACOBI DE GALECIA ET EGO IOHAN APORTAUI DE PARISIIS EX PARTE PREFATI DOMINI ORATE PRO EIS.

Très belle en elle-même, moins belle en comparaison, cette statuette de saint Jacques rappelle celle de saint Georges terrassant le dragon et de Charles le Téméraire *tirant la révérence*, que possède la cathédrale de Liège.

Le plus joli reliquaire en forme de chef appartient également au trésor de Santiago. C'est un buste en argent doré de jeune fille au visage émaillé, le front ceint d'une couronne de fleurs large et massivement tressée. Ses cheveux ondulés tombent en gerbe sur les épaules. L'expression du visage est mystique et enfantine à la fois. La tunique est nouée par un double collier. Aux épaules remontent deux bandes d'orfèvrerie qui joignent à la taille un corsage ouvragé par des artistes de Galice avec un art qui rappelle et qui égale celui des maîtres florentins. Le reliquaire date du XVIe siècle ; il fut fait pour renfermer les restes de sainte Pauline.

La custode qui fait le plus sensation vient de la cathédrale de Jativa. Elle est le plus beau et le plus grandiose travail des orfèvres espagnols du XVe siècle. Tout entière en argent doré, elle mesure en hauteur 1^m,55. Elle fut donnée à la basilique à laquelle elle appartient par le pape Alexandre VI, qui était originaire de Jativa. Il consacra à cet ouvrage la part que lui avaient faite les rois catholiques dans le premier or importé d'Amérique.

Elle est formée de deux corps distincts d'orfèvrerie, dont l'un sert de soubassement à l'autre. Celui-ci est de date récente et n'offre qu'un intérêt secondaire. Aux quatre coins de sa plate-forme sont quatre personnages en robe d'église ayant chacun un encensoir à la main. La custode est soutenue par un pied à base octogonale joignant une galerie à jour des deux côtés de laquelle des anges à genoux, les ailes déployées, sont en adoration auprès de l'ostensoir dont le superbe médaillon fait saillie entre deux faisceaux de colonnettes. En haut de ces supports sont trois clochers gothiques dont le principal, celui du milieu, est surmonté d'une croix [1].

La cathédrale de Valence multiplie les attractions avec un triptyque de l'école de Bruges, dans lequel Memling a peint le crucifiement, la descente de croix et la résurrection; avec un frontal d'autel brodé d'or et de soie, du xve siècle, lui aussi, où se renouvelle sous une forme tout autre le drame du Golgotha; avec un baiser de paix en or émaillé translucide, qui est un véritable chef-d'œuvre, et enfin avec un calice en argent doré et émaillé qui est un des meilleurs modèles fournis par la Renaissance italienne.

Les calices, du reste, sont très nombreux et souvent très beaux. La cathédrale de Ségovie en expose un qui synthétise sous une forme admirable l'art espagnol au xve siècle. Un des plus anciens appartient à la cathédrale de Tolède; il est en argent doré et gravé.

La cathédrale d'Astorga se place en quelque sorte au premier rang avec un vase en cristal de roche du

---

[1]. Une custode qui ne figure pas à l'Exposition, et qui est la plus renommée de l'Espagne, est celle, en argent massif, que possède la cathédrale de Barcelone. Le socle qui la porte est fait du trône du roi Martin d'Aragon (1395-1412). Le même trône servit à Jean II, roi de Navarre et d'Aragon, le jour où fut célébré son triomphe sur les Français, après la journée de Perpignan (26 octobre 1476). Tout autour de la custode est la Toison d'or dont se para Charles-Quint lorsque, en 1519, il présida, dans le chœur de la cathédrale de Barcelone, la première et dernière assemblée de l'ordre.

xıe siècle, dit de *Nuestra Señora*. Son goulot, ses anses, son pied, toute sa monture en argent doré au feu est décorée d'exquises ciselures. Cet ouvrage rappelle la buire de saint Denis, qu'on peut voir au Musée du Louvre. Au même trésor appartient une croix processionnelle en argent doré, travail espagnol du xvıe siècle, qui prime dans le genre, et un coffret plaqué d'argent, avec émaux cloisonnés qu'on fait remonter au xe siècle [1].

Dans les envois de la cathédrale de Tuy figure un manuscrit du xıııe siècle où se trouve la dernière partie du *Traité de saint Augustin*. On y voit également une notice historique touchant le concile de Braga, convoqué en 1261 par le pape Alexandre IV, dans le but d'opposer une digue à l'invasion de barbares qui, après avoir occupé Bagdad et Alep, s'étaient répandus en Pologne, en Hongrie, et menaçaient la chrétienté entière. Suivent des légendes sur les miracles de la sainte Vierge. Ce manuscrit est pour ainsi dire le complément du magnifique livre des *Cantiques* d'Alphonse le Sage.

Je citerai, en terminant, une paix en argent doré, travail du xvıe siècle, avec bas-reliefs en serpentine (Anvers) du xıe siècle, appartenant à la cathédrale de Ciudad-Real; une mitre romane et un frontal, chefs-d'œuvre de broderie, procédant de la cathédrale de Barcelone; un autre frontal florentin exposé par la

---

[1]. Des figures allégoriques d'apôtres ornent le devant de ce coffret. Le couvercle porte l'inscription suivante : ADEFONSUS REX, SEAMENA REGINA. Ce roi donateur était Alphonse III le Grand; la reine s'appelait Chimène.

cathédrale de Vich, et la reliure en argent repoussé
et émaillé d'un évangéliaire du xive siècle, que possède
la même basilique.

XXII

Je n'ai encore parlé que des tapis de la Couronne.
De la part des cathédrales, ils ne sont pas aussi nombreux, mais ils sont non moins beaux et dignes d'admiration. Ils l'emportent même parfois, s'il s'agit de l'ancienneté.

De la cathédrale de Gérone provient un tapis dit de la *Création*, qui date du xiie siècle. Sa composition est directement inspirée de la Genèse, ainsi qu'en font foi ses inscriptions. Elle offre en même temps une analogie frappante avec celles qui illustrent un manuscrit de saint Benoit et le cercueil d'Alphonse III, appartenant l'un et l'autre à la cathédrale d'Astorga.

Il mesure 3^m,78 de hauteur et autant de largeur. Formé de bandes à compartiments, son cadre porte deux cercles enfermés l'un dans l'autre. Du plus petit ressort l'image du Créateur; il bénit d'une main et de l'autre s'appuie sur le livre des Écritures.

L'espace compris entre les deux cercles est divisé en huit sections. La première montre le Saint-Esprit, sous forme de colombe, étendant son vol sur les eaux. Viennent ensuite les anges de lumière et ceux de ténèbres. Puis se succèdent les scènes de la création : la séparation de la terre et de la mer, la création du soleil, de la lune, des étoiles, des oiseaux, des poissons, des animaux, et enfin du premier homme et de la première femme. Hors du grand cercle, aux angles intérieurs du cadre, sont symbolisés les quatre vents.

L'exécution répond pleinement à la majesté du sujet. Ce tapis a un prix d'autant plus grand qu'il sort du procédé de fabrication ordinaire. Il n'est point tissé, mais bien brodé sur toile. Sous ce rapport, il rappelle de très près les tapis devenus si rares de Bayeux.

La cathédrale de Zamora est célèbre pour ses propriétés de même ordre. Le premier tapis qu'elle expose est un ouvrage flamand du XVIe siècle, divisé en trois parties : le sujet est la légende de l'aigle de Lucumon, le couronnement du héros et la bataille qu'il livra avant de faire la paix. Des inscriptions latines relatent ces événements. En haut du tapis est l'écu, rapporté plus tard, de Manrique de Lara, duc de Najera, le donateur.

Dans un autre tapis, dont l'origine est incertaine, mais dont on ne peut discuter l'attrait et la perfection, sont représentées la prise et la destruction de Troie. A gauche se dresse le fameux cheval dans les flancs duquel est l'élite des guerriers grecs. Sur son dos se tient Simon, celui qui conseilla aux Troyens d'introduire dans leurs murs ce funeste ex-voto. En haut sont la belle Hélène, cause de la guerre, et Hécube, femme de Priam. Dans un groupe, à droite, on reconnaît Cassandre, Andromaque, Ajax... Au-dessous, on voit Pyrrhus immolant Polyxène.

Je passe la légende latine du plan inférieur pour reproduire *in extenso*, et dans sa forme exacte, la légende en vers français placée à la partie supérieure :

I

Rendue Helayne, faindirent retourner
Les Grecs en Grece ; en Thenedon souperent
Devers Troies, tout court apres souper,
Demot en armes aigrement retournerent.
Le grand cheval d'airain, ou *ils l'entrerent*,
Mil hommes, ia en ville estant,
Que saintement a Pallas presenterent,
Porte rompue pour (un) cheval tant grant,

II

Symon, ducteur du grant cheval darain
Les gens darmes qui estaient dedens
Bouta le feu pour avertir ses gens.
Les murs rompus, dentrer sont diligens ;
Occisions ils firent moult horribles.
Priant *(sic)* sent fuit au temple, esmeu de sens ;
Pirrus le tue par ses mains tant terribles.

III

Royne Hecuba, Anthenor rencontrant,
Polixene en garde luy bailla ;
Effraye (e), de ça de la fuyant,
Depuis Pirrus la teste lui trencha
Dans la tombe, ou Achilles fina.
Dont Hecuba fut mise en tel destroit
Que comme un chien ervagre forcena,
Ceuls que trouvoit en sa voie mordoit.

IV

Les Grecs, faisant horrible et inhumaine
Occision, destruirent la cite
De la grant Troye rennomee et haultaine,
Ilion ont abattu et gaste.
Et la ville ardirent, excepte
Que des traistres les hostels reserverent;
Andromaca, Cassandra ont garde.
Troye destruite, en Grece retournerent.

V

Ainsi fine listore miserable
De la cite digne de grand renom,
Troies la grant; tan noble et honorable,
De tant grant bruit, de tant excellent nom,
De tant grant nom, de tant grant mencion,
Tant rehenit, tant puissante construite,
Auctorisee par domination,
Iadis en fleur, or a present destruite.

Ainsi que le précédent ouvrage, la *Prise de Troie* fut donnée à la cathédrale de Zamora par le duc de Najera. A ses armes sont associées, cette fois, celles des maisons Alvarez Enriquez et Alvarez de Tolède.

Les tapis de la cathédrale de Saragosse sont plus nombreux, tout en étant aussi célèbres que ceux que je viens de décrire. Il en est deux qui appartiennent à la collection de la *Vie de saint Jean Baptiste*. Ils furent tissés à Bruxelles, au xve siècle, sur cartons de Lucas de Hollande. Dans le premier, on voit Hérodiade s'approchant du tétrarque, assis sur son trône, et lui présentant la tête du saint. La bordure est étroite et faite de feuillages qui se détachent sur fond bleu. Les inscriptions en latin sont brèves, mais éminemment philosophiques. Il y en a une qui dit : *Impius prevalet adversus justum*, « l'impie prévaut contre le juste ». — Ce tapis mesure 5 mètres de large sur 3^m,83 de haut.

Le pendant de ce magnifique ouvrage est à peu près de même dimension. Il représente le précurseur baptisant les fidèles dans les eaux du Jourdain.

Un tapis, qui date du commencement du xve siècle, reproduit l'histoire d'Assuérus et de la reine Esther. On y voit le festin à l'issue duquel fut répudiée « l'insolente » Vasti. Il mesure 10 mètres de large sur 4^m,30 de haut. Il a pour compagnons deux panneaux un peu moins grands qui mettent en action divers passages du livre d'Esther et du triomphe de Mardoché.

La tradition veut que ces tapis aient appartenu à Charles le Téméraire, duc de Bourgogne. Ce qui paraît parfaitement établi, c'est que Ferdinand le Catholique, aux mains de qui ils étaient venus, en fit don à son fils Alonzo d'Aragon, archevêque de Saragosse, lequel les légua à son tour à l'église de la Seo de cette ville.

Un autre couple de dimension encore plus grande représente, d'une part, le rapt de la sainte croix par Chosroës, roi de Perse, et, d'autre part, l'exaltation de ce bois sacré après le triomphe d'Héraclius. Rien ne saurait traduire le mouvement, la vie, le sentiment et le caractère de ces ouvrages. Au milieu du xve siècle, ils appartenaient à un archevêque appelé Dalman de

Mur, qui les légua à l'église de la Seo. Où avaient-ils été tissés? On ne le dit pas.

Quatre tapis gothiques de la même époque, ayant appartenu à Ferdinand le Catholique, éveillent la même admiration et nous laissent dans la même incertitude. Il est certain que l'archevêque Alonzo d'Aragon usa de son crédit comme prince royal pour s'entourer de véritables merveilles. Seulement on serait curieux de savoir où fut le berceau de ces richesses. Un de ces derniers tapis a été tissé sur cartons de l'école, aisément reconnaissable, du Giotto. Ceci ne prouve rien quant à l'origine. Au demeurant, les plus experts croient reconnaître la fabrication d'Arras dans plusieurs de ces merveilles.

Sans épuiser la matière en ce qui touche Saragosse, je passe à la cathédrale de Burgos, qui expose la fameuse collection : *les Vices et les Vertus*, et de plus le *Triomphe de David, Marc-Antoine* et *Cléopâtre* ou la *Bataille d'Actium*. La cathédrale de Palence joint à plusieurs tapis gothiques très remarquables un panneau persan du xve siècle, dans lequel il faut voir la reproduction exacte de l'art importé par les premiers envahisseurs. La cathédrale de Santiago, dans l'ordre profane, possède deux grands tapis dits l'*Histoire d'Achille*, de la collection due à Jean Roes, fabricant bruxellois. Dans l'un, on voit Thétis plongeant le héros encore enfant dans les eaux du Styx, afin de le rendre invulnérable. Dans l'autre, Minerve empêche le *bouillant* guerrier de tuer Agamemnon qui lui a ravi Briséis. La cathédrale de Tolède se recommande par des tapis astronomiques d'une extrême rareté.

L'histoire complète des tapis d'Espagne à elle seule demanderait des volumes. On m'assure qu'elle a été entreprise par M. Minguez, un savant très versé dans la matière. La donnée embrasse quatre catégories : histoire sacrée, histoire profane ; sujets allégoriques et sujets scientifiques. J'apprends également que Mme Catalina Narvaez, une brodeuse à qui l'on doit la reproduction à l'aiguille du tableau de Pradilla, la *Reddition de Grenade*, a commencé pareil ouvrage par rapport aux broderies. Des zèles semblables sont dignes de tout éloge, et l'on ne peut que souhaiter la réalisation de projets aussi utiles.

L'ALHAMBRA ET L'ART HISPANO-ARABE

XXIII

On sait déjà que les Maures avaient importé l'art persan. L'influence française exercée dans le Nord et celle concentrée dans le Sud par les envahisseurs convergèrent insensiblement l'un vers l'autre. Le byzantin, le roman et l'arabe combinés offrirent une première marque à laquelle, à son tour, s'ajouta le gothique. De ces mélanges successifs résulta ce qu'on est convenu d'appeler le style *mudejar*, dont la trace est répandue dans la majeure partie de l'Espagne [1].

Pour trouver l'art arabe émané de Damas, l'art mauresque, il faut venir au développement apporté par la période grenadine. Sa révélation, son monument sans pareil, sa suprême synthèse, je n'ai pas besoin de le dire, est dans l'Alhambra, le palais, vraiment digne des *Mille et une Nuits,* des rois Alhamarides.

Je voudrais pouvoir exprimer ici toute la joie des yeux que m'a fait éprouver cette vision orientale,

---

[1]. On appela plus tard *mudejares* les ouvriers maures restés au service de l'Espagne.

mais je ne ferais en cela que recommencer le rêve de tous les écrivains qui m'ont devancé; or ma tâche, beaucoup plus humble, tend principalement à glaner dans les sillons quelques épis d'histoire oubliés par les moissonneurs.

Il est sûr qu'Alhamar ou Mohammed Ier en édifiant l'Alhambra, en 1235, se plaça par le fait au rang le plus illustre parmi ceux de sa race. Rien que le choix du site fut un trait de génie. J'ai parlé de la conception mystique des cathédrales : la conception de ce palais met en jeu tout le spiritualisme qui ressort de la doctrine musulmane, mais ce spiritualisme, simplement épigraphique, ne tend qu'à mettre en action le paradis de Mahomet. Suivant mon impression, jamais on n'éleva monument plus accompli de luxure et d'efféminisme.

Je ne connais rien de l'Alhambra qui ne soit à voir et à admirer. Ce n'est pas par le sentiment de grandeur qu'on est saisi; l'ensemble, néanmoins, fait songer tantôt à une ville fortifiée dominant une autre ville, tantôt à une forteresse hérissée de terrasses et de tours. Une fois l'enceinte franchie, soit qu'on traverse la *cour des Myrthes* (*los arrayanes*), celle *des Lions,* soit qu'on pénètre dans le patio *du Réservoir (de la Alberca),* soit qu'on monte à la *Tour de Comares,* qu'on visite la salle *des Ambassadeurs,* celles des *dos Hermanas* et *des Abencérages,* on est à chaque pas dans le ravissement. Les fontaines, les bassins, les vasques, les jets d'eau, les massifs, les jardins, les frondaisons aériennes, tout concourt, malgré le temps et d'anciennes restaurations défectueuses compensées par les recherches présentes, à rendre plus intense la griserie.

Charles-Quint, un instant, voulut imprimer sa griffe à cette apothéose de volupté. Il avait mal choisi la place, et le palais Renaissance qu'il associa à l'Alhambra ne fut pas même achevé.

On ne veut, on ne saurait voir par là que ce qui fut arabe. Cependant ce n'est pas sans quelque sensation qu'on remarque encore la devise du monarque espagnol : *Plus ultra!* non loin de celle, mélancolique et fatale, d'Alhamar : *Dieu seul est vainqueur!*

Indépendamment de sa théodicée verbeuse et de ses maximes répétées, l'art arabe, envisagé ici, séduit surtout, je le répète, par son subtil relent. L'atmosphère du harem est celle qui enveloppe tout d'abord les espaces qu'il occupe. Il est la constante évocation des sultanes favorites, de leurs molles indolences et de leurs faciles abandons.

A mesure qu'on le considère, on lui trouve toutefois la physionomie plus haute d'un art combiné avec une science et une habileté exquises. Il n'est pas merveilleux dans ses effets seulement, il l'est avant tout dans son équilibre et sa constante harmonie. Avec des matières qui semblent impondérables, il produit des masses énormes. Plus il se prodigue en détails, plus il se répand en profilures, plus il multiplie les angles, les losanges, les orbes affrontés, plus il s'entremêle et pyramide, plus il entasse les rosaces, les entrelacs, plus il s'enguirlande de lianes et de feuillages, plus il se constelle d'étoiles et de fleurons, plus il apparaît svelte, dégagé, plus il est *stalactiforme* et aérien. Il semble venu d'inspiration, on le croirait éclos d'une buée, lorsque tout en lui est géométrique, calculé. C'est un problème de sensation universelle résolu avec une précision inouïe [1].

Mais dans ces dentelures d'équations dont le développement revêt des grâces inimitables et une symphonie sans pareille de couleurs, il ne faut pas perdre de vue l'excès d'une civilisation qui allait bientôt disparaître. Quand les Maures envahirent la Péninsule, leur art n'avait pas atteint cet idéal; il s'affirmait toutefois d'une manière plus forte et plus virile. L'affinement vint avec les richesses acquises; par malheur, l'énervement engendré par la morale mahométane suivit de près. A mesure que les flèches et les arcs des cathédrales montaient vers le ciel, le croissant des mosquées et des alcazars déclinait insensiblement. Le gothique et ses formidables amoncellements n'avaient pas les mêmes séductions, seulement il eût été aisé de dire à leur sujet : « Ceci tuera cela! »

Incomparables, pendant un temps, comme artistes, comme savants, comme industriels, comme agronomes, les Maures manquèrent totalement d'hommes politiques. J'ai parlé de Mahomed Ier, le fondateur de

---

[1]. Tout art commence par la force et la simplicité, il continue par l'élégance et la souplesse, il finit par le luxe et la profusion. Il en a été ainsi de l'art arabe. La mosquée de Cordoue marque sa première étape; Tolède, ainsi que Séville (*la Giralda*), affirment la seconde. L'art de Grenade aux xive et xve siècles signale le dernier développement.

l'Alhambra. Autant il semble avoir eu du génie, si l'on considère son palais, autant il paraît avoir méconnu les intérêts de sa dynastie par rapport à l'histoire. N'avait-il pas cédé à la malencontreuse idée de soutenir la lutte de la Castille et de l'Aragon contre les califats voisins ? Il arrondit ainsi son royaume de Grenade au détriment de ses coreligionnaires, sans songer que le jour où il allait être seul, l'avenir, dans un temps plus ou moins proche, se fermerait impitoyablement aux siens.

Aussi voyez combien a duré ce royaume de Grenade, un moment si pompeux et si magnifique? Deux siècles et demi tout au plus, du moins en ce qui a trait à sa splendeur. Encore cette splendeur fut-elle amoindrie par les dissensions intestines entre les deux aristocraties rivales, les Abencérages et les Zégris. Comme à Byzance, il y eut là des *bleus* et des *verts* qui hâtèrent la chute ; comme à Vérone, il y eut des Montaigus et des Capulets qui provoquèrent un désastre général.

Le dernier roi de l'Alhambra ne fut pas plus heureux en politique que l'avait été le fondateur de ce palais. Circonvenu par l'intrigue, faible, irrésolu, emporté, sanguinaire, il se laissa entraîner au massacre des Abencérages, à l'heure où il avait le plus besoin de cette élite chevaleresque pour défendre son trône. Mais, après s'être fait battre par D. Diego Fernandez de Cordoue, alcade de Los Donceles, il dut, quelques années après, abandonner Grenade pour n'y plus revenir. Le portrait le plus exact qu'on puisse faire de lui est tout entier dans les paroles que lui adressa sa mère en cette circonstance : *Illoras como muger, cuando no hassavido defender tu reyno como humbre!* (Tu pleures comme une femme lorsque tu n'as pas su défendre en homme ton royaume!)

On ne pouvait prétendre déplacer l'Alhambra ; il importait cependant qu'il figurât à l'Exposition. Le Musée archéologique, dont la participation s'étend à tous les arts, a pris les dispositions nécessaires à cet effet. Les fac-similés qu'il expose, — dans des proportions très réduites, cela va sans dire, — reproduisent tour à tour avec les plus menus détails la salle des *dos Hermanas,* un des côtés du mirador de la salle *des Abencérages,* un des portiques (*templetes*) qui décorent le patio *des Lions.* Ces ouvrages, véritables prodiges de patience de la part des artistes qui les ont exécutés, permettent d'envisager de près les procédés arabes, d'en étudier les formules et au besoin de relever les innombrables inscriptions qui concourent à l'ensemble décoratif. Ces inscriptions ont, d'ailleurs, été de la part de deux savants, MM. Emilio Lafuente et Almagro Cardenas, l'objet d'un recueil publié sous le titre : *Inscriptions arabes de Grenade.* Quant aux fac-similés, ils ont été faits en double pour le palais de cristal de Londres.

La salle des *dos Hermanas* (des deux sœurs) est sans contredit une des plus affriolantes visions de l'Alhambra. Cependant, il ne faut pas oublier que celle *des Ambassadeurs* vient en première ligne. Cela seul ferait regretter qu'on ait reculé devant sa reproduction. Dans ce large espace couvert d'un plafond en bois de cèdre, prodige d'équilibre, merveille de marqueterie, le style *grenadino* s'étale avec une telle profusion d'ornements qu'on se croirait enveloppé d'un ciel de guipures et de tissus arachnéens. Le Coran avec ses *Suras* s'enroule dans les frises, accompagné de fleurs et de rameaux. Il joint l'arc des fenêtres, s'attache après les portes et partout multiplie son papillonnement plein des mêmes maximes à la gloire d'Allah.

Ailleurs, ce sont les stucs d'albâtre pilé, peints en vives couleurs, les voûtes fouillées en stalactites, les fresques, les mosaïques murales, les galeries aux mignons arceaux, les colonnettes élancées, les portiques fouillés, les claires-voies à réseaux, les bases fleuries, les chapiteaux ajourés, les soubassements de briques ; — des dentelures toujours, un régal perpétuel des yeux, une évocation constante de la vie arabe, des mystères de sérail, des rumeurs de harem. Par là, ce sont les bains des sultanes ; ici est le bassin dans lequel on jeta les têtes des Abencérages. De ce côté s'ouvre le mirador où la Lindaraja, favorite du dernier roi, enfermait ses langueurs et ses contemplations.

La fin du royaume de Grenade a son écho direct dans la luxueuse vitrine où sont exposées deux épées, la dague et une tunique en velours rouge frappé de Boabdil. L'authenticité de cette dépouille a été l'objet d'une constante tradition et ne souffre aucun doute. Dans son ordre historique, elle n'a pas de prix, mais combien plus grande est encore sa valeur, si l'on considère que l'épée d'apparat du dernier roi de Grenade et sa dague sont deux pièces uniques, nulle part égalées ! Il y a plusieurs épées de Boabdil à l'Exposition. L'Armeria royale en a exposé une dont l'authenticité est également certaine. Celle dont je parle réalise, à elle seule, toute la splendeur de l'art arabe. Ce n'est pas seulement une arme merveilleuse, elle symbolise l'Alhambra lui-même.

Ce chef-d'œuvre d'or filigrané et d'émaux cloisonnés, dans sa poignée, dans sa garde et sa gaine, présente la même fantaisie polygonique et toujours aérienne des plus belles créations sarasines. Jamais orfèvre ne dépassa ce niveau. Les inscriptions, cette fois encore, entrent dans la broderie. La fusée en ivoire sculpté à jour joint la garde brusquement recourbée, et fait saillir d'un nimbe d'or la lame large dont l'acier vraisemblablement fut forgé à Tolède. La gaine est encore plus riche, si c'est possible, ou du moins elle est le digne complément d'une telle arme.

La seconde épée n'est pas aussi luxueuse, mais son art n'est pas moins accompli. On portait deux épées, de ce temps-là. Celle-ci est l'estoc, de forme plus sévère. La poignée est en ivoire ouvragé avec inscriptions. Quant à la dague, c'est un bijou inoubliable, léger, fatal, subtil, perfide comme la mort; on dirait qu'il renferme dans un rêve le secret d'inévitables agonies.

Cette panoplie de Boabdil a été l'objet d'une constante tradition en Espagne. Les objets qui en font partie furent donnés par les rois catholiques à Fernandez de Cordoue, le même qui avait battu Boabdil, quelques années avant la reddition de Grenade. Cette dépouille vraisemblablement était tombée dans ses mains à la faveur de la défaite des Maures. Les souverains, selon l'usage, ne firent que confirmer la propriété de ce riche butin. Fernandez de Cordoue était de la même famille que Gonzalve de Cordoue, le *Grand capitaine*. C'est dans cette famille que les armes du dernier roi maure ont été conservées depuis. Actuellement, elles sont la propriété de la marquise de Viana, qui en a hérité de son premier mari, le marquis de Villaseca, descendant de Gonzalve de Cordoue.

XXIV

Les faïences hispano-mauresques intéressent vivement les collectionneurs, dont la prédilection à leur égard est pleinement justifiée. Le musée de Cluny en compte, en tout petit nombre, de très beaux modèles ; le Musée archéologique de Madrid en a également plusieurs de très remarquables, mais son exposition, sous ce rapport, est inférieure à celle du comte de Valencia et encore à celle de O. Guillermo J. de Osma, son gendre. A eux deux, ils semblent avoir pris à tâche de monopoliser cet art.

Le savant qui le premier attira mon attention de ce côté est un de mes éminents collègues du jury,

M. J. Facundo Riaño, l'auteur d'un ouvrage en anglais qui fait universellement autorité dans la matière [1].

J'ai fait, depuis, bien des pèlerinages aux vitrines qui renferment ces collections uniques et, chaque fois, j'en ai rapporté quelque utile enseignement. Il n'est pas besoin de vanter le double reflet tantôt doré, tantôt nacré qui rend ces faïences si séduisantes. Nulle part la céramique n'a donné un pareil éclat ou plutôt jeté une flamme de mordorure aussi intense; on se croirait sous le rayonnement et dans le prisme d'un soleil couchant.

Chose singulière, quelque attentives qu'aient été les recherches à leur sujet, il a été impossible jusqu'à ce jour de déterminer exactement leur lieu de provenance. Nos plus célèbres céramistes français placèrent un instant à Majorque le foyer de cette fabrication. Désormais, il est avéré que ces faïences émanent généralement de divers points de la Péninsule, à commencer par le littoral en remontant vers le centre.

La plupart ne relèvent pas exclusivement de l'art arabe, mais bien de l'art hispano-arabe, qui s'attache à tous les genres. Quelles que soient les influences en Espagne, qu'elles viennent de l'Occident ou de l'Orient, elles finissent toujours par revêtir la marque nationale. Le reflet le plus aisé à distinguer chez cette dernière est sans contredit arabe. Pour n'en avoir pas assez tenu compte et surtout pour avoir manqué d'expérience à cet égard, les savants se sont trompés

---

[1]. *Hand book of Spanish industrial Arts.*—London, 1879, in-8°.

bien des fois, surtout lorsqu'ils se sont obstinés à ne voir que l'influence vénitienne, soi-disant dispensatrice de l'art oriental, dans certaines productions d'un goût manifestement hispano-arabe.

Les collections du comte de Valencia et de son gendre, M. Guillermo de Osma, réunissent en grand nombre les modèles les plus accomplis et les plus probants. Chose singulière, ces plats magnifiques, qui sont dans un état parfait de conservation, tout en ayant le caractère arabe, sont de fabrication chrétienne. La plupart semblent postérieurs à la reddition de Grenade. Ceux qui sont antérieurs, — et il y en a très peu, — émanent des contrées où les chrétiens étaient déjà les maîtres [1].

---

[1]. Indépendamment de cette collection, le comte de Valencia expose encore un grand nombre d'objets qui sont des pièces de premier ordre. Tapis flamands, panoplies, peintures, émaux, il s'attache à tous les genres. Parmi les tapis, il en est un, soit de Bruges, soit d'Arras, où sont représentés Valentine de Milan et son mari, le duc d'Orléans, celui qui fut assassiné rue de la Huchette, à Paris, en 1405.

Je remarque encore un diptyque en émail translucide et peint sur argent, ainsi qu'un triptyque avec émaillerie de Limoges (xve et xvie siècles); une très curieuse épée de la fin du xiiie siècle, à large lame cannelée, la garde formant une croix, sur chaque bras de laquelle est l'inscription : *Dios es vincedor de todo* (Dieu est vainqueur de tout). Au pommeau s'écartèlent des armoiries qu'entoure l'invocation en lettres gothiques : *Ave Maria, gracia plena!*

Au même appartient une statue en bois de saint François d'Assises, qu'on attribue à Pedro de Mona, élève d'Alonzo Cano; elle offre un très beau modèle à la reproduction. Parmi les portraits, il en est un de Philippe II, en uniforme de chevalier de la Toison d'or, peint par Bartholomé Gonzalez, et un autre de Francisco de Quevedo, peint à la manière de Velazquez. Le poète porte sur son nez un énorme binocle à verres ronds et à forte monture. Son nom, en

Cependant il n'est pas douteux qu'ils furent fabriqués par des ouvriers maures, suivant les procédés qui leur étaient propres. Ceci vaut une explication bien simple. Le départ de Boabdil n'entraîna à sa suite qu'un nombre très limité de musulmans. Ceux qui restèrent inféodés au pays natal firent bon marché du Coran, du moins en apparence. Ils s'assujettirent au joug des vainqueurs et travaillèrent docilement pour eux. Sous les rois catholiques, on distingue déjà leur trace dans toutes les fabrications. Ils furent les initiateurs les plus habiles de l'art hispano-arabe. Cette période est on ne peut mieux reconnaissable à l'Exposition, on la retrouve partout, dans l'orfèvrerie, la broderie, les draps d'or, les cordovans, surtout dans la céramique.

De toutes les productions mitigées, cette dernière est celle dont la marque est restée la plus exclusive. Les chrétiens à son endroit ne s'approprièrent jamais le secret des Maures, car à dater de l'expulsion définitive de ceux-ci, sous Philippe III, la fabrication cessa entièrement. De nos jours, on a cru un moment avoir découvert le même procédé. Des expériences eurent lieu, il y a quelques années, à la Manufacture de Sèvres. Les résultats ne furent vraisemblablement pas

---

Espagne, est resté attaché à ce lorgnon, qu'on appelle encore volontiers : *le quevedo*.

En même temps que d'autres ouvrages d'ivoire, qui éveillent le plus vif intérêt, à l'actif du comte de Valencia, se place un diptyque du xive siècle formé d'arcatures gothiques dans lesquelles entrent des épisodes de la vie de Jésus-Christ et de la sainte Vierge. Des pierres précieuses enchâssées ou appliquées font l'ornementation.

satisfaisants, car il n'a pas été donné suite à l'exploitation.

Le grand luxe de cette part n'a rien de commun avec les mordorés qu'on trouve parfois chez les marchands et dont il est fait un cas énorme. Les plats qui nacrent et dorent les vitrines du comte de Valencia sont l'histoire reconstituée d'un art dans sa plus pure et sa plus harmonieuse expression. Il n'y entre que des pièces le plus souvent hors de pair et toujours véridiques.

Les principales procèdent de la fin du xve et du commencement du xvie siècle. J'en compte un grand nombre qui sont la double gamme des types à reflets métalliques et ornementation mauresque. Un plat aragonais, qui porte le chiffre du monastère de Veruela, tient la tête de cette quintessence. Il est décoré en bleu mordoré et reproduit la pêche et la chasse. Son revers est orné de fleurs de lis. Un autre joint à des faisceaux de flèches le chiffre des rois catholiques. Un troisième, qui est à personnages, porte dans son marli la devise : *Ave Maria, gracia plena!* La fabrication était donc chrétienne, nul doute ne subsiste à cet égard.

Elle semble même avoir été, — du moins pendant un temps, — constante et régulière, car à chaque instant les armes des particuliers attestent la commande. Les foyers de production étaient-ils collectifs ou livrés à l'initiative d'un seul artiste? Je serais porté à opiner dans ce sens : on ne trouve pas trace de grandes fabriques. En revanche, on détermine assez facilement la région où ces ouvrages prirent date. Des vases coniques à couvercles remontent aux temps les plus anciens. Ils figurent dans les vignettes des *Cantiques* d'Alphonse le Sage, livre qui est la restitution archéologique entière du XIIIe siècle. Certains plats affectent la forme *brasero* et se parent d'inscriptions arabes, sans texte, et de simples imitations dans les bandes verticales. Entre temps, des écus français ou italiens accusent la grande vogue. La feuille de lierre alternée bleu et or revient fréquemment dans les modèles. Il en est aussi qui se parent de la croix de Calatrava. Les vases de pharmacie ont une égale distinction. Comme principaux points de repère, on trouve Teruel dans le bas Aragon, comme aussi Valence, Grenade et Séville. Il est sûr que ces objets viennent de ces régions.

C'est, du reste, par là, et tout le long du littoral en remontant, que le comte de Valencia a longuement recherché et formé sa collection. Elle est d'autant plus instructive qu'elle renoue, grâce à une vitrine spéciale, la tradition mauresque à l'ordre persan. Les documents sur ce point ne sont pas antérieurs à la fin du XVe siècle, mais leur polychromie évoque les origines les plus lointaines. Ici reviennent le dragon, l'aigle noir, les animaux fantastiques joints aux motifs de décoration locale. L'effet est vibrant, les émaux ont une égale richesse, le même moelleux. Le reflet seul, n'étant pas aussi intense, accuse une autre fabrication.

La collection de M. Guillermo de Osma corrobore, avec le même bonheur, la donnée des savantes recherches du comte de Valencia. Elle est aussi compacte et aussi probante en ce qui a trait à la production mauresque et espagnole. De ses plats, de ses jarres ressort avec excellence le procédé par lequel les artistes fixaient chaque couleur avec une matière spéciale, volatilisée et vitrifiée au feu, suivant la tradition persane. Le procédé est scientifiquement analysé, je le répète. On a recouru à son application ; par malheur, on n'a jamais su atteindre le même niveau [1].

Comme document complémentaire, non moins suggestif, vient une série de pièces céramiques établissant la filiation des mosaïques maures des XIVe, XVe et XVIe siècles, les carreaux peints et émaillés, les carreaux estampés à reflets métalliques, les fameux *azulejos* qui jouent un si grand rôle dans la décoration des palais arabes.

Que d'études, que de soins, quelle dépense d'argent a vraisemblablement nécessité la concentration dans les mêmes mains de ces ouvrages qui restituent l'histoire entière d'une industrie éteinte, et dont les types, trop rares, hélas! furent si longtemps dispersés!

Tandis que le comte de Valencia recueillait, en Espagne, tous les modèles de la céramique hispano-arabe, M. Guillermo de Osma rachetait un à un, en France, les types de même fabrication, dont s'étaient

---

[1]. Celui de nos artistes français qui, dans la pratique, semble le plus se rapprocher de ce genre, est M. Lachenal, dont, chaque année, les peintures et sculptures céramiques font l'objet d'une exposition spéciale chez M. Georges Petit.

emparés avec fièvre nos grands collectionneurs. Feu M. Piot en possédait plusieurs, et c'est à la faveur de la vente de sa célèbre collection que M. de Osma et son beau-père purent ajouter à la leur les pièces essentielles qu'ils convoitaient le plus.

FÊTES RELIGIEUSES

XXV

Qu'on me premette une digression en faveur de solennités qui sont un signe appréciable en ce qui a trait au tempérament et à la caractéristique d'un peuple. Celles de la Semaine Sainte, auxquelles je viens d'assister, m'en fournissent l'occasion.

Le dimanche des Rameaux, qui est le prologue du drame de la Passion, n'offre aucune particularité notable, si ce n'est que les branches de palmier, soit entières, soit tressées de différentes façons, en font exclusivement les frais. Elles viennent sans doute de la côte d'Afrique, car je ne crois pas que l'Espagne puisse en fournir en assez grande quantité.

Aux abords de chaque église est un marché de palmes auquel petits et grands vont en foule se munir. L'office de la bénédiction offre un pittoresque curieux, étant donnés la dimension des rameaux, leur ordre échevelé, l'ondulation et le frémissement qu'ils font au-dessus de l'assistance.

Au demeurant, le palmier est la seule différence par rapport à cette solennité. A sa couleur jaune safran, qui est l'objet, il me semble, d'une préparation, on mêle des fleurs printanières et des nœuds de ruban. Cela répond à un besoin général de luxe et d'ostentation. On en tire même vanité autant qu'il est possible. Chez nous, le bois béni est conservé, en souvenir pieux, à l'intérieur des demeures. Les Espagnols, eux, emploient leurs plus belles palmes à la décoration extérieure des balcons. Le jour des Rameaux, on dirait un pavoisement.

A Madrid, les fêtes de la Semaine Sainte se bornent à la célébration des jeudi et vendredi ; il en est de même dans la plupart des autres métropoles. A Séville, en revanche, ces fêtes absorbent la semaine entière. Elles coïncident avec une foire célèbre qui tient sur pied toute l'Andalousie. Les touristes, pour la circonstance, abondent dans la région. L'aristocratie madrilène, il fut un temps, avait coutume de s'y rendre, mais de nos jours elle semble s'en désintéresser totalement.

Ce pèlerinage, avant le chemin de fer, joignait parfois à son attrait local la perspective d'émotions que les blasés convoitent. On allait à Séville en carrosse comme on allait à Longchamp, le Vendredi Saint, — avec des relais, — ou bien en coche et encore en diligence. Or les solitudes sont si vastes là-bas, sous ce ciel idéal dentelé de *sierras,* que des ombres fâcheuses, zébrant l'angle des longues routes, s'offraient parfois brusquement à la vue des voyageurs.

— « Des brigands ! » — allez-vous dire. Laissons ce gros mot à la troupe des Variétés, que commande

M. Baron, quand vient la pièce d'Offenbach. — Des gentilshommes de grand chemin, à la bonne heure ! On s'entendait à demi-mot, les postillons étant presque toujours complices. Prestement les malles étaient déchargées, on allégeait les voyageurs de leur bourse, de leurs bijoux et de leur houppelande. Finalement, de part et d'autre, on échangeait un : *Vaya usted con dios!* et chacun se rendait comme il pouvait à ses affaires. — Une diligence n'était jamais attaquée deux fois.

Les processions, dans Séville, se renouvellent à toute heure pendant la Semaine Sainte et se prolongent souvent dans la nuit ; certaines ne sortent que le soir. Le jour, dans la lumière claire, ces longs défilés par les rues étroites, pavoisées à toutes les fenêtres, ont un caractère andalou qu'on ne définit pas. Les confréries prennent part tour à tour à ces manifestations dans l'ordre semi-religieux, semi-profane qui leur est assigné par une immuable tradition. La foule se presse à tous les carrefours, compacte, grouillante, piquée de couleurs vives, étrange dans ses houles, ses poussées et ses agenouillements. L'archaïsme des accessoires, des croix, des bannières, ramène brusquement la pensée à plusieurs siècles en arrière. Suivent les mannequins, les groupes sur pavois, les *Lazarenos*, ou personnages de la Passion, qui rappellent les acteurs des Mystères représentés au moyen âge.

La nuit, ces processions, à la lueur des cierges, des torches, rentrent entièrement dans le domaine de la fantasmagorie. Ce long serpent de foule qui s'enroule et se déroule autour des églises, par les rues étroites, tantôt dans le noir, tantôt en pleine lumière, la singularité des aspects, l'étrangeté des perspectives, le bariolage des vêtements, le recueillement des uns, le tapage des autres, les théories de prêtres et de sacristains, les détachements de soldats et de gendarmes, tout cela constitue un spectacle qu'on chercherait vainement ailleurs.

Il ne faut pourtant pas oublier que toutes les villes d'Espagne ont également des processions. On cite celles de Saragosse, de Barcelone. Leur symbolisme varie suivant les anniversaires. La procession de la Fête-Dieu est générale; exclusivement religieuse dans les *Pueblos,* elle est semi-profane dans maintes grandes cités. Sur divers points, on y voit apparaître les fameux *Cabezudos,* géants à masques énormes qui, loin d'inspirer des pensées pieuses, éveillent bien mieux l'hilarité. Pour s'expliquer ces facéties, ces charges, il faut remonter aux données primitives, il faut considérer les fautes, les erreurs qu'on livrait ainsi à la risée publique. Le sentiment religieux est éminemment passionnel en Espagne ; il ne se borne pas aux prières, on sent gronder en lui d'anciens anathèmes.

Mais je reviens à Madrid, où j'ai assisté à des cérémonies autrement graves et sévères. Celle du *Lavatorio,* le Jeudi Saint à la Capilla real, est de beaucoup la plus belle et la plus digne d'être vue. Elle consiste dans le lavement de pieds auquel une tradition sublime d'humilité astreint les souverains, en souvenir des apôtres. Le roi remplit ce devoir auprès de douze hommes et la reine auprès de douze femmes. Dans les conditions présentes, la tâche entière échoit à S. M. Marie-Christine. Cela ne sort d'ailleurs en rien du passé de sa famille, puisque le même usage s'est également perpétué à la cour d'Autriche.

On n'est admis à assister à cette cérémonie que sur invitation. Le personnel de la cour, les ministres, le corps diplomatique en entier composent l'assistance. On ne voit qu'uniformes et toilettes de gala. Les pauvres choisis pour la circonstance, — des pauvres hautement recommandés pour la plupart, — ont été au préalable l'objet d'une toilette spéciale et sont vêtus de neuf. Ils se tiennent sur deux rangs : les hommes d'un côté, les femmes de l'autre. Tous ont l'air parfaitement heureux, cela va sans dire, de leur bonne fortune.

La reine fait son entrée dans la plus grande pompe et l'office commence. Quand vient l'instant du *Lavatorio*, la souveraine, assistée du haut clergé de Madrid, se penche sur chaque pauvre et d'un simple bouquet de violette trempé dans l'eau bénite elle effleure son pied. A cet acte en apparence trivial est attaché la plus haute leçon de l'Évangile.

Je n'ai pas besoin de rappeler la grandeur simple et douce que la reine-régente, S. M. Marie-Christine, apporte à l'accomplissement de ses austères devoirs. Tout en elle revêt un charme de mélancolie indicible et de ce charme, — reflet d'une âme auguste, — vient une majesté qui en impose à tous.

A cette onction royale et à ses préliminaires ne se bornent pas les avantages réservés aux élus du jour. A l'issue de la cérémonie, ils sont conduits dans une salle du palais, et là, encore une fois servante, — *Ancilla Domini*, — la reine, entourée de sa cour, leur présente les mets qu'on leur a préparés : on en fait un panier à chacun, on y joint une somme d'argent, et dès lors la fête est terminée.

Elle a pourtant un épilogue. Les pauvres admis au *Lavatorio* sont à peine sortis qu'ils trouvent acquéreurs du panier de vivres dont ils ont été gratifiés. Ils le vendent à cher denier, pour faire double recette et s'assurer, pendant un temps, le pain de chaque jour. Les mets royaux qui leur étaient destinés figurent presque toujours, le soir, sur la table des riches, qui s'en font vanité auprès de leurs amis.

Deux autres cérémonies, également réservées aux invités, m'ont appelé, les jeudi et vendredi, en la coquette église de la rue Alcala, où les trois grands ordres de chevalerie réunis, — Calatrava, Alcantara, Montessa, — ayant pour commandeur général le comte de Cheste, tiennent chapitre. Ces solennités sont exclusivement religieuses. Les titulaires, qui appartiennent, comme on sait, à la plus ancienne noblesse du royaume, sont revêtus du superbe manteau blanc de leur ordre avec la croix rouge ou bleue sur le côté. Ils portent la toque de velours noir avec répétition de la croix par-dessus et tout autour la plume blanche. Ils ont très grand air et leur tenue est parfaite. Ce sont de beaux hommes, la plupart ; leur nombre, du reste, est très limité. — Il y en avait une vingtaine de présents, tout au plus. A la lecture de la Passion, au moment où la voix du prêtre annonce la mort du Christ, les chevaliers se renversent de tout leur long, la face contre terre, ensevelis dans leur manteau comme dans un linceul.

La visite des tombeaux, le Jeudi Saint, offre des sensations multiples. La population entière de Madrid, ce jour-là, se répand dans les rues, traçant d'épais sillons à l'entour des églises. Le deuil est partout, non plus un deuil morose, abattu, mais un deuil triomphant auquel on n'évite pas toujours d'associer les couleurs claires. La mantille, soit à la madrilène, soit à l'andalouse, pour la circonstance, reprend ses droits si souvent méconnus. Les grandes dames font assaut de toilettes dites de la *Semaine Sainte.* Les dames de moyenne classe s'ajustent de leur mieux, avec un égal désir de paraître. Les déclassées, les *cursis,* comme on les appelle, ont part à la même exhibition. Il n'est pas jusqu'aux *chulas* qui ne se mettent en frais.

La physionomie ordinaire de la capitale est changée par la disparition de tous les véhicules : — de deux jours on ne les verra plus. — Tout le monde, les grands pêle-mêle avec les petits, va à pied, et tout le monde se porte en masse aux églises. A cette visite succède la promenade (*el paseo*). On ne va pas plus loin que la Castellana ; le Retiro est presque désert. La nuit venue, on renouvelle, le plus souvent, la visite aux Tombeaux.

On n'apporte pas à leur décoration le même luxe qu'en France. On s'attache surtout à leur donner l'aspect lugubre et désolé. Leur dramatisme est plus intense; ils sont une évocation plus violente du divin crucifiement. Aussi dirait-on que la foule, vibrante comme elle l'est, s'associe et sympathise à un drame récent. Au milieu de la nef, sur les dalles, est un crucifix étendu. Tout autour, assis, à genoux ou accroupis, s'amassent des vieillards, des femmes, des enfants qui restent là comme frappés de stupeur, tandis que d'autres se traînent sur les genoux vers le bois sacré pour le baiser. Des quêteuses ensevelies sous des voiles de crêpe se tiennent immobiles devant les bancs d'œuvre attendant la charité, ne la sollicitant ni du geste, ni du regard. On reconnaît leur situation sociale au plus ou moins d'argent qui est sur le plateau placé devant elles. Un devoir presque absolu s'impose à leurs amis et à leurs commensaux de participer à la collecte.

Le va-et-vient est constant, plein de démonstrations ardentes de la part du grand nombre, bruyant, agité de la part des autres. Duchesses et pauvresses, grands d'Espagne et mendiants, tous sont au même niveau, tous vont de pair, s'agenouillent côte à côte avec la même humilité apparente. Il n'est pas de pays plus démocratique que l'Espagne sous bien des rapports, comme aussi il n'en est pas qui ait, en bien d'autres cas, un besoin plus intense d'aristocratie.

Le Vendredi Saint est le renouvellement du Jeudi Saint et de ses démonstrations. Seulement les églises ne sont plus autant assaillies et les promenades sont plus encombrées. C'est encore un jour de toilettes et de mantilles auxquelles la mode, cette fois, assigne la couleur noire. Le gros événement est la procession qui part de Saint-Gilles et sillonne divers quartiers de la ville. Les principales scènes de la Passion y sont représentées par des mannequins, soit isolés, soit groupés. La croix du Golgotha et le Christ porté dans un cercueil de verre viennent en dernier. Sur le parcours du cortège, des légions d'enfants font un bruit étourdissant de crécelles. Chose étrange, la foule ne salue même pas les emblèmes religieux et semble ne tenir ces tragiques symboles que pour un spectacle fait dans le but de récréer.

La fête du surlendemain ne donne lieu à aucune manifestation extérieure. Elle ne diffère en rien des dimanches ordinaires. Les Pâques se bornent en quelque sorte à la célébration des jeudi et vendredi saints. Il en est à peu près de même pour la fête de Noël, qui est le *premier de l'an* espagnol : le 24 décembre, de quatre heures du soir au lendemain matin, on épuise toutes les dévotions et toutes les réjouissances. On festine dans toutes les maisons, on prodigue les gourmandises et les bonbons, on chante et on danse au son de la guitare et des tambours de basque, à la Puerta del Sol et dans toutes les rues. Dès que le jour vient, chacun rentre chez soi ; c'en est fait pour un an.

A Madrid, on ne salue pas un enterrement qui passe ; les femmes n'accompagnent pas un mort au cimetière. En revanche, quand vient le 1ᵉʳ novembre, la population envahit les nécropoles et se livre aux démonstrations les plus touchantes. Les grands associent leur livrée à leur deuil auprès des sépultures ; les pauvres sacrifient jusqu'à leur dernière pièce de monnaie pour fêter les *animas* et implorer leur repos. Sur toutes les tombes brillent de luxueux lampadaires ou bien les humbles *cazuelas*, lampes à huile, qu'on entretient jusqu'à la nuit. Quand vient celle-ci, les cimetières apparaissent en flammes. De la porte de Tolède, on en aperçoit quatre dans le lointain ; on dirait autant d'illuminations, ou plutôt on dirait un fourmillement d'âmes qui luisent dans les ténèbres.

Pour clore cette journée de larmes, la population se répand ensuite dans les guinguettes et autour des étalages en plein air des marchands de comestibles. Confiantes dans le salut des défunts, les familles se réconfortent alors en mangeant des *bunuelos*, des *pescados* et en buvant de l'*aguardiente*.

Bien d'autres fêtes seraient de nature à éveiller l'attention, car les fêtes abondent, le calendrier en fournit à tout instant, mais je dois me résumer. Ce qu'il importe de dire, c'est que l'Espagne est foncièrement catholique. Chez nous, le culte est plus raisonné, plus austère, plus entouré de respect. De la part des Espagnols, il est familier, passionné, vibrant. Il ne se borne pas à l'église, il est dans les institutions, il s'étend aux mœurs les plus frivoles et les plus excessives. La race entière est imprégnée de catholicisme jusque dans le sang, dans la moelle, au point de rendre renouvelables de terribles autodafés. Cet entraînement est parfois aveugle ; il subit l'influence d'un climat énervant, il implique des écarts, des défaillances, n'importe ! il est pour beaucoup dans la vitalité du peuple espagnol, et ce peuple a une vitalité extraordinaire, qu'on ne s'y trompe pas !

MUSÉES, ARCHIVES, BIBLIOTHÈQUES

XXVI

Un instant distancé dans la céramique hispano-mauresque, le Musée archéologique national reprend bientôt dans les autres arts une supériorité à laquelle nul mieux que lui ne peut prétendre.

En tête des souvenirs directs qu'il fournit touchant l'Alhambra vient la lampe de la Mezquita, à laquelle les savants attribuent la plus grande portée archéologique. Sa perfection, d'un autre côté, la rend entièrement digne d'avoir participé à une féerie. Elle fut faite à la commande de Mohammed III, en l'année 705 de l'Hégire, — 1305 de l'ère chrétienne, — et provient de l'ancienne Université d'Alcala de Hennarès, où le cardinal Cisneros l'avait fait déposer en même temps que plusieurs autres lampes provenues de Grenade. C'est là que furent réunis plus tard des ouvrages de même nature apportés à la suite de la prise d'Oran.

L'art *Grenadino* et les souvenirs d'Oran ne doivent pas faire oublier le style mudejar, dont le musée fournit les spécimens les plus essentiels et les plus curieux. Les fragments de frises peintes, à fond rouge et noir, du château de Curiel (Valladolid), sont, sous ce rapport, des modèles de premier choix. D'autres fragments rappellent que Tolède, Séville, Grenade étaient les centres où le genre florissait. Les monuments l'attestent sur place; à l'Exposition, les vestiges de sépulture, les urnes, les vases céramiques en font foi avec une magnificence qui parfois égale celle de l'art arabe lui-même.

N'oublions pas les brûle-parfums, les étoffes, les vêtements historiques, les coffres, les bijoux; mais peut-on aborder le détail dans cette profusion? Ce musée cumule, et, si l'on cherche sa dominante, on la trouve dans l'art chrétien, du côté duquel il rivalise avec les cathédrales. Lui aussi, il prodigue les retables, les ouvrages polyptiques, les reliquaires, les peintures et les sculptures de toute sorte, les vases d'or et d'argent, les nielles, les émaux, les fines ciselures, les ivoires, les bronzes, les cuivres et les bois. Partout retentissent, comme dans l'histoire, les noms les plus illustres, ainsi que ceux des saints amis de l'Espagne, des prélats dont la vie a été la source de bienfaits civilisateurs.

Le crucifix d'ivoire du roi Ferdinand Ier est l'œuvre capitale de ces envois. Il affirme, dès le XIe siècle, le tempérament que l'art espagnol a attaché depuis à ses manifestations. Ce tempérament se révèle, toutefois, sous une forme encore rude et presque barbare. On a la sensation de la pensée mystique associée à un réalisme exagéré. La grâce de l'ornement, il est vrai, tempère la violence de l'exécution. Les bras de la croix sont décorés dans un goût presque oriental de feuillages et d'animaux gravés. En bordure, en même temps que des rinceaux, se détachent de petits personnages nus multipliant les poses bizarres et les enlacements. Au-dessus de la tête du Christ est l'inscription : IHS. NAZARENVS. REX. IVDEORVM. Tout en haut est l'image du même tenant sa croix et assisté d'un ange, tandis que la colombe de l'Esprit-Saint descend sur lui. Un personnage nu représentant le premier homme soutient le grossier escabeau sur lequel le supplicié divin appuie ses pieds convulsés et ses jambes rigides. Au bas de la croix sont sculptés les noms de Ferdinand, roi de Castille (1037-1065) et de la reine Sanche, sa femme : FERDINANDUS REX — SANCIA REGINA. Ce Christ célèbre figura à l'Exposition de Lisbonne. Il fut signalé, à cette occasion, par M. Charles Yriarte, dans la *Gazette des Beaux-Arts*. Il est l'objet d'une étude spéciale, écrite par M. Manuel d'Assas, dans le *Museo español de Antiguidades*.

Une salle est presque entièrement occupée par les stalles et la grille de chœur du monastère del Parral, de Ségovie. Elles ont été conservées à San-Francisco-del-Grande, la plus belle église de Madrid, et elles appartiennent aujourd'hui au musée. Parmi celles qui sont exposées, vingt-sept occupent le premier plan, au rez-de-chaussée. Dix-sept autres, surélevées et couvertes, occupent le second. Faites de bois de noyer, elles fournissent un modèle parfait de l'art Renaissance. L'ensemble est d'une richesse décorative à laquelle s'associent au mieux les sveltesses de la grille. Des reliefs admirables ressortent de chaque prie-Dieu. Dans les stalles basses sont des passages de l'Apocalypse de saint Jean. Aux sièges d'en haut se profilent de nombreuses figures de saints et de saintes. Les colonnettes ouvragées, les galeries, les couronnements sont d'un travail inimitable. Malgré cela, l'effet général souffre un peu de l'ornementation trop prodigue.

Cinq tapis d'histoire profane, appartenant à la Casa real, habillent les murs de la salle, ainsi convertie en chapelle de monastère. Ils reproduisent les principaux épisodes de la vie de Cyrus, entre autres son entrevue avec Arthémise. Si l'on songe aux moines qui s'assirent dans les stalles, si l'on se rappelle leurs jeûnes, leurs prières, si l'on se représente leurs visages austères ou émaciés, on est forcément frappé du contraste que crée la vision orientale de ce couple pris dans l'antiquité galante. Ces rencontres sont inévitables; elles se renouvellent à tout instant.

Le Musée, lui aussi, expose d'autre part une collection de tapis qui semblent une débauche de luxe de la part du célèbre duc d'Olivares, auquel ils appartinrent en premier. Leur recherche, comme matière, tient à la prodigalité. Leur fabrication a sa note à part en ce sens qu'ils reproduisent dans l'étoffe le procédé de repoussé presque exclusif à l'orfèvrerie. Chaque sujet ressort à gros relief tablant sur la perspective. Celle-ci est ce qu'il y a de mieux ; elle se profile dans les ors avec maëstria.

Par malheur, ces sujets sont assez mal venus,

quoique fort accusés. Un animal quelconque, soit un lion, un tigre, soit un cerf, un mouton, en fait, chaque fois, les frais. A lui seul, il ne saurait peupler un grand panneau ; l'effet est beaucoup amoindri. Il est pourtant encadré de colonnes en spirale portant une treille ; dans les pampres jouent des oiseaux de couleur. Le paysage s'ouvre par delà. La conformité de cette collection, la richesse du tissu, le procédé lui-même rendent son ensemble décoratif, mais elle trahit une dégénérescence et presque le faux goût.

Les ouvrages polyptiques, ainsi que ceux d'orfèvrerie, ceux en ivoire, foisonnent. De ces derniers fait partie un coffret byzantin, formé sur le devant d'arcatures monumentales, dans lesquelles sont sculptés des anges et des apôtres. Des inscriptions tirées des *Béatitudes* ornent chaque arcature. Le couvercle est en forme de toit ; sur les côtés sont des scènes de la passion du Christ.

Un ouvrage, primé par bien d'autres au point de vue artistique, attire en dernier mon attention. C'est un cuivre repoussé au dos duquel est un sonnet autographe, peu connu, de Lope de Vega. Ce sonnet, dédié à *Doña Antonia Trillo*, est une des inspirations les plus chaudes du grand poète espagnol. On y sent vibrer l'âme dont s'inspira Corneille et le souffle qui fit passer dans notre langue les strophes du *Cid*. Je traduis de mon mieux :

« Je ne veux d'autre bien que vous aimer seule, mon Antonia, ni d'autre vie que celle que vous m'offrez quand je mérite de vous voir, ni d'autre lumière que celle de vos yeux.

« Pour vivre, il me suffit de vous désirer ; pour être heureux, vous connaître ; pour admirer le monde, vous grandir ; pour être sublime, vous enlacer.

« Ma parole et ma plume concourront ensemble à vous exalter dans un ciel splendide, où sont les esprits les plus purs.

« Au sein de ces richesses et de ces trésors, mes larmes, mes vers, mes soupirs vivront à l'abri du temps et braveront les siècles ! »

A côté du Musée archéologique national se rencontrent en foule les musées provinciaux et les commissions de monuments.

Tolède, Huesca, Valladolid tiennent le premier rang. Toutes les institutions savantes ou artistiques de cette dernière ville ont également pris part aux envois. A son musée appartient un Christ en ivoire avec son dé. La croix en palissandre est faite d'un tronc avec ses rameaux et son feuillage ; tous les ornements, très précieux comme travail, sont en argent doré et filigrané. Le dé est formé d'un gardemailles avec bandes brodées en fils d'argent et de couleur.

Au même musée appartient encore une tête de saint Paul sculptée sur bois et exprimant une suprême angoisse. L'artiste s'appelait Alonzo Abrillo. Lui et plusieurs autres sculpteurs anciens de même nationalité apportent dans leur art les fougues et la passion dont M. Injalbert, en France, est aujourd'hui l'éminent interprète.

XXVII

Les bibliothèques, les collèges d'archives abondent. J'ai déjà parlé incidemment des envois de la bibliothèque de l'Escurial. La Bibliothèque nationale, instituée par Philippe V, ouvre un champ plus vaste, plus immédiat, et, par suite, plus fécond en enseignements. Toutefois, pour aborder un sujet aussi touffu, rien qu'au point de vue de l'Exposition, il faut recourir à un classement qui embrasse les exemplaires uniques, les ouvrages avec gravures, les exemplaires sur vélin, les éditions du xve siècle, les œuvres publiées en Espagne dont l'empreinte est antérieure à 1701; les manuscrits grecs, persans, hébreux, arabes, turcs, les bibles, les œuvres liturgiques et de dévotion, celles de science, d'art, de géographie, les cartes, les autographes, les manuscrits remarquables par l'importance du texte ou par leur ornementation, les reliures notables des xve, xvie et xviie siècles[1].

1. Un des plus beaux ouvrages manuscrits est le *Missale eclesiæ toletanæ* de Cisneros, qui comprend six volumes in-folio, ornés en or et en couleur, avec miniatures de Canderroa et autres artistes espagnols dans les initiales.

Autant de chefs-d'œuvre d'un prix non moins élevé sont les

La Bibliothèque nationale de Madrid est une des plus belles du monde. N'oublions pas, cependant, le rang qu'occupe comme telle la Bibliothèque nationale de Paris. Au prompt développement que valurent à celle de Madrid les décrets royaux rendus en sa faveur vinrent s'ajouter les donations d'une foule de bibliophiles soucieux de perpétuer leur mémoire. Les plus grands noms se firent honneur d'une semblable munificence. En tête se placent celui de D. Luiz de Usoz et encore celui de Doña Maria Sandalia de Acebal. Le total des ouvrages légués par cette dernière dépasse le chiffre de onze mille. Il faut également tenir compte des librairies diverses ayant appartenu au cardinal Arquinto, à Bohl de Faber, Augustin Duran, Carlos Megia, Valentin Carderera, Lopez de Cordoba, Manuel Castellano, Esteban Calderon, le marquis de la Romana et un grand nombre d'autres érudits.

Au reste, pour avoir une notion première exacte des bibliothèques et des archives espagnoles, il est bon de consulter l'historique succinct qu'a tracé de toutes un de mes savants confrères du jury, M. Vignaux, dans un ouvrage publié en 1882, sous le titre : *Annuaire des archives, bibliothèques et musées.* Ce livre a exclusivement trait à la Péninsule.

Un autre ouvrage : *Essai de typographie complète,* dû à la plume de M. Juan Catalina Garcia, établit d'une

---

manuscrits des œuvres d'Ovide, Plaute, Dante et Pétrarque, faits à Venise au xve siècle, et illustrés avec un art incomparable par un membre de la famille espagnole de Figueroa, dont les armes sont écartelées dans le texte.

façon générale, dans sa donnée chronologique la plus exacte, la biographie des ouvrages publiés depuis le xvi° siècle jusqu'à nos jours. Le premier qui figure dans cette savante nomenclature est une *Vie de Jésus-Christ,* par frère Ambroise Montesino, avec dédicace de l'auteur aux rois catholiques. Il porte la date de 1502.

Ils n'est pas de coup d'œil plus charmant que celui qu'offrent les vitrines des salles réservées aux envois de la Bibliothèque. Les frontispices, les vignettes, les encadrements créent un papillonnement de couleurs vives dont l'attraction redouble dès qu'on envisage les motifs dans le menu et principalement le fini qu'ils doivent à la patience d'artistes qui, tout ignorés qu'ils furent souvent, n'en restent pas moins des maîtres incomparables.

Nouer en bouquet la fleur de ces trésors intellectuels et artistiques est une tâche lourde. La première place revient de droit aux exemplaires uniques parmi lesquels je trouve les *Motes de Damas y caballeros,* composés par Luis Milan, — Valence, 1535, — avec reliure primitive rapprochée des reliures de l'époque par José Grimaud; *Egloga nuevamente compuesta,* par Jean de Paris, — 1536; — une comédie intitulée *Radiana,* par Augustin Ortiz; une autre intitulée *Vidriana,* par Jaime de Hueta; la *Recapitulation en metro,* du bachelier Diego Sanchez de Badajoz, — Séville, 1554; — les *Farsas,* de Lucas Fernandez, — Salamanque, 1514. — Les deux plus anciens sont l'*Obra allaors del Benaventurat lo senyor sat Xstofol.* —

Valence, 1498, — et le *Pentateuchus hebraichus*, imprimé sur vélin, — Bologne, 1482.

Parmi les ouvrages avec gravures figure l'*Intrada del Principe O. Fernando infanta de España en Amberes*, — Anvers, 1641, — dessins et enluminures par Rubens; *Arte de scribir*, par Yvan de Yuar, — Saragosse, 1553, — et la *Manzana de oro* (*la Pomme d'or*), comédie italienne de Francisco Sbarra, traduite par le licencié Juan Silvestre Salva, — Vienne, 1663.

Les exemplaires sur vélin, les éditions du xve siècle procèdent de divers pays, de l'Italie principalement : Venise, Rome. De ce côté, je vois les *Constitutiones Clementis V*, un magnifique exemplaire illustré par Jean André, avec miniatures, encadrements en or et couleurs, vignettes, lettres capitales faites à la main; et encore *Compilatio decretalium Gregori IX*, composé dans le même goût et avec le même luxe par Baptiste de Tortis, avec le concours de Bernardi (Boltini).

Mais il ne faut pas oublier que l'Espagne ne doit qu'à elle-même ses principales richesses bibliographiques. Elles sont dans ses incunables qu'on ne retrouve nulle part ailleurs, et dont Valence, Séville, Salamanque, Saragosse, activèrent la publication. Elles sont dans ses archives, dans ses manuscrits grecs, persans, hébreux, arabes.

Sur un point seulement, elle occupe un rang inférieur; ainsi, malgré les superbes spécimens de livres liturgiques, de missels, qu'on trouve à l'Exposition, il paraît certain que ses bibliothèques, ses chapitres, sont moins favorisés, sous ce rapport, que les mêmes institutions en France, en Italie et dans plusieurs parties de l'Allemagne. Cela doit tenir à la négligence qu'on apporta, pendant un temps, à la conservation de ces ouvrages. La guerre avec la France, au commencement de notre siècle, ne fut pas non plus indifférente à cet amoindrissement ; il en est de même des sceaux, auxquels les archéologues ajoutent une si juste importance. Il reste, il est vrai, quelques types très purs des matrices du moyen âge, mais un grand nombre ont disparu. Les autres nations sont généralement plus avantagées, la France et l'Italie principalement. Le Musée de Florence ne possède pas moins de deux mille matrices, qui fournissent des documents de premier ordre [1].

1. Quelle que soit la rareté relative des sceaux en Espagne, on en voit cependant en assez grand nombre à l'Exposition. M. Catalina Garcia, dont je parle dans ce chapitre, en a exposé une collection entière en partie formée de sceaux pontificaux et de sceaux royaux d'une portée historique considérable. Parmi les plus anciens sont ceux des papes Lucien III, Innocent III, Honoré III, Innocent IV, Boniface VIII, Jean XXII, et ceux des rois d'Espagne Alphonse VIII, Ferdinand III (le Saint), Alphonse X (le Sage), etc.

L'usage du sceau remonte à la plus haute antiquité. Les empereurs d'Orient se servaient du sceau d'or ; il y eut également le sceau d'argent et surtout celui de plomb. On en eut également de bronze. A partir du xie siècle, l'usage s'en étant beaucoup multiplié, on employa généralement la cire, à l'état vierge d'abord, et ensuite mélangée de matières colorantes. Suivant les siècles, on employa les cires : blanche (xie), rouge et verte (xiie), bleue (xiiie), rose (xive). La couleur noire fut employée aussi, principalement par les ordres militaires religieux.

En Espagne, on recourait de préférence aux couleurs blanche, jaune et rouge, quelquefois le bleu. La forme des sceaux variait suivant le goût, le caprice ou la fantaisie.

Indépendamment de la collection Catalina, il en est une autre,

Il me paraît, d'un autre côté, que le blason a subi de longue date, en Espagne, les altérations qu'on constate aujourd'hui un peu partout. La fantaisie extra-héraldique envahit rapidement les armes des prélats, des grands seigneurs et celles des villes elles-mêmes. On négligea, soit pour plus d'effet, soit par sentiment, les attributs exacts. Certaines villes ne firent que reproduire leur sceau primitif dans les armes qu'elles gardent encore. Cependant, le sceau et les armes sont deux choses distinctes.

J'ai, plusieurs fois, causé de ces intéressantes matières avec un savant venu tout exprès à Madrid pour des recherches de ce genre, et c'est de lui que je tiens ces renseignements. Il s'appelle Guido Maria Dreves et appartient à la Compagnie de Jésus. Encore tout jeune, il a fait œuvre de bénédictin en restituant l'histoire entière de la poésie liturgique au moyen âge. Il a fouillé, à cet effet, toutes les bibliothèques de l'Europe, les archives des monastères, des couvents, compilant avec une patience angélique les hymnes latines inspirées de tous les rites et contenues dans les missels, les bréviaires, les livres de prière et de dévotion. Son œuvre, publiée à Leipzig par l'éditeur Reisland, compte déjà quinze volumes.

Le R. P. Dreves, ainsi qu'il me l'a raconté lui-même, fut amené dans cette voie de reconstitution générale par l'ouvrage très apprécié que M. Jean Gautier, membre de l'Académie des inscriptions et belles-

appartenant à M. Albert Salcedo, dans laquelle se retrouvent des matrices non moins instructives.

lettres, a publié en France sur la même donnée. Au début, il comptait sur les ouvrages existants déjà pour mener à bonne fin son travail, mais il s'aperçut bientôt que cette source était insuffisante. Dès lors, il entreprit ses voyages et ses recherches. Il débuta par Pragues, vint à Munich, investigua tout le nord de l'Allemagne, parcourut l'Italie, l'Angleterre, le Danemarck, séjourna longuement à Paris. C'est là, m'a-t-il dit, — à la Bibliothèque nationale, — qu'il a trouvé le champ le plus vaste, le plus fécond et le mieux préparé.

L'hymnologie latine part de la forme la plus pure avec saint Ambroise et Prudence. Elle se modifie à la suite; on change l'accent, on supprime la métrique. Au xe siècle, la forme devient barbare : plus d'accent, plus de métrique. Le xie siècle inaugure un progrès nouveau. Au xiie siècle vient la pureté d'une nouvelle forme. On substitue l'accent et la rime à la métrique. Au xiiie siècle éclôt la fleur de la poésie hymnique. Nouvelle décadence aux xive et xve siècles. Au xvie, en unifiant le culte, en imposant le rite romain à toutes les églises, le Concile de Trente supprime ce genre de poésie. En passant par toutes ces phases, on trouve le même charme de sincérité, le même velouté de sentiment, mais les formules sont plus ou moins heureuses. Au demeurant, on est amené à considérer comme le plus grand poète du moyen âge celui dont les *proses* ont en grande partie inspiré chez nous les travaux de M. Léon Gautier: Adam de Saint-Victor.

ACADÉMIES ET UNIVERSITÉS

XXVIII

Lors des fêtes du Centenaire, ma curiosité fut éveillée par une sorte de médaillon de forme quelque peu héraldique, tantôt en or, tantôt en argent, que retenait, sur la poitrine d'un certain nombre de personnages, un cordon coquettement noué.

J'appris bientôt que chacun de ces jolis insignes avait trait à une académie, ou bien à une société savante. Ces dernières sont nombreuses en Espagne; quant aux académies, on en compte six, officiellement instituées à Madrid, qui embrassent le mouvement intellectuel tout entier. Ce sont l'Académie espagnole ou de la langue; celles de l'histoire, des beaux-arts, des sciences exactes, des sciences morales et politiques, et enfin celles de médecine et de chirurgie.

Toutes correspondent aux modèles fournis par notre Institut français, et les deux premières, fondées par Philippe V, ont les mêmes statuts que celle des immortels du palais Mazarin. Il faut également donner une importance à l'Académie de Séville, qui a compté et qui compte encore des écrivains éminents; à celle de Barcelone, qui a parmi ses membres les historiens catalans les plus estimés. L'une et l'autre ont été royalement instituées, la première par Charles III, la seconde par Charles IV.

L'Académie de la langue a pour président le duc de Cheste, qui est en même temps le commandeur général des trois ordres réunis, non sécularisés, de Calatrava, Alcantara, Montessa, sorte de sanctuaire où se perpétuent, dans toute leur pureté, les traditions militaires et religieuses de la plus ancienne noblesse espagnole [1].

On doit à cette Académie un dictionnaire entièrement terminé, en cinq volumes in-folio, avec citations et notes justificatives. Elle a entrepris, en outre, une édition nationale des maîtres classiques. On en est à l'*Araocana* d'Ercilla et aux ouvrages de Lope de Vega. Le chef-d'œuvre de cette collection est le livre des

---

[1]. Comme ordres non sécularisés de chevalerie militaire et religieuse, il existe encore ceux de Santiago, de Saint-Jean-de-Jérusalem et du Saint-Sépulcre. Les conditions d'admission, de ce côté, sont moins rigoureuses, surtout s'il s'agit des deux derniers.

L'ordre de Saint-Jean-de-Jérusalem est le même que celui de Malte, qui se perpétue également en France. Le costume seul diffère un peu. Au lieu de la tunique rouge qu'ils portent chez nous, ici les chevaliers ont l'habit rouge. Le pantalon n'est pas de même couleur.

On connaît l'importance qu'eut autrefois la religion de Malte, les préséances auxquelles avaient droit ses galères. Les vitrines des archives de Alcala de Henares renferment de nombreux documents à cet égard : des privilèges royaux, des bulles pontificales, des lettres des grands-maîtres avec sceau à leur effigie. Il en est de même de la collégiale du Saint-Sépulcre de Calatayud. La plus ancienne pièce qui la concerne est une lettre autographe, datée de 1239, par laquelle l'archevêque de Tarragone accorde trente jours d'indulgence aux fidèles qui visiteront le couvent encore en construction.

Cantiques d'Alphonse Le Sage, ouvrage qui figure, à côté du manuscrit original, dans les vitrines de la Couronne.

L'Académie de l'histoire rend chaque jour des services signalés, grâce aux recherches que font ses délégués dans toutes les archives. Ici, je me retrouve avec des maîtres tels que M. Canovas, le R. P. Fita, MM. Pedro de Madrazo, Édouard Saavedra, à l'autorité desquels j'ai constamment recouru. Cette élite de savants et d'historiens a publié douze volumes de mémoires, une collection des Cortès de Léon et la *España sagrada*, imitation de la *Gaule chrétienne*. Sa revue mensuelle, *le Bulletin*, est particulièrement estimée et recherchée pour les notions exactes qu'elle fournit chaque fois.

Seule, cette Académie est véritablement représentée à l'Exposition. Indépendamment d'un grand triptyque gothico-mudejar et d'un coffret arabe, pièces très curieuses du xive siècle, elle expose plusieurs livres et documents historiques de premier ordre. Le plus suggestif de ces derniers est une lettre du roi Don Manuel de Portugal aux rois catholiques, touchant la découverte des Indes orientales, par Vasco de Gama.

Elle prouve que l'Espagne ne fut nullement hostile aux expéditions portugaises, qu'elle les seconda, au contraire, en fournissant des hommes et de l'argent. On y sent l'esprit d'union qui présida à la conquête, et le but poursuivi en commun de terrasser l'empire turc en le tenant bloqué par l'Inde et par l'Afrique.

Cette lettre révèle, d'un autre côté, la grande pensée politique qu'avait le roi Manuel de réunir le Portugal à l'Espagne, en mariant le prince héritier de la couronne à la fille aînée des rois catholiques. Ce mariage eut lieu, en effet, mais la princesse en qui reposaient d'aussi hautes destinées mourut prématurément, ainsi qu'un fils qu'elle avait eu de son union. En sorte que le trône d'Espagne revint à Jeanne la Folle. Sans ces deux morts, Charles-Quint, vraisemblablement, n'eût été ni roi ni empereur. En revanche, l'Espagne et le Portugal ne feraient peut-être aujourd'hui qu'une seule nation.

Puisque j'en suis aux académies, je ne saurais oublier le deuil qui a frappé, cette année, l'Espagne tout entière, dans la personne de José Zorilla, son grand poète contemporain. Ses œuvres ici ont la même vogue que celles de Victor Hugo en France. Elles ne sont pas, d'ailleurs, sans analogie. Zorilla, lui aussi, était un romantique et, sous ce rapport, il avait incontestablement subi l'influence française ; mais son romantisme revêt une forme à part, et les fougues qui l'emportent sont par-dessus tout espagnoles[1].

On l'a appelé le *dernier trouvère*, et, certes, sa vie et son caractère, par plus d'un côté, ont justifié ce titre. Seulement, ce titre, aussi beau qu'il soit, ne donne qu'une idée incomplète du magnifique patrio-

---

[1]. Il avait été élevé au collège noble des jésuites de Madrid, et dans ce milieu s'était développé le sentiment de grandeur qui ne le quitta plus. Sa première admiration littéraire fut pour Chateaubriand ; il suivit la trace de Victor Hugo, Lamartine, lord Byron. Le trouvère en lui se ressentit parfois du voisinage de Murger. Il habita Paris, et c'est là que plusieurs de ses ouvrages ont été écrits.

tisme qui avait fait de lui un poète vraiment national. Son œuvre lyrique est une épopée hispano-arabe qui joint aux aspirations modernes toutes les vieilles traditions. Les *Chants du trouvère, Grenade, Marie,* la *Légende du Cid,* les *Drames de l'âme,* l'*Album d'un fou,* sont la synthèse d'une race. Or il en est de même de l'œuvre dramatique dans laquelle, sous une forme plus familière, on sent vibrer l'âme d'un peuple tout entier.

Aussi, avec quel enthousiasme ce peuple suit les représentations des ouvrages qui l'identifient de la sorte ! Toutefois, il en est un qui prime les autres, même le *Cordonnier et le roi,* et celui-là, on l'a deviné, c'est *Don Juan Tenorio,* drame de séduction en huit actes, dont l'auteur a placé la légende à la fin du règne de Charles-Quint. Il prime les autres, ai-je dit ; il les écrase, il les tue, tellement que, depuis 1844, époque où fut représentée pour la première fois cette pièce, Zorilla ne retrouva jamais succès pareil.

Ce succès, depuis, est resté inépuisable. Chaque année, au mois de novembre, les théâtres espagnols reprennent ce drame et le jouent quinze fois de suite. La recette est assurée ; ils ne désemplissent pas. *Don Juan Tenorio* l'emporte sur toutes les nouveautés ; il n'est pas de Castillan tant soit peu lettré qui ne sache par cœur et ne puisse réciter les principales tirades, soit du rôle du séducteur, soit du rôle de Doña Inès. Il n'est pas de milieu interlope où l'on n'entende à tout instant se renouveler le cri du cœur avec lequel dame Brigitte, gouvernante de la jeune fille, emporte l'odieux salaire qu'on vient de lui donner : « *Adios, ricco Don Juan!* »

On raconte que Zorilla, se trouvant à la Havane, fut une fois invité chez un riche planteur, qui ignorait son nom tout autant que sa qualité. On célébrait la fête de la maîtresse de la maison, et l'on avait préparé comme spectacle une représentation de *Don Juan Tenorio*.

Elle eut lieu. Et ce qui pouvait sembler flatteur pour le poète eut instantanément les proportions d'une déconvenue. Le principal interprète était un nègre, et ce nègre dénaturait abominablement la langue.

Zorilla se contint, évitant de froisser ses hôtes ; son supplice, seulement, devenait de plus en plus aigu. Tous ses vers étaient impitoyablement mutilés, sa pensée odieusement caricaturée dépouillait tout relief, et l'harmonie tant cherchée de ses tirades n'était qu'une cacophonie.

Il résista ainsi, pendant trois actes, aux colères rentrées qui le faisaient bouillir. Au quatrième, il n'y tint plus. Le nègre venait d'attaquer les stances du rendez-vous d'amour avec Inès, et il en faisait véritablement litière. Et pourtant elles sont si jolies !

> *Ah! no es cierto, angel de amor,*
> *Que, en esta apartada orilla,*
> *Mas pura la luna brilla,*
> *Y se respira mejor?...* [1].

---

[1]. N'est-il pas vrai, ange d'amour, que, dans l'endroit solitaire où nous sommes, la lune brille plus claire et que l'on y respire mieux ?

C'en était fait. Le poète avait bondi sur la scène et, prenant à la gorge cet odieux Don Juan, il le poussa dans la coulisse, en rugissant l'anathème : « *Quita, bandido, quita!* » — Bandit, retire-toi !

En même temps, le poète, avec son pur accent castillan et cette belle voix sonore qui lui valut de vrais triomphes à l'Athénée de Madrid, récita les enjôleuses stances. Tout l'auditoire tressaillit d'admiration à ce nouveau langage.

La compagne du planteur, ce jour-là, eut une fête qui, à coup sûr, est restée mémorable, et c'est l'auteur de *Don Juan Tenorio* lui-même qui en fit l'ornement.

Je n'ai jamais eu occasion de rencontrer Zorilla, comme il vivait encore. Je l'ai vu après sa mort, lorsqu'il fut exposé en cercueil dans la salle des séances de l'Académie espagnole, qui le comptait pour membre. Sur le frac noir dont il était revêtu et le plastron blanc de sa chemise tranchait le grand-cordon de Charles III. Il me parut que le poète, de son vivant, était petit de taille, qu'il avait les traits affinés et un nez aquilin ; son visage, au dernier repos, gardait une noble sérénité. Ses cheveux, sa longue impériale, dans leur blancheur tragique, donnaient grand air à sa dépouille.

Son deuil fut national. Le lendemain, tout Madrid assistait à ses funérailles. Les milices municipales étaient sous les armes. Les délégués de l'État, la municipalité, les administrations tenaient la tête du cortège, ainsi que toutes les sociétés savantes. Les massiers, les gendarmes, les musiques militaires, le défilé des carrosses de la cour créaient un pittoresque étrange.

Le char funèbre, attelé de dix chevaux caparaçonnés, empanachés de noir, disparaissait sous les fleurs. De toutes parts, la foule était immense, et les gardes à cheval, le sabre au clair, avaient peine à ouvrir un passage à travers ses rangs de plus en plus épais.

XXIX

Les centres universitaires sont suffisamment nombreux, mais ils sont loin d'égaler la gloire que s'acquirent autrefois Salamanque, Alcala et Tolède.

L'enseignement, dès le xv° siècle, eut le même essor que la politique, les arts, toutes les industries. Les progrès qu'il amena, les chefs-d'œuvre qu'il enfanta ne le cèdent en rien à tous ceux que nous avons déjà envisagés.

L'Université de Salamanque jette son premier éclat dès Alphonse Le Sage. C'est lui qui avait convoqué dans cette ville les savants jurisconsultes qui rédigèrent *Las siete partidas*, le premier code qui ait été formulé en Castille. Il est basé sur l'union des lois divines et humaines et, par conséquent, sur l'union des pouvoirs spirituel et temporel. Le même roi eut encore l'initiative de corriger les *Tables astronomiques* des anciens savants et d'en composer de nouvelles, qui, depuis, ont porté son nom.

Au XVIIe siècle, il y avait à Salamanque cinquante-deux chaires, dont l'enseignement embrassait toutes les branches alors connues du savoir humain. Bien avant cette date, le nombre des élèves s'élevait à près de dix mille.

L'histoire des universités d'Espagne a été écrite de nos jours par un savant académicien, M. Vincent de la Fuente; mais cet ouvrage, aussi utile qu'il soit, n'est pas encore complet. Dans un travail dont j'ai déjà parlé [1], le R. P. Castets fournit sur ce sujet des notes très instructives qu'il a recueillies, la plupart, à l'Exposition. Il s'est principalement attaché à faire ressortir, d'après les actes mêmes, le bienfait qu'apporta dans les sciences, les lettres et l'enseignement en général, le cardinal Ximénès de Cisneros lorsque, le 23 mars 1513, il fonda l'Université d'Alcala.

« C'était l'époque, dit le R. P. Castets, où la science, l'art et l'industrie savaient, *sans violentes secousses*, écarter les frontières et abaisser les montagnes. » Pour montrer le zèle scientifique du cardinal-ministre d'État, l'écrivain rappelle les chefs-d'œuvre typographiques dus à son initiative, d'abord la *Bible polyglotte*, six volumes in-folio sur vélin, avec ornements dorés, pour l'impression de laquelle avait été appelé tout exprès Guillaume Brocart.

« Cisneros avait recours pour la diffusion de la science à l'industrie de toutes les nations. On raconte qu'il entreprit à ses frais la publication des œuvres

---

[1]. Articles publiés par la revue : *Les études*.

del Tostado, le savant évêque d'Avila, et que, ne pouvant les faire imprimer dans sa ville d'Alcala, il délégua Alonzo Polo, chanoine de Cuença, pour aller les éditer à Venise. Il n'entendait rien à l'exclusivisme national ; au contraire, il ouvrait toutes grandes les portes du royaume aux auxiliaires venus de par delà les monts. Ainsi, en 1500, Pierre Hegembach imprimait à Tolède le *Missel mozarabe*. En 1491, Paul de Cologne et Jean de Nuremberg imprimaient à Séville les *Vies de Plutarque*, traduites par Alonzo de Palencia. En 1456, à Grenade, Jean de Nuremberg publiait la *Vie du Christ*. »

C'est encore à Cisneros qu'on doit la publication, dans le but d'encourager et de faciliter l'étude de la médecine, des œuvres d'Avicence. Non seulement il éditait, mais encore il collectionnait. C'est de lui que sont venues la fameuse *Bible grecque*, la *Bible hébraïque*, une *Bible visigothe* du VIIIe siècle, ainsi que des incunables vénitiens que possède aujourd'hui la bibliothèque de l'Université centrale. Ces trésors manuscrits et imprimés figurent à l'Exposition.

« L'une des plus étonnantes merveilles de la foi et de la vitalité nationales, dit au sujet de ce développement le R. P. Castets, est cet épanouissement d'universités qui fleurissent sur un sol encore humide des flots de sang répandus dans la guerre de l'Indépendance, au lendemain d'une lutte de huit siècles. L'Espagne, que l'on croyait épuisée, se relevait étincelante de jeunesse et se plaçait à la tête des nations par l'empire des sciences et des arts. A n'en point douter, la meilleure part des gloires de cette entreprise de haute civilisation revient à l'Église, parce que la raison doit nécessairement éclairer les abords de la foi. Toutes les universités de la couronne de Castille, de Biscaye et de Navarre sont fondées par des membres du clergé ; celles de la couronne d'Aragon, quoique d'origine municipale, doivent également leur accroissement et leur éclat au clergé de ce pays. »

Des considérations de cette sorte montrent incontestablement le parti que l'écrivain religieux entend tirer de sa thèse ; néanmoins, il faut reconnaître que les faits précités ressortent tous d'une donnée historique dont les preuves tangibles sont ici à la portée de tous. Ils modifient déjà la figure si austère, si sombre et souvent si implacable que les historiens prêtent au ministre de Ferdinand le Catholique. Certains ajoutent même à sa physionomie un reflet qu'on était loin d'attendre, en établissant que le cardinal eut sans cesse la préoccupation de faire participer les classes pauvres aux bienfaits de l'enseignement.

A l'Exposition, les actes constitutifs et les statuts de l'Université d'Alcala attestent tous cette tendance. Même pour le *Colegio mayor* de Saint-Alphonse, spécialement affecté à l'éducation des grands et de la noblesse, il était stipulé que douze étudiants pauvres y trouveraient constamment place et suivraient les mêmes cours. La fondation principale embrassait douze collèges, en souvenir des douze apôtres ; chez tous, la même part était faite aux déshérités. Il y avait, en outre, six autres collèges institués en l'honneur des soixante-douze disciples ; chacun recevait le même chiffre d'étudiants pauvres. Bien plus, il était entendu que tous les revenus excédant les besoins des maisons de l'Université seraient employés à la fondation de nouvelles écoles ayant pour but de répandre l'enseignement chez le peuple et dans les basses classes.

Ces dispositions, comme on voit, sont d'une haute portée philanthropique ; elles ont même un vernis de démocratie qu'on peut trouver étrange dès qu'il s'agit de cette époque. On les comprend, toutefois, si l'on considère de près le promoteur, si l'on tient compte de la lutte qu'il avait entreprise dans un but d'unification politique et religieuse.

La conquête définitive des rois catholiques n'avait pas aplani en un coup les difficultés intérieures de la Péninsule. Quoique soumis, les Maures entretenaient encore l'espoir de reprendre leur empire. Se fiant, sans doute, sur leur nombre et sur leur prospérité financière, les Juifs affectaient un esprit de révolte dont nulle part, depuis, ils n'ont donné l'exemple. Il n'était pas jusqu'aux instruments de la conquête, les feudataires et les féodaux, qui ne fussent pour la monarchie un sujet de méfiance et de constante suspicion.

De toutes parts, il importait donc de comprimer la révolte, de rapprocher, de fusionner les races, de niveler autant que possible les castes, de dominer les turbulences de tous, et d'arriver, à la faveur d'un joug impitoyable, à l'unité voulue d'une grande nation.

Cette tâche était de celles qu'un homme exceptionnel seul peut remplir, et cet homme fut Ximénès de Cisneros, un franciscain longuement pénétré de l'esprit de son ordre, mais ayant à part lui la colossale intuition de l'empire à venir. Cardinal et homme d'État, austère comme un moine, immuable dans ses desseins, il poursuivit le but avec une volonté de fer. Insouciant de ses ennemis personnels, toujours prêt à leur pardonner, il était sans merci pour tous ceux qu'il considérait comme les ennemis de l'Église ou de l'État. Il fauchait les obstacles, c'est le cas de dire, et il les fauchait si bien que son manteau rouge était parfois comme un reflet de son œuvre !

Et pourtant, à côté de cette intransigeance farouche, il apportait dans sa vie la préoccupation constante du génie civilisateur; il avait lui-même ce génie, et il savait l'appliquer à tous les progrès avec un libéralisme et une générosité qui contrastent de la façon la plus surprenante avec les rigueurs de sa formidable politique.

Sous ce rapport, il semble par plus d'un côté, malgré sa physionomie tout autre, avoir réalisé un modèle dont plus tard, en France, s'inspira Richelieu. L'œuvre d'unification entreprise par ce dernier ne fut pas, d'ailleurs, sans analogie avec la sienne. L'Éminence rouge française, de même que l'Éminence rouge ibérique, eut à abattre bien des têtes pour fonder un pouvoir absolu et briser les entraves apportées par la féodalité. Indépendamment du protestantisme, il avait aussi contre lui la maison d'Autriche et l'occupation espagnole. Il ne vint pas à bout de toutes les difficultés, il ne rompit pas tous les obstacles, mais son action nous valut le règne de Louis XIV en ce qu'il a de plus glorieux.

Comme Cisneros, Richelieu suivit la voie des sanglantes répressions. Dès qu'il ne pouvait pas unifier par les armes, il unifiait par la main du bourreau. Seulement, sa politique, cauteleuse et dominée par l'intrigue, ne sut pas revêtir la grandeur tragique de celle du premier. Celui-ci se montra toujours insouciant de lui-même, et l'autre s'admirait dans tout ce qu'il faisait. Cisneros ne prenait aucunement garde à un ennemi personnel, et il lui faisait noblement grâce s'il l'avait sous la main. Richelieu, lui, plaçait ses haines personnelles au-dessus des intérêts de l'État ; bien plus, il mettait un raffinement féroce à atteindre et frapper non seulement ses ennemis, mais encore tous ceux qui pouvaient lui déplaire.

Aussi vif qu'ait été l'éclat rendu par l'Université fondée par Cisneros, il ne faut pas oublier que celle de Salamanque, anciennement, prima toutes les autres. Elle était le point lumineux sur lequel s'orientaient les papes et les souverains dans les questions les plus délicates, principalement celles de droit. Innocent III, Alexandre VI, Clément VI s'inspirèrent tour à tour de ses arrêts pour les actes les plus importants de leur pontificat. Ses savants et les ouvrages émanés d'eux faisaient autorité dans l'Europe entière. On s'égaya, il est vrai, parfois, des travers et des manies que certains affectaient, mais cela n'enlève rien à la haute renommée qu'ils s'étaient longuement acquise.

Dans les assemblées générales (*le claustro*), tenues par les professeurs, au milieu des discussions les plus transcendantes, il n'était pas rare de voir surgir les petites querelles qu'engendre la rivalité. Dans une circonstance semblable, en 1562, eut lieu une violente altercation entre Louis de Léon et Léon de Castro au sujet de la place que devait occuper leur chaire respective. Il est, d'ailleurs, prouvé qu'ils différaient d'avis sur des points autrement essentiels, ceux de l'exégèse principalement. Un manuscrit que j'ai vu relate le second procès qu'eut, toujours sur ce sujet, Fray Louis de Léon avec le Saint-Office. Ses ennuis, de cette part, n'eurent pas la gravité qu'ils pouvaient entraîner. On prouva, à son endroit, que la science était déjà relativement libre. N'importe, il était imprudent de trop s'aventurer.

De nombreux bienfaiteurs concoururent à la prospérité, non égalée depuis, de Salamanque. Un des plus généreux et des plus magnifiques fut l'antipape Pierre de Luna (Benoît XIII), un pontife moyen âge, entaché de schisme, il est vrai, mais une personnalité dont le relief est, actuellement, une séduction pour la science historique. Tout récemment encore, une revue allemande lui consacrait une étude dont la compilation documentaire est un monument de recherches. Un peu avant, en Espagne, l'antipape Luna avait eu pour promoteur le R. P. Mullé de la Cerda, chapelain de Sa Majesté Catholique, qui, avec les pièces à conviction fournies par les exposants, avait donné une conférence, particulièrement applaudie, au palais de la Bibliothèque.

Alliée à la maison royale d'Aragon, la famille de Luna résidait à Hiblueca, dans un château dont on peut voir encore les ruines. C'est là que naquit l'antipape, en 1335 ; c'est là également qu'il fut enterré dans un tombeau spécialement construit pour lui, après une existence qui ne fut pas sans agitation, mais qui ne fut pas non plus sans gloire.

On raconte que, étant tout jeune, il prit une part active à la bataille de Najera, du côté de Don Enrique, — avec lequel se trouvait, comme on sait, notre héros national Duguesclin, — contre les troupes victorieuses de Pierre le Cruel. A la suite, à l'exemple des Aragonais qui se vouaient à l'étude, il fit son droit à Montpellier et entra dans les ordres.

Il n'était pas encore prêtre, lorsque Grégoire XI le fit cardinal, en 1375. Il fut l'ami de Clément VII, qui le nomma légat d'Espagne, et c'est alors qu'il favorisa les arts et les sciences en comblant de bienfaits l'Université de Salamanque. Élu pape à Avignon, à la mort de Clément VII (1394), il prit le nom de Benoît XIII, et fut assez heureux pour se faire reconnaître par Charles VI, roi de France, par l'Université de Paris, ainsi que par plusieurs États. Malheureusement il se trouvait en concurrence avec deux autres papes, l'un nommé à Rome, l'autre à Florence.

Les trois s'anathématisaient à qui mieux mieux.

Le concile de Constance vint mettre ordre à cet état de schisme. Les papes de Rome et de Florence firent leur soumission, et on leur substitua Martin V. Pierre de Luna, lui, ne voulut pas se démettre ; il continua magnifiquement à occuper son siège à Avignon, en prenant pour défense cette parole désormais historique : « Les hommes ne sauraient m'ôter ce que Dieu m'a donné. »

Il persévéra ainsi dans sa révolte, toujours grand, généreux, essentiellement lettré, artiste, d'une austérité de mœurs irréprochable, pendant les longues années qui précédèrent sa mort. Soutenu comme il l'était par un grand nombre de partisans, il se fit illusion jusqu'à la fin et rien ne put ébranler la foi qu'il avait en lui. Après maints voyages, il revint en Espagne; saint Vincent Ferrier l'accompagnait comme confesseur. Il mourut à Peniscola, dans un château bâti à l'embouchure de l'Èbre, en 1424; il avait quatre-vingt-neuf ans. Inhumé à Hiblueca, comme je l'ai dit, sa sépulture existait encore en 1808, époque à laquelle elle fut détruite par les soldats de Napoléon Ier. On retrouva cependant la tête du squelette. Elle est conservée actuellement dans une crypte du château de Savignac, en Aragon, chez le comte d'Argillos, qui, lui-même, descend de l'ancienne famille de Luna.

Au sujet de cet antipape, dont la crosse figure à l'Exposition, Gerson, l'auteur de l'*Imitation de Jésus-Christ*, qui vivait dans le même temps, a dit : « Il n'y a que l'éclipse de cette *lune fatale* qui puisse donner la paix à l'Église. » Il est certain que son obstination causa un trouble considérable; mais sa conviction, la dignité de sa vie, ses œuvres, sa magnificence, sont pour sa mémoire autant de circonstances atténuantes. On comprend que les historiens modernes, à commencer par M. Mullé de la Cerda, se soient épris de cette figure étrange autant que sympathique [1].

[1]. L'Université d'Alcala, de nos jours, n'existe plus; on l'a fusionnée avec l'Université de Madrid, qui la remplace. Les centres d'université actuels, indépendamment de Madrid, sont Salamanque, Barcelone, Grenade, Oviédo, Santiago, Séville, Valence, Saragosse et Valladolid.

FRANCE ET TUNISIE

XXX

Je ne saurais différer davantage l'examen des envois de France, de la chère patrie que nulle nation ne remplace, alors même qu'on trouve loin d'elle les plus nobles et les plus belles sensations.

Pour que la France occupât ici une place vraiment digne d'elle, il eût fallu la participation de nos grands collectionneurs, de nos cathédrales, comme aussi celle de nos musées et des institutions d'État.

Parmi tant de manifestations annoncées par le programme du Centenaire, on eut peut-être le tort de ne pas suffisamment préciser l'importance qu'allait avoir un déploiement de souvenirs et de fastes anciens. Les Américains, il est vrai, consentirent spontanément à déplacer des trésors ethnographiques, mais ces trésors n'avaient pas la fragilité des objets précieux émanés de nos civilisations.

Il faut se rappeler aussi que S. E. le duc de Mandas [1], quel que fût son zèle, n'avait put obtenir

---

[1]. Le duc de Mandas a été, depuis, remplacé à l'ambassade d'Espagne à Paris par S. E. D. Fernando de Léon y Castillo, dont les

de l'Etat français une participation générale. Ce n'était pas faute de bonne volonté de la part du gouvernement ; on se heurtait simplement à une question de budget. La manifestation navale était décidée en principe. Notre compatriote, M. le marquis de Croizier, fut alors chargé de préparer et d'assurer notre participation privée aux expositions et congrès du Centenaire, d'abord en qualité de délégué général et ensuite comme commissaire du ministère de la marine et des colonies.

A ce double titre, il institua à l'ambassade d'Espagne, à Paris, un *Comité central du Centenaire,* plus une *Commission centrale* composée des membres de l'Académie des beaux-arts et de critiques les plus experts en la matière. A son appel se formèrent, en province, cent trente-sept comités, dans lesquels entraient des préfets, des amiraux, des généraux, des prélats, des magistrats, ainsi qu'une élite de savants, de collectionneurs et d'artistes. Les fonctionnaires furent ministériellement autorisés à en faire partie.

L'élan était donné et les résultats semblaient assurés. On comptait sur une collection de vieux émaux de Limoges, composée de pièces uniques. La ville de Caen offrait ses ivoires et ses faïences ; le baron de Rothschild promettait une part de ses collections. Le duc de Valençay allait envoyer un portrait authentique de Colomb, provenant de la collection du prince de

bons offices, ainsi que ceux de son prédécesseur, sont également de nature à resserrer les liens de deux nations qui ont tant d'intérêt à vivre étroitement unies.

Talleyrand ; le comte Roselly de Lorgues, le vénérable doyen des écrivains français, historien du révélateur et promoteur de sa béatification, annonçait également un célèbre portrait du même. On comptait encore sur une collection de vases péruviens appartenant au comte de Sartiges et sur maints autres objets promis de différents côtés.

Par malheur, au dernier moment surgirent des difficultés quant aux frais de transport et aux garanties incomplètement spécifiées, sans doute, qu'on avait espérées de la part du ministère espagnol. Les choses en restèrent là.

Cependant un bon nombre de nos compatriotes n'en persévérèrent pas moins dans leur adhésion première. Grâce à leur concours, le marquis de Croizier put, — dans des conditions sensiblement réduites, il est vrai, — pourvoir à la représentation française aux deux expositions de Madrid. Après avoir obtenu un courant très sympathique en faveur des manifestations, il séjourna durant quatre mois en Espagne, vaquant aux occupations multiples que lui assignait son mandat, servant les intérêts de nos nationaux et correspondant de son mieux à l'attente qu'ils avaient en lui. A son départ, il me fit l'honneur de me choisir pour son suppléant, et c'est en cette qualité reconnue par la *Junta directiva*, présidée par M. Canovas, que je suis resté attaché à l'Exposition historique. A la formation du jury, j'en ai été élu membre en assemblée générale des délégués de toutes les nations.

De ce côté, la participation française la plus notable

est venue de la ville de Reims, grâce, il faut le dire, au président de son comité, M. Ernest Irroy, qui, lors de la difficulté survenue en premier, n'hésita pas à prendre à sa charge des frais devant lesquels avaient reculé la plupart des autres comités. Ses sacrifices sont allés plus loin encore, et tel représentant qui avait pleinement bénéficié de ses largesses s'est conduit depuis envers lui avec la dernière ingratitude. On n'est jamais trahi que par les siens.

Consul d'Espagne à Reims, M. Ernest Irroy est surtout connu comme grand propriétaire viticole, comme bienfaiteur de toutes les sociétés de bienfaisance, comme zélateur des cercles savants et artistiques de la région. J'ai eu le plaisir de faire sa connaissance à Madrid, où l'avait amené dernièrement son goût passionné pour les arts, principalement la peinture et la sculpture. Il est l'ami d'enfance et l'intime de notre grand artiste Paul Dubois, auprès duquel il est intervenu pour l'acquisition de la statue équestre de Jeanne d'Arc, qui s'élèvera un jour sur la place du Parvis-Notre-Dame, à Reims.

On connaît l'histoire de cette statue et le culte patriotique que le maître sculpteur a voué à l'héroïne. Depuis longtemps elle entre dans sa conception, est l'objet de son principal labeur. Nul n'a certainement oublié la vive sensation que fit un premier modèle exposé, il y a trois ans, au Salon des Champs-Élysées. Justement, M. Frémiet avait, non loin de là, une reproduction de sa Jeanne d'Arc de la place des Pyramides de Paris. L'effet obtenu par le modernisme de

M. Dubois fut intense, mais controversé. Il devint manifeste que le cheval de la vierge de Domremy avait plutôt l'allure d'un cheval attelé que celle d'un cheval monté.

Le maître est tellement supérieur qu'il comprit lui-même que son œuvre était à modifier. Depuis, il a employé son labeur et ses veilles à réaliser l'idéal qu'il poursuit. Une persévérance comme la sienne ne saurait être déçue. Sous sa main opiniâtre, la Jeanne d'Arc a subi une transformation, revêtu une physionomie nouvelle. Et c'est la ville de Reims qui l'a acquise pour en faire le monument commémoratif de la délivrance française, le symbole de nos souffrances passées et celui de nos aspirations présentes. L'artiste ne sera que faiblement récompensé de ses longs efforts, mais sa gloire sera grande. L'an prochain, on verra au Salon la Jeanne d'Arc de la ville du sacre prête à occuper, triomphante, la place qui lui est assignée.

Parmi les envois à Madrid de la municipalité de Reims sont des ouvrages rares, datés des xve et xvie siècles, appartenant à la bibliothèque de la ville : un *Aqualilum animalium historiæ*, avec les armes du cardinal de Lorraine; six livres du second « advènement » de N. S., avec un traité de saint Basile, du Jugement de Dieu, etc., par Jacques de Billy, abbé de saint Michel en l'Aiz, ouvrage décoré aux initiales et aux armes du roi Henri III. Suivent quelques objets empruntés au musée, entre autres un portrait de Louis XIV, par Nanteuil, le célèbre graveur rémois, et un panneau d'étoffe, très curieux comme tissu, provenant de la sépulture des rois de Castille.

M. Petitjean, président de la Société des amis des arts de Reims, et maire de la Neurillette, joint à sa personnalité le goût et le discernement d'un dilettante. A eux seuls, ses envois constituent une collection à laquelle le jury a accordé un diplôme d'honneur en récompense. Elle abonde en objets de choix ; on y remarque surtout un très beau buste en bronze issu de l'art florentin, une vierge du xiie siècle, une plaque d'émaillerie bizantine, qui est un document, ainsi qu'une croix processionnelle en cuivre doré, ciselée et émaillée sur les deux faces, procédant de même style. Les souvenirs ayant trait aux règnes de Louis XIII, Louis XIV, Louis XV, Louis XVI s'y retrouvent en grand nombre. Sous ce rapport, elle excède parfois la limite imposée par le règlement. Émaux, ivoires, étoffes, vêtements, tableaux, miniatures, ouvrages céramiques, pièces d'orfèvrerie multiplient ses attractions.

Personnalités éminentes sous tous les rapports, collectionneurs non moins distingués, M. le baron Chandon de Briailles et M. Ernest Irroy, dont j'ai déjà parlé, suivent le même éclectisme et professent le même entraînement pour les objets les plus divers. L'un et l'autre ont obtenu une médaille d'or, et leurs envois, par plus d'un côté, ont une caractéristique attachante à laquelle on ne peut rester indifférent.

M. Chandon de Briailles doit son succès à ses croix gothiques, ses vases sacrés, à des coffrets émaillés à des reliquaires à une plaque céramique du xiii⁰ siècle, à une statue de reine de France du xv⁰, à des médaillons et autres pièces anciennes.

Indépendamment d'objets également suggestifs, dans un autre ordre, M. Ernest Irroy a fourni un document précieux avec plusieurs tableaux, dont la peinture relate l'art byzantin et nous fait remonter à l'école de Grèce.

La curiosité, d'ailleurs, s'attache de sa part aux plus menus envois, et trahit la recherche habile à laquelle il faut rapporter la trouvaille d'un coffret, revêtu d'une sorte de stuc, dans lequel un artiste plein de dextérité a buriné en relief une décoration charmante, faite d'ornements italiens finement encadrés, et complétée sur le devant par deux petits cadres où deux personnages nus, presque pompéiens, cueillent des fleurs symboliques.

Pareille bonne fortune est échue à M. Chandon de Briailles, avec un autre coffret en bois dont le japonisme primitif emprunte à la gravure et à l'incrustation des couleurs un reflet intense et une harmonie exquise.

Ces deux ouvrages, grâce à leur originalité, ont obtenu une distinction qui vaut à elle seule une récompense. Par l'intermédiaire du comte de Valencia, le musée de Kensington a fait demander leur reproduction photographique, ainsi que celle du panneau d'étoffe provenu de la sépulture des rois de Castille et appartenant au musée de Reims. De la même distinction a été l'objet un tableau peint avec une précision géographique et représentant le siège de Rhodes par les

Turcs. — Il appartient à M. Chandon de Briailles. En ma qualité de subdélégué général, c'est moi-même qui ai donné l'autorisation pour ces divers tirages, me réservant d'aviser les intéressés d'un fait qui ne pouvait que leur être agréable.

Parmi les exposants de Reims, je dois encore citer les envois, dont plusieurs sont très remarquables, de Mme de Chemery, et encore ceux de MM. Henry Bailly, Ernest Brunette, Émile Dufay, Édouard Hervé, Charles Norizet, Paul Simon. Ce ne sont parfois que des cartes de visite, mais cela marque toujours une sympathie à laquelle l'Espagne ne saurait être indifférente.

XXXI

Le ministère de la marine a envoyé des outils et des armes remontant à l'âge de pierre et faisant partie de l'exposition permanente des colonies. L'arsenal de la marine de Toulon figure pour des boucliers Renaissance italienne, un canon en fer forgé, se chargeant par la culasse, du xive siècle, et un fusil en fer forgé, datant de la même époque.

La bibliothèque de Brest est représentée dans une série de livres rares des xve et xvie siècles. La municipalité de la même ville a fourni une collection de médailles en argent, en cuivre et en bronze, avec des effigies d'un grand nombre de célébrités princières.

Après avoir mentionné le zèle des personnalités d'élite qui composent les comités de la Loire-Inférieure et du Puy-de-Dôme, je nommerai sans ordre les principaux exposants. Tout d'abord, je trouve le nom si sympathique de M. le baron de Baye, et celui de M. le vicomte de Poli, un confrère de lettres qui eut l'honneur, au mois de novembre dernier, à Séville, d'offrir à la reine régente Marie-Christine un magnifique album que lui envoyaient de Paris les titulaires français des ordres nationaux espagnols.

Le nom de M. le marquis de Granges de Surgères me rappelle un de nos plus aimables compagnons de voyage, à Huelva, et je ne saurais oublier la belle prestance avec laquelle je lui ai vu porter son habit rouge de chevalier de Malte, sous la coupole étincelante du salon des ambassadeurs de l'Alcazar de Séville, à une réception à laquelle nous avions été conviés au nom de Sa Majesté Catholique.

Comme président du Comité de la Loire-Inférieure, M. le marquis de Surgères a écrit une brochure relatant les travaux de ses collaborateurs et rappelant les veilles traditions qui rapprochent la Bretagne de la nation espagnole ; les alliances de ses ducs avec des princesses des maisons royales de Navarre et de Castille, l'intervention des célèbres guerriers bretons dans les luttes soutenues par les Espagnols, Duguesclin entre autres, celle bien antérieure de Geoffroy, évêque de Nantes, qui convoqua « sa harelle » et partit, en 1212, pour la croisade contre les Maures de la Péninsule.

Ce fait ne fut pas d'ailleurs isolé, et j'ai déjà dit comment, sur divers points, fut suivi le même mouvement. Les colonies françaises, à la suite, abondèrent en Espagne. Par contre, il se fonda des colonies espagnoles en deçà des Pyrénées. Celle de Nantes fut une des plus importantes. De 1566 à 1647, on compte dans cette ville quatre maires qui étaient d'origine espagnole, d'autres furent *sous-maires* ou échevins.

Comme principaux exposants viennent encore M. Pierre Hôpital, de Clermont-Ferrand ; M. Gabriel Gravier, de Rouen ; M. de Herluison, d'Orléans ; M. Léon Boluix, de Perpignan ; M. Alphonse Couret, d'Orléans ; M. le baron Hulot de Collart, de Nantes ; Mme Marguerite de Pelacot, de Clermont-Ferrand ; M. Auguste de Beau, de Nantes. Et encore MM. Auguste Boutique, Stanislas Guénot, Amédée Constance, Émile Kerros, Ambroise Tardieu, Manuel Delorme, Perthuis Laurent, Jules Carof, Antoine Bouchet, délégué du Puy-de-Dôme, en même temps que mon excellent ami M. le baron de Barghon de Fort-Rion, avec lequel j'ai vécu dans la plus étroite camaraderie durant le séjour qu'il fit à Madrid, à l'automne dernier.

Ancien zouave de Lamoricière, un des héros de Castelfidardo, il vit aujourd'hui retiré dans son château de Fort-Rion (Puy-de-Dôme), où il occupe son temps à célébrer, en véritable poète, les souvenirs guerriers de notre histoire. Il a publié récemment un poème intitulé : *Jeanne d'Arc,* dans les vers duquel vibre le chauvinisme le plus ardent et le plus pur. On sent là que le troubadour a vraiment calotte de zouave !

Correspondant de l'Académie royale de Madrid, depuis quinze ans, quand vint le Centenaire, il s'employa avec fièvre à obtenir les concours de l'Auvergne et du Bourbonnais, soit en recueillant des adresses, soit en recrutant des exposants. A Madrid, il correspondait avec les journaux de province et célébrait les fêtes, chaque jour renouvelées, auxquelles il avait part.

C'est en sa compagnie et en celle de M. Gaston Routier que je fus admis à présenter mes hommages à S. M. la reine de Portugal, lors de sa visite à la famille royale d'Espagne : le comte de San-Miguel avait obtenu pour nous cette insigne faveur, et c'est lui-même qui, après nous avoir mandés un matin au palais, nous présenta.

La jeune reine, très en beauté comme toujours, eut pour nous les mots les plus aimables. Elle nous exprima sa gratitude pour le bien qu'on disait d'elle dans la presse. Elle s'entretint avec Fort-Rion de la résidence de Randan [1], où s'était en partie écoulée son enfance. Elle se souvint à mon égard de ce que je portais un nom « ami de sa famille [2] ». En terminant, elle ajouta avec un reflet de mélancolie qui voila un instant son heureux sourire : « Je n'oublierai jamais mon beau pays d'origine. »

1. Château situé dans le Puy-de-Dôme, où séjournait le comte de Paris lorsqu'il était en France.
2. Les Molènes figurent aux croisades parmi les lieutenants généraux de saint Louis. (*Histoire de saint Louis*, par Joinville.)

Pendant les quelques minutes qui s'étaient écoulées ainsi, dans le salon où nous nous trouvions, avait afflué le personnel intime de la cour. Après nous avoir donné sa main à baiser, la reine Amélie alla rejoindre le nonce du pape qui venait d'arriver. S. M. Marie-Christine, auguste, simple, affable, était à quelques pas de nous, entourée de hauts personnages. Elle s'entretenait avec M. Canovas, alors premier ministre.

C'était l'heure du déjeuner. S. M. le roi de Portugal, qui venait de passer une revue, entra ; les deux reines se rejoignirent. Le cortège, formé sur leurs pas, disparut bientôt dans les salons, en remontant...

Je ne saurais omettre de parler des envois de la mairie de Rouen : un tableau représentant Christophe Colomb recevant les bulles du pape, ainsi qu'un portrait à l'huile du grand explorateur. La Société de géographie de la même ville a également envoyé des pièces très instructives ayant trait la plupart à la découverte du nouveau monde. D'un ordre non moins savant dans leur genre sont les moulages que M. Fernand Mazerolle, savant paléographe, a fait d'une série de jetons conservés à la Monnaie de Paris et qui appartinrent à Anne d'Autriche et à Marie-Thérèse [1].

Enfin, je terminerai cette nomenclature par les curieux spécimens de ferronnerie exposés par l'abbaye de Fécamp; des coffrets gothiques, des serrures et des

---

[1]. M. F. Mazerolle a fait le voyage de Madrid et a visité l'Exposition. Il a publié sur ce sujet plusieurs articles remarqués dans la *Gazette des Beaux-Arts*.

clefs Renaissance, entre autres une, dite du *Dauphin*, qui est, comme travail, d'une exquise élégance.

La Tunisie est encore la France. Son histoire est tout entière dans les reproductions dues au service des antiquités et des arts, en tête duquel est placé, à Tunis, un de nos meilleurs graveurs de Paris, renommé pour ses travaux et ses restitutions archéologiques, M. Sadou.

Ces reproductions embrassent les collections du musée Alaoui (Bardo), celles du musée de Saint-Louis de Carthage, les monuments de l'école antique, les monuments et les habitations arabes. On y voit les mosaïques de tous ordres, les sculptures, les faïences, les terres cuites, ainsi que les objets provenus des fouilles du R. P. Delâtre, depuis la période païenne jusqu'à la période chrétienne, en passant par les périodes punique et romaine.

Depuis que je suis en Espagne, où je ne comptais passer qu'un mois ou deux mois tout au plus, — or il y aura bientôt un an que j'y suis retenu, — je suis allé chaque jour visiter les deux salles qui sont la *réduction modeste* de la mère-patrie. Ce n'est pas le devoir qui m'y appelle, car de ce côté mon office est rendu indifférent par les soins toujours aimables et assidus de l'administration générale, mais j'ai fait de cette visite une question de sentiment.

Et ce sentiment ramène, chaque fois, dans mon esprit non seulement la pensée des personnes chères, des confrères dont je vis séparé, mais encore celle des

Français avec lesquels le tourbillon du Centenaire m'a tenu un instant en rapports. Dans mon isolement actuel, je retrouve ainsi la vision des fêtes premières à Cadix, à Huelva, à la Rabida, à Séville, sous un ciel dont le rayonnement enveloppait d'une splendeur le rapprochement de l'univers autour de la mémoire du grand navigateur.

Dans ce va-et-vient perpétuel, on avait vite fait connaissance. La gaieté française, comme on peut supposer, ne perdait pas ses droits. J'ai déjà nommé bien des compatriotes ; de nouveaux noms se recommandent d'eux-mêmes à ma plume. Parmi les plus sympathiques, les plus vivants, il me reste à citer M. Georges Bastard, membre du comité de la Société des gens de lettres, délégué du comité du Centenaire, rédacteur au *Temps*. M. Bastard ne se contenta pas d'être un des plus assidus au Congrès de Huelva, il suivit encore tous ceux qui, à la suite, eurent lieu à Madrid, le congrès littéraire principalement. Rien, à part sa bonne camaraderie, n'égalait son zèle et son érudition.

Puisque j'ai parlé du *Temps*, qu'il me soit ici permis d'acquitter une dette de reconnaissance envers M. Adrien Hébrard, directeur de ce journal universellement lu et estimé. Avant de partir de Paris, je lui avais écrit pour le prier de vouloir bien, en sa qualité de syndic de la presse, attester mon ancienneté comme journaliste. M. Hébrard était absent, mais, à peine de retour, il m'a écrit une lettre qui m'a rejoint en Espagne et qui est pour moi une des plus belles récompenses qu'un chef éminent puisse accorder à la vie de labeur d'un de ses subalternes.

Parmi nous se trouvait aussi le sculpteur Soldi, dont il n'est plus besoin de vanter la distinction, le mérite et le talent. C'est lui qui, de nos jours, a réconcilié la peinture avec la sculpture et qui les force à vivre en plus belle harmonie que jamais. L'*Actéon* qu'il exposa, il y a trois ans, au Salon des Champs-Élysées, en est une preuve immédiate.

Un confrère, M. Gaston Routier, représentant de l'Agence Dalziel, apportait dans un autre groupe une bonne humeur juvénile et une fièvre d'informations qui ne lui laissaient pas un instant de repos. Il correspondait avec *le Figaro*, *le Soleil*, assaillait la poste, le télégraphe, et, malgré sa myopie intense, guidé par un lorgnon, obstiné, opiniâtre, il ne se trompait jamais de guichet. C'est lui qui se fit l'éditeur, à Paris, d'une nouvelle fantaisiste d'après laquelle le jeune roi Alphonse XIII faisait des pieds de nez à un représentant d'Haïti, pendant l'inauguration, à la Rabida, du monument de Christophe Colomb[1].

En sa qualité de Périgourdin, le comte de Saint-Saud se signalait entre tous par sa verve inépuisable[2]. Il était logé à Huelva, chez des particuliers.

1. Ce ministre s'appelait Desroches ; il a été rappelé depuis. Son successeur, à Madrid, comme chargé d'affaires, avec rang de secrétaire, est M. Ernest Gentil. Il était du voyage également. Un de nos compatriotes, M. Gaston Hervy, qui est à l'Exposition, secrétaire du R. P. Fita pour la correspondance française, fait partie, comme auxiliaire, de la même légation.
2. J'ai appris, depuis, que M. le marquis de Fayolles, directeur du musée archéologique de Périgueux, avait un instant pris part à cette

Il nous donna, à cette occasion, une soirée dans laquelle il fit exécuter par son propriétaire, sa famille et ses amis toutes les danses andalouses. Savez-vous comment finit le bal? Par une bourrée d'Auvergne que dansèrent les jeunes filles de la maison avec une grâce sévillanne et un entrain charmant. Un Nantais entreprenant et jovial, M. Bacqua, qui était avec nous, profita de la circonstance pour acheter, séance tenante, tous les accessoires de musique et se faire ainsi une collection de castagnettes et de tambours de basque. Encore un peu il eût acheté les mantilles des dames de la maison.

Le jour de l'inauguration, à la Rabida, nous nous trouvions à bord du *Pelago*, navire de la Compagnie Transatlantique. Un vieillard grand, maigre, voûté, aux cheveux blancs taillés longs, à l'air éminemment scolastique, attira tout d'abord notre attention. Sous un imperméable noir, négligemment brossé et boutonné, il laissait entrevoir les palmes vertes de l'Institut français avec lesquelles M. Oppert nous avait

---

odyssée. Je n'ai pas eu la chance et l'honneur de le rencontrer, mais je sais qu'il a publié un opuscule intitulé : *Exposition rétrospective de Madrid*, dans lequel sont formulés avec une rare concision des jugements qui attestent chez lui les plus hautes connaissances et une parfaite distinction comme homme de goût.

Dans la salle occupée par la Tunisie est une vitrine où le musée impérial de Constantinople expose de très belles lampes de céramique turque et de verre vénitien. Par malheur, le voyage a été funeste à ces envois, et les plus belles pièces, arrivées en morceaux, ont dû être rajustées. Les inscriptions, la plupart, sont des invocations à Allah. Il en est une ainsi conçue : *Comme une étoile brillante, cette lampe éclaire avec l'huile de l'arbre béni.*

en premier familiarisés. C'était M. d'Abbadie, le seul qui eût été appelé en Espagne à titre d'*invité*, titre qui a ses prérogatives. Il était accompagné de sa femme, dame âgée comme lui et que les fatigues du voyage paraissaient éprouver cruellement.

Elle n'était pas seule à souffrir, car elle portait dans ses bras, avec une sollicitude éplorée, un pauvre cacatois lamentablement dépouillé sous le ventre de son plumage blanc. Par une bizarrerie de la nature, il avait la peau très noire et ressemblait ainsi, à part le bec, à une dinde truffée. Lui aussi, sans y être invité, cet oiseau des tropiques avait quitté les bords de la Seine pour venir sur le Rio Tinto saluer la mémoire du Révélateur.

La brise ayant fraîchi sur le tard, M. d'Abbadie et sa famille allèrent se blottir contre la paroi de la chambre de chauffe, à l'endroit le plus brûlant de laquelle la compagne du maître maintenait par force le perroquet devenu incandescent.

Et quelqu'un, particulièrement cruel, n'hésita pas à dire :

— Mme d'Abbadie *étrangle* son cacatois !

XXXII

Les bibliothèques, principalement celle de Madrid, les archives, les musées, les exposants particuliers eux-mêmes ont fourni de nombreux autographes de personnages historiques illustres ou célèbres. Des papes, des saints, des empereurs, des rois, des princes, des prélats, tous les hommes, en un mot, qui ont joué un rôle important figurent parmi ces envois dont la donnée, par malheur, n'a souvent qu'un intérêt médiocre.

Je n'ai pas la prétention de passer en revue ces multiples spécimens et encore moins celle de discerner si l'écriture tombée de tant de mains correspond, dans les signes, au caractère que les historiens ont tracé des individus. Il y en a de Pie V, de sainte Thérèse, de Jésus, de saint Charles Borromée, de Charles-Quint, de Philippe II, des reines, des infantes, de Gonzalve de Cordoue, du duc d'Albe, des cardinaux Lope de Mendoza, Granvella, Cisneros, Alvaro de Luna.

Pie V était un calligraphe de premier ordre, et la régularité de son écriture offre un type accompli. Il n'en est pas de même de Ferdinand le Catholique, dont les écrits sont presque indéchiffrables ; ses successeurs semblent, eux aussi, très indifférents à la manière dont ils tenaient leur plume. Gonzalve de Cordoue, le grand capitaine, la brandissait, lui, comme si c'eût été un sabre ; sa correspondance ressemble à une charge de cavalerie. Ce ne sont que jambages forcenés, des poussées en avant, des poussées en arrière, des majuscules furibondes.

Son tempérament est là. Cette autographie rappelle un dicton encore usité en Espagne : *La cuenta del Gran capitan* (le compte du grand capitaine). Gonzalve de Cordoue avait conquis le royaume de Grenade sur les Maures et le royaume de Naples sur les Français. Un jour, il prit fantaisie à son souverain de lui demander les états justificatifs de son administration militaire et l'emploi qu'il avait fait des sommes qui lui avaient été allouées.

Le grand capitaine était prodigue autant que brave. Il riposta par un document qui existe encore, m'a-t-on dit, au musée d'artillerie de Madrid, et par lequel sont établis ses comptes à peu près de la manière suivante : « Je ne réponds ni des chiffres ni du texte. » — Les victoires remportées, les villes prises y étaient l'objet d'évaluations fantastiques comme services rendus. Venaient ensuite des emplois de fonds tels que ceux-ci : « Les pioches, les pieux, les pelles pour travaux de siège et autres : vingt millions de douros ; pour avoir fait sonner les cloches après mes victoires, cinq millions de douros. Pour achat de désinfectants dans le but de chasser la mauvaise odeur des cadavres, quinze millions de douros. »

Balance faite, l'État redevait une somme énorme au général tant de fois vainqueur. Rien n'avait été omis par ce dernier, pas même la mention suivante : « Pour avoir eu la complaisance d'obtempérer au désir d'un souverain qui profite de mes conquêtes et qui encore a le... *toupet* de me demander des comptes, deux cent mille piastres ! » — En Espagne, on dit : *La cuenta del gran capitan* de tout compte dont les chiffres sont exagérés, de même qu'on dit chez nous, en pareil cas : « C'est un compte d'apothicaire. »

Don Juan d'Autriche était hésitant, incertain, comme effrayé à la vue d'un encrier. Le duc d'Albe, gouverneur des Flandres, en revanche, écrivait d'une façon féline, comme un chat qui pelote, étirant ses lettres, les prolongeant, les effilant. A certains endroits, on dirait que cet homme terrible était femme et qu'il donnait un rendez-vous. C'est pourtant lui qui se découvrait avec respect chaque fois qu'il passait devant une potence, en disant : « Je te salue, bois de justice, le seul représentant de Dieu sur la terre ! »

Cervantes, Calderon, Tirso de Molina, Guillem de Castro, Guevara, Quevedo, Lope de Vega, avaient une écriture moyenne un peu tremblée, mais interlignée régulièrement. Cervantes et Calderon, avec moins de symétrie, appuyaient *davantage*. Tirso de Molina gardait la plume agile ; Quevedo affectait une belle main, Guevara aussi ; Guillem de Castro écrivait large.

Les trois premiers de ces écrivains sont comme le point de départ et les maîtres initiaux de la littérature espagnole, dont le retentissement, comme on sait, a été extrême, surtout en France, à un moment. Chose singulière, sur ces trois, deux sur la fin, Lope de Vega et Calderon, entrèrent dans les ordres. L'un devint chanoine de la cathédrale de Tolède, l'autre chapelain de la confrérie de Saint-François. Quant à Cervantes, il est avéré qu'il en eût fait de même, si la persévérance que mit à vivre doña Catalina de Palacios, son épouse, ne lui avait fermé toute issue de ce côté. Il se borna à faire profession dans le tiers ordre de Saint-François.

On voit, suivant cela, l'influence qu'exerçait la religion sur les esprits les plus élevés des xve et xvie siècles. Et chez nous il en fut de même, puisque Ronsard, venu plus tard, suivit le même exemple sur ses vieux jours. Au reste, on ne saurait oublier l'influence qu'exercèrent les maîtres espagnols sur notre littérature nationale avant la réforme définitive. C'est d'eux que s'inspirèrent les précieux et les précieuses de l'hôtel Rambouillet à l'heure où ils rendaient de signalés services à notre langue, où ils édictaient les lois d'une politesse qui, à la longue, s'imposa à tous les peuples. Charles d'Angennes, marquis de Rambouillet, mari de Catherine de Vivonne et père de la divine Julie, duchesse de Montausier, avait été ambassadeur de France en Espagne.

Des mêmes maîtres, surtout de Lope de Vega, s'inspira notre grand Corneille lorsque, à ses débuts, il fit de la *Jeunesse du Cid* la pièce que nous connaissons tous? N'est-ce pas de Cervantes que s'inspira également Le Sage, lorsqu'il écrivit *Gil Blas, Estévanille Gonzalès, le Bachelier de Salamanque* et *Guzman d'Alfarache*, directement imité du roman d'Aleman? N'est-ce pas de ce même roman d'Aleman que Chapelain lui-même, l'auteur de la *Pucelle ou la France délivrée*, fit une traduction exacte à laquelle il dut son premier succès[1]?

1. Par mes soins, la *Pucelle* de Chapelain, adaptée au français moderne, et bien supérieure à la réputation que lui fit Boileau, figure aujourd'hui en tête de la collection des *Épopées nationales*, que possède la librairie Flammarion. — Paris, 26, rue Racine. 2 volumes in-18, comprenant le poème entièrement revu, précédé d'une étude sur l'auteur, sa vie, ses œuvres, et les motifs de la haine qu'avait Boileau contre lui.

Certes, ces écrivains espagnols n'eurent pas un goût irréprochable, mais le souffle, la fougue, la flamme, l'enlevée leur créent une physionomie à part. Ils étonnaient, ils charmaient, ils passionnaient. Si le ridicule coudoya souvent leurs héros, ils surent eux-mêmes rester grands par l'étrangeté, le sentiment, l'invention. Le *Don Quichotte* de Cervantes rayonne toujours d'un même éclat au-dessus de leurs œuvres innombrables. On y trouve la synthèse grossie de l'humanité, ses élans généreux, ses travers, ses ridicules. C'est une épopée universelle qu'on ne se lassera jamais d'admirer, et qui, dans le présent comme dans l'avenir, n'aura pas sa pareille.

Je dois la communication d'une foule d'actes authentiques touchant Cervantes et sa famille à M. Manuel de Foronda, membre de la Société de géographie de Madrid et auteur d'un ouvrage : *Cervantes viagero*, qui occupe un rang particulièrement distingué parmi les innombrables biographies qu'on a du grand romancier. M. de Foronda est l'écrivain espagnol dont il est fait mention dans le livre de notre compatriote M. Charles Yriarte sur César Borgia [1].

[1]. En France, nous avons les *moliéristes*; en Espagne, les *cervantistes* ne sont pas moins infatigables.

Certains biographes ont fait naître le romancier dans la petite ville d'Alcazar. L'acte de naissance sur lequel on basait cette assertion a été reconnu faux. Suivant acte authentique que j'ai vu, il naquit à Alcala de Henares, le 9 octobre 1547.

On possède des pièces relatives à sa captivité en Afrique et à sa libération, entre autres une liste des captifs rachetés en 1580, dans laquelle il figure. Ces pièces mentionnent Alcala de Henares comme son lieu de naissance.

Doña Catalina de Salazar Palacios, sa femme, naquit à Esquivas,

A force de recherches dans les registres des paroisses et dans les études des notaires, ce savant infatigable a reconstitué l'état civil des membres de la famille Cervantes, depuis les actes de naissance, les contrats de mariage, jusqu'aux actes de décès. Tous ces documents sont à l'Exposition. Il manque toutefois le testament dont il est fait foi dans l'acte de décès du romancier, et c'est à sa recherche que M. de Foronda consacre désormais ses loisirs.

Entre autres pièces curieuses, je lui dois également d'avoir vu l'acte de décès de Feliciano de Sylva, chapelain du roi, mort en 1610, et auteur de la *Celestina*, un état de la débauche en Espagne, qui a fait longuement sensation. Une première *Celestina*, roman dialogué, avait déjà provoqué une vive attention au xve siècle. Ce recueil initial eut pour auteur Rodrigo Cœta.

le 12 novembre 1565. Elle avait dix-neuf ans le jour de son mariage. Elle mourut le 31 octobre 1636. Elle institua un service commémoratif et fit une fondation de trois cents messes.

Isabelle Cervantes, fille du romancier, se maria en premier lit avec Diego Sanz, dont elle eut une fille. Elle se remaria avec Luiz de Molina, dont elle devint veuve encore une fois.

Les pièces retrouvées prouvent que Cervantes vécut toujours dans l'aisance. Il avait eu pour protecteur le comte de Lemos, qui mourut à Madrid en 1622.

LES DOSSIERS DE L'INQUISITION

XXXIII

Aux envois de la Bibliothèque nationale sont associés ceux des institutions du même genre, à commencer par les bibliothèques de l'Université centrale, de Séville, de Grenade, de Salamanque, de Cordoue, de Santiago, de Valladolid, de Tolède, toutes pourvues d'ouvrages offrant la plus grande rareté et la plus vive attraction. Viennent en même temps les archives, au premier rang desquelles se placent celles de Simancas, uniques en ce qui a trait à la conquête du nouveau monde et en ce qui touche aux règnes de Philippe II, Philippe III, Philippe IV.

Les archives centrales de Alcala de Henares, instituées par décret royal rendu en 1878, occupent dans la localité de ce nom un palais monumental qui appartint aux archevêques de Tolède, et qui reflète à lui seul toutes les phases de l'architecture espagnole au moyen âge et pendant la Renaissance. C'est là qu'ont été réunis en masse compacte les papiers d'État, les annales judiciaires et administratives, celles de la cour de Castille, de divers ordres de chevalerie, des jésuites, et enfin celles de l'Inquisition.

Les dossiers de ce tribunal sanglant et terrible figurent au nombre de deux cent trente-huit à l'Exposition. Ils ont trait à l'Inquisition des deux dernières décades du xve siècle à la Ciutad-Real, à Tolède et à Guadalupe. Au premier rang de la vitrine, il en est un en marge duquel est dessinée une échelle dont la silhouette éveille la pensée du supplice le plus souvent usité pour forcer les aveux. Quel sombre appareil d'instruments de torture ce croquis, parfois renouvelé en d'autres dossiers, rappelle! Que de larmes, que de tourments, que d'angoisses sont attachés à ces traits de plumes qui semblent tombés d'une main distraite sur le papier jauni!

On a beaucoup écrit sur l'Inquisition, presque toujours sous l'empire de passions diverses. L'histoire a, je crois, beaucoup à faire de ce côté pour établir la juste mesure. Par malheur, on est tellement divisé, même de nos jours, sur cette troublante question, que la vérité sera lente à venir, ou du moins à être acceptée de tous.

Suivant M. de Maistre et le docteur Hefele, qui l'un et l'autre sont éminemment dignes de faire autorité, cette institution était purement politique, et partant innocente de toute persécution ecclésiastique. D'autres écrivains, à la suite de Llorente, auteur de l'*Histoire critique de l'Inquisition d'Espagne*, dirigent à ce sujet les attaques les plus virulentes contre les papes et font rejaillir sur l'Église une grande part de responsabilité.

Ce double courant, entretenu par le manque de

sources authentiques, n'a pas été étranger au mouvement d'assidues recherches qui se produit désormais touchant l'Inquisition et le rôle qu'elle a joué en Espagne comme en Amérique. Les savants Madrilènes apportent à l'accomplissement de cette tâche une persévérance et une impartialité qu'on ne saurait trop louer de leur part. Le premier de tous, le R. P. Fita a publié dans le *Bulletin de l'Académie de l'histoire* des bulles pontificales, jusque-là inédites, qui, à elles seules, semblent jeter un jour nouveau sur la question et modifient sensiblement l'idée qu'on s'était faite du sanglant tribunal auquel est attaché le nom fameux de Torquemada.

Cette publication tend à établir que le pape Sixte IV avait été circonvenu par l'intrigue politique, lors de la bulle par laquelle il institua la première Inquisition en Espagne, en 1478. Cette bulle, « frauduleusement » obtenue, n'a jamais eu le caractère canonique. Elle donne, sans *restriction*, au roi Ferdinand et à la reine Isabelle, le pouvoir vindicatif de l'Église contre les hérésies. Elle leur laisse la faculté de nommer, *à leur gré*, les inquisiteurs *apostoliques*, de les déposer et de les *substituer*, sans qu'il soit besoin pour cela de consulter les évêques.

La bulle, — vraiment canonique, celle-là, — ayant trait à la seconde institution, date de l'année 1482.

Le même pontife y condamne les abus et les cruautés qui ont déjà été commis. Il semble disposé à supprimer les inquisiteurs, mais, en considération pour les rois, il les tolère et les excuse. Il veut que ceux qui sont nommés par le Saint-Siège agissent d'accord avec ceux nommés par les évêques et restent sujets à l'autorité de ces derniers.

C'est à la suite de cette bulle très restrictive, par rapport à la première, que l'Inquisition fut instituée en Castille. Elle existait plus anciennement en Aragon, mais là aussi elle fut réorganisée sur des bases nouvelles. L'Assemblée inquisitoriale de Séville, tenue en 1484, fut le point de départ de ce nouvel ordre de répression. La même année, les tribunaux de Tolède, Saragosse, Valence, Grenade, Logrono, inaugurèrent leurs assises. Plusieurs inquisiteurs généraux avaient été nommés. Bientôt leur autorité fut reportée sur la tête d'un seul, c'est-à-dire sur celle de Thomas Torquemada, prieur de Santa-Cruz. Il appartenait à l'ordre de la réforme de Saint-Dominique, dont avaient fait partie les premiers inquisiteurs dans l'Aragon. C'est là qu'il s'était distingué lui-même par ses fougues et son zèle emporté. Devenu le confesseur des rois catholiques, il dut avoir part aux intrigues qui provoquèrent l'Inquisition; dans tous les cas, il en fut le plus infatigable organisateur. Le pouvoir dont il était investi, quand il eut écarté les autres inquisiteurs généraux, ne laissa pas de causer un vif mécontentement. Son impopularité provoqua des troubles sur divers points, notamment à Saragosse. Son despotisme n'en devint que plus menaçant et de jour en jour plus implacable. Pendant dix-huit ans, son nom retentit comme un glas dans tous les autodafés. Il mourut le 16 septembre 1498, laissant un nom qui est encore particulièrement abhorré en Espagne.

En principe, on trouve dans l'institution dont il s'agit l'action combinée du pouvoir spirituel et du pouvoir souverain pour combattre l'hérésie et comprimer ses fougues insurrectionnelles. C'est ainsi qu'elle apparaît, en France, dans la lutte contre les Albigeois, dès le commencement du XIIIe siècle. Si l'on fait la part de certaines époques, on l'admet à la rigueur comme agent d'unification religieuse et politique, ou plutôt comme arme momentanée de combat. En revanche, on ne saurait innocenter, surtout dès qu'il s'agit de l'Espagne, sa durée anormale de plus de trois siècles, et les excès dont furent à la longue victimes les gens de toutes classes et de toutes catégories[1].

---

1. Dès qu'il s'agit de cette époque, il ne faut pas non plus oublier que, loin d'être un fait exclusivement politique ou religieux, l'absolutisme s'étendait à tous les partis et entrait dans les mœurs des individualités elles-mêmes. Étant donnée cette prédisposition générale à la violence, l'Inquisition, dans l'origine, fut plutôt un motif de terreur qu'une cause véritable d'étonnement.

On me raconte qu'un écrivain arabe du XVIe siècle n'hésita pas à reconnaître que cette institution était excellente en principe, seulement il aurait voulu que les chrétiens tournassent exclusivement contre eux une arme aussi parfaite. Presque en même temps, un auteur chrétien proclamait, avec une égale chaleur, la vertu du principe en lui-même; seulement, il se montrait indigné de ce que l'Inquisition ne se bornât pas à faire brûler vivants les Maures et les Juifs.

Calvin, lorsqu'il instituait la Réforme à Genève, n'était pas moins absolu. Il en usait avec les catholiques, comme ceux-ci en usaient avec l'hérésie. C'était un prêté pour un rendu. Les passions partout étaient les mêmes. Bien des convoitises les entretenaient.

XXXIV

L'Inquisition instituée sous les rois catholiques, — je l'appellerai l'inquisition moderne pour la distinguer de l'ancienne, — inspira un zèle si ardent, si emporté, que ses juges semblaient être tenus en dehors de toute considération humaine. Il n'en est pas moins vrai qu'ils mirent au-dessus des intérêts véritables de l'Église un système d'accaparement et de spoliation presque exclusivement profitable au pouvoir souverain. A mesure qu'ils amoindrissaient par leurs excès l'influence morale de l'épiscopat, ils emplissaient les caisses des biens de leurs victimes. Il en résulta une prospérité financière qui ne fut pas étrangère au magnifique développement que j'ai constaté déjà; néanmoins, l'intrigue par laquelle les inquisiteurs amenèrent l'expulsion générale des Juifs en 1492, et plus tard celle des Maures, engendra fatalement une décadence qu'il aurait été aisé de prévoir, si l'on avait tenu l'avenir en meilleure considération.

Nul n'ignore que l'Inquisition moderne, en Espagne, fut, dès l'origine, spécialement dirigée contre les Juifs. Il est important de remarquer que le commerce immense que faisaient ces derniers au xive siècle avait concentré dans leurs mains une grande partie des richesses de la Péninsule. Le crédit que cela leur donnait avait facilité leur ingestion aux affaires auprès des rois de Castille et d'Aragon ; d'un côté, Alphonse XI, Pierre Ier, Henri II ; de l'autre côté, Pierre IV et Jean Ier. Ainsi que le constate Llorente lui-même, les chrétiens qui pouvaient rivaliser d'industrie avec eux étaient presque tous devenus leurs débiteurs.

Cet état de choses avait engendré un antisémitisme qui gardait à peine sa raison d'être, puisque les Juifs, sous la pression de l'Inquisition précédente, avaient en grand nombre abjuré leur culte et reconnu la foi catholique.

Ce seul fait correspondait au but d'unification poursuivi. On ne pouvait, il est vrai, attendre une soumission absolue de la part de la génération à laquelle avait été imposée une dure contrainte, mais avec le temps il y avait lieu d'espérer que les divergences achèveraient de disparaître.

Torquemada et les siens étaient trop armés en guerre pour s'accommoder de ce dénouement pacifique. Profitant de ce que l'Inquisition était primordialement instituée contre l'hérésie, ils s'en prirent d'abord aux Juifs convertis. Multipliant ensuite les prétextes, ils s'attaquèrent à la masse israélite et, comme ils ne pouvaient prétendre détruire inquisitorialement la race entière, ils recoururent à l'expulsion. J'aime mieux Dominique de Guzman exterminant les Albigeois et comprimant une insurrection à main armée. Le Saint-Office est encore justifiable quand il s'en prend à un ordre militaire comme celui des Templiers.

Huit cent mille Juifs durent quitter l'Espagne, emportant leurs trésors, leurs industries, et rompant, par le même fait, l'activité commerciale qu'ils entretenaient. Quel qu'eût été le bénéfice des autodafés, il faut reconnaître que ce déplacement soudain ne pouvait manquer d'avoir de graves conséquences, car les Juifs espagnols, à ce moment, représentaient une sorte d'élite. Au vide causé par leur éloignement vint s'ajouter la disparition des Maures qui, eux-mêmes, étaient susceptibles de rendre de signalés services, et dont la soumission ne pouvait être douteuse, puisqu'ils avaient abjuré en grande partie.

L'expulsion des Juifs comme celle des Maures furent des actes impolitiques dont la responsabilité incombe tout entière à l'Inquisition. A la faveur de la compression exercée en premier, on avait obtenu un courant d'abjurations qui, après avoir résorbé les races dissidentes, les eût invinciblement fusionnées en un seul peuple. Avec beaucoup de sagesse et de longanimité, il était, par extraordinaire, possible de réaliser ce but, et l'Espagne n'aurait pas été privée, comme elle le fut, des éléments les plus actifs d'une prospérité durable. En outre, la question juive serait peut-être entrée ainsi dans une voie d'aplanissement général faite pour épargner au monde contemporain de nouvelles agitations et de nouveaux troubles.

Ce double écart de l'Inquisition espagnole devait en amener bien d'autres. Enhardie par la terreur qu'elle inspirait, profitant du mystère dont elle s'environnait, elle apporta dans le monde catholique une compression non moins grande et souvent inconsidérée. Elle s'attaqua à des souverains eux-mêmes, à des saints, à des princes, à des prélats, aux savants, à tous ceux que la préoccupation du progrès humain portait vers l'inconnu, ou seulement à la recherche des vérités les plus probables. Tous furent également accusés d'hérésie, malmenés comme relaps, apostats, ou bien taxés de sorcellerie, d'imposture, et, comme tels, soumis aux épreuves les plus cruelles.

En somme, il apparaît que les inquisiteurs s'étaient affranchis de tout joug, avaient formé un État à part et créé un ordre de choses dont leurs instigateurs, tous les premiers, avaient grandement à se soucier sans entrevoir le moyen ou plutôt sans avoir la force de s'en affranchir. Là est l'explication la plus simple, la plus logique de la durée d'un tribunal extra-judiciaire qui, tout abhorré qu'il fût, s'est perpétué jusqu'au commencement de notre siècle.

Les dossiers qui sont à l'Exposition nous ramènent à la période la plus sanglante de ce système de compression trop longtemps employé en Espagne. Ils montrent la vérité toute nue à celui qui la cherche sans passion et sans haine. Or, la vérité qui sort de ce puits de ténèbres est de celles qui causent une vive surprise et une douloureuse émotion. Je me suis, à différentes reprises, longuement entretenu de ce passé terrible avec le R. P. Fidel Fita et M. Ramon Santa-Maria, secrétaire général des archives de Alcala de Henares. Ils ne partagent, je le sais, ni l'un ni l'autre mon opinion, cependant les publications qu'on leur doit sur ce sujet ne sauraient la changer entièrement[1].

Dans ses *Études historiques*, le R. P. Fita a lui-même laissé voir le vice des dossiers, en publiant *in extenso* le procès du *Santo niño de la Guardia*, procès dont l'importance détermine nettement la procédure aussi passionnée qu'incomplète des juges de l'Inquisition. Il a trait à un des crimes le plus souvent reproché aux Juifs, celui du rapt d'un enfant pour le vouer, en haine du Christ, au supplice de la croix, à l'occasion des fêtes de Pâques. Le retentissement qu'eut cette affaire en 1489, 1490 et 1491 contribua pour une part à la mesure d'expulsion générale qui fut prise l'année suivante.

Dans ce procès intenté au Juif Franco, à plusieurs membres de sa famille et à ses amis, figurent tour à tour les noms des sommités inquisitoriales de l'époque : Torquemada, Petrus de Mendoza, Alonso de Guevara, Pedro de Villada, Lopez de Cigalas. L'accusation semble, en effet, basée sur un attentat et des profanations véritables, mais ni l'instruction, ni les interrogatoires, ni les témoignages, ni les aveux obtenus par force n'établissent une certitude. On est surpris du néant de cette procédure, au cours de laquelle il n'est question que des actes du tribunal et où n'apparaît la défense que sous une forme contrainte et entièrement effacée.

---

[1]. Mon opinion est toute personnelle, je le répète ; elle n'engage en rien l'autorité des savants que je nomme.

XXXV

Ce vice de procédure se retrouve dans la plupart des dossiers auxquels est attachée l'étiquette : *Por Judaizante*. Il est certain que les crimes qu'ils relatent existèrent en plus d'un cas ; pourquoi dès lors ne s'appliquait-on à les démontrer, à les prouver et à rendre ainsi plus justifiable aux yeux de tous l'effroyable façon dont ils étaient punis ?

Dans le secret où l'instruction et les formalités judiciaires étaient tenues, les représentants du Saint-Office avaient puisé un absolutisme farouche. Du moment que le grand inquisiteur et le procureur fiscal s'étaient prononcés, le jugement était prévu à l'avance, et les débats, le plus souvent, n'apportaient aucune modification. Il n'était point permis à l'avocat défendeur de prendre communication des pièces du procès ; il ne pouvait communiquer en particulier avec son client. Le réquisitoire n'était jamais transmis par écrit à l'accusé. Quant aux dépositions des témoins, on n'en tenait compte qu'autant qu'elles étaient à charge. Grâce à la torture, le tribunal était presque toujours fondé à dire : « *Habemus confitentem reum.* »

Ces implacables sévices ne sont pas sans excuses. On doit tenir compte, je le répète, des passions emportées de l'époque, du but d'unification poursuivi. Il faut considérer également que certaines sectes juives, par des pratiques occultes qui n'étaient que trop réelles, avaient parfois exaspéré les chrétiens. Seulement, on exagéra beaucoup les faits de cette nature, on multiplia les spectres, on affola les esprits. Les crimes dont la rumeur fut si grande et qu'on revoyait partout en imagination n'étaient qu'individuels; ils eurent pour auteurs des fanatiques, des hallucinés. Or, on en fit l'objet de représailles qui dépassent toute proportion ; de plus, on en fit la condamnation, et cela bien impolitiquement, d'une race entière que les événements accomplis rendaient, par exception, aisément résorbable.

J'ai sous les yeux l'énumération des griefs qui provoquèrent la mesure d'expulsion, en 1492. C'est un pauvre réquisitoire où la légende entre pour une part; par contre, il faut admettre l'importance qu'on donnait alors à de simples faits divers. On ne doit pas oublier comment, en Allemagne, on traita les sorcières, et le nombre extraordinaire qu'on en brûla vivantes, pour quelques-unes qui avaient véritablement exercé ce grotesque métier? Nous-mêmes, en France, ne comptons-nous pas Jeanne d'Arc, c'est-à-dire la personnification la plus pure et la plus héroïque de la patrie, parmi les victimes d'un tribunal constitué dans la même forme que ceux qui affligèrent l'Espagne de pareils deuils?

Étant donné le système de compression qu'on avait si cruellement adopté, ici on ne s'explique pas l'expulsion en masse. On accusait, il est vrai, les Juifs de conspirer contre la tranquillité de l'État, de s'être insurgés à Tolède, d'avoir pratiqué des mines, provoqué des explosions de poudre, semé des chausse-trapes ; mais ces griefs ne sont pas suffisants pour engager la responsabilité de huit cent mille individus. On invoquait, en même temps, la loi du code appelée *las partidas*, édictée en 1255 par Alphonse X, et dans laquelle il est question de la coutume qu'avaient les Juifs d'enlever les enfants des chrétiens et de les crucifier le Vendredi Saint, en souvenir de la mort du Christ.

Pour préciser à cet endroit, on rappelait qu'un enfant avait subi ce supplice à Saragosse, en 1250 ; un autre à Valadolid, en 1452 ; un autre, en 1454, sur les terres du marquis de Almarza ; un autre, en 1458, à Spulveda, et enfin un autre dont j'ai déjà parlé, à la Guardia, en 1489. A ces attentats il faut ajouter les violations de tabernacles, les profanations d'hosties, les outrages aux symboles du culte chrétien...

Des faits semblables sont certes de nature à indisposer les esprits et à provoquer des représailles. Cependant on remarquera qu'en général ils manquent de substance et qu'ils sont relativement rares en ce qu'ils ont de précis. On vit une tendance de race dans les ferments isolés de révolte, on vit un crime commun à tous dans celui de quelques fanatiques. L'Inquisition avec ses tribunaux était plus que suffisante pour venger ces attentats ; pour y mettre fin, l'expulsion était parfaitement inutile.

Maintenant, il est incontestable que les pratiques occultes, reprochées aux Juifs par la loi d'Alphonse X, ont existé en Espagne. Elles ont été établies suffisamment pour que le doute ne soit plus permis à cet égard. Toutefois, elles font exception, et leur responsabilité incombe individuellement aux sectaires qui s'en rendaient coupables. On a dit parfois que certains textes mystérieux du Talmud semblent les admettre et les autoriser. J'ai consulté sur ce point le R. P. Fita, qui possède à fond la langue hébraïque et qui est le plus expert en tout ce qui a trait à la question. « Dans le véritable Talmud, m'a-t-il dit, il n'y a rien qui appelle et justifie ces crimes. »

Ces crimes, ou du moins les attentats sur la personne des enfants, sont fréquents en Espagne comme en d'autres pays. On n'en saurait conclure, ainsi qu'on aurait fait autrefois, que les Juifs soient les seuls coupables. Les aberrés peuvent appartenir à n'importe quelle religion, quand par hasard ils en ont une. Sous peu de jours viendra l'affaire du *Niño de l'Escurial*, dont le retentissement, cet hiver, a été extrême. L'enfant avait été ravi à sa famille le jour de la Noël; je passe les détails. Il y a quelques années, on s'émut non moins fort, à Madrid, d'une affaire également tragique, horrifiante même, classée sous la mention : *les Enfants du canal;* je passe la légende. Les Juifs n'ont eu aucune part à ces drames d'infamie et de mutilation.

L'Inquisition, dans ce qu'elle eut d'excessif, et souvent d'arbitraire, ne se borne pas à la prévention dans les geôles secrètes, aux angoisses des interrogatoires et finalement aux autodafés presque inévitables; il faut considérer la ruine qu'elle apporta au sein des familles. La confiscation des biens, comme l'incarcération, était le point de départ de tout procès. La première ne comprenait pas seulement l'actif immédiat de l'accusé, elle s'étendait aux biens qu'il pouvait avoir à la date présumée du crime. On n'admettait aucune prescription. C'est ainsi que les morts étaient poursuivis aussi bien que les vivants, et tous les héritiers ou détenteurs de leur fortune étaient impitoyablement spoliés.

Parmi les dossiers qui m'ont été communiqués, il en est un qui a été spécialement publié dans le *Bulletin de l'Académie de l'histoire*, par M. Ramon Santa-Maria. Il porte condamnation pour hérésie de quarante-deux inculpés, tous défunts, avec confiscation de leurs biens au préjudice des familles qui les détenaient depuis longtemps. Et ils sont nombreux, les procès de cette espèce. Comment rester, après cela, sympathique à un système de jurisprudence extrajudiciaire qui, pour des crimes purement individuels, accumulait les ruines des particuliers et préparait ainsi inévitablement la décadence d'une nation entière?

Les Juifs et les Maures ont été très malmenés par le Saint-Office, il n'y a pas de doute, mais il ne faut pas croire que les chrétiens aient été davantage épargnés. Ce sont eux principalement qui ont pourvu à la durée de l'Inquisition et qui ont, à tout instant, renouvelé la proie dont elle était avide. Au demeurant, il ne manque rien pour rendre cette institution détestable et pour faire comprendre le sentiment de répulsion et d'horreur avec lequel en parle encore le peuple qui en a le plus souffert.

Les deux cent trente-huit dossiers exposés ne sont qu'une partie des pièces de même nature réunies aux archives de Alcala de Hennares. Les chercheurs ont là ample matière à investigations.

Un savant américain, M. Henry Lea (de Philadelphie), a fait à lui seul copier tous les procès, soit pour les publier en anglais, soit pour relever dans une étude générale la marche et les variations de la jurisprudence du Saint-Office au cours de sa durée.

Ma sphère, à moi, est restreinte. Je me borne à traduire la sensation de ce que j'ai entendu et de ce que j'ai vu. Dans cette vision entrent des accessoires meurtriers dont je détourne les regards instinctivement. Je n'en dois pas moins une mention spéciale à la jolie collection dans laquelle le général Romualdo Noguez, avec un soin de dilettante rare, a réuni les médailles qui ont servi d'insigne aux familiers du Saint-Office, depuis le xve jusqu'au xixe siècle. Le plus grand nombre est en or, les autres en argent ou bien en cuivre. Il y en a une qui est en nacre. Les plus anciennes ont la croix de l'Inquisition. A partir du xviie siècle, elles n'ont plus que la croix latine, presque toujours émaillée ou peinte en vert, et accompagnée de la dague nue ainsi que du rameau d'olivier. Ces bijoux, que les familiers portèrent d'abord suspendus au cou et plus tard sur le côté, ne marquent aucune hiérarchie. Le plus notable est la *Esmeralda*, dont le nom tient vraisemblablement à sa couleur émeraude.

MONNAIES ET MÉDAILLES

XXXVI

Les monnaies anciennes d'Espagne sont très recherchées par les numismates. Elles sont tantôt arabes, tantôt chrétiennes, arabes quant aux premiers temps, chrétiennes par la suite. La frappe de celles-ci est issue directement de la frappe des premières.

Le caractère spécial de la monnaie arabe est de ne porter jamais d'effigie ; on ne trouve chez elle que des légendes tantôt religieuses, tantôt historiques.

Lors de l'établissement du califat en Orient, on se servait de la monnaie byzantine, et, quand le numéraire fit défaut, les califes, écartant en faveur du crédit toute considération politique ou religieuse, firent frapper des monnaies avec les emblèmes des monnaies impériales, même avec l'effigie ou le buste des empereurs, ainsi que la croix.

Après avoir imité Byzance, ils frappèrent des monnaies sur un modèle spécial, et toutes les figures furent remplacées par des inscriptions pieuses, en sorte que la monnaie, tout en facilitant les transactions, servait aussi de catéchisme aux croyants. Indépendamment des maximes, elle ne portait que le lieu et la date de frappe.

En Espagne et en Afrique, on fut amené ainsi à imiter les monnaies byzantino-carthaginoises, en y faisant entrer des inscriptions latines avec la date de l'Hégire pour les musulmans et celle de l'Indiction pour les chrétiens. Cette imitation se prolongea depuis l'an 93 jusqu'à l'an 98 de l'Hégire. Dès lors, on fit des monnaies latines et arabes avec le nom de Mahomet. Peu après, on adopta les types purement arabes.

Cette initiative, due aux rois de Cordoue, resta étrangère à Abdherame Ier, qui n'apporta aucun changement sous ce rapport. La révolution qui l'avait élevé au trône se borna au remplacement du gouverneur nommé par les califes par un gouverneur héréditaire qui n'obéissait pas, il est vrai, au souverain de Bagdad, mais qui n'osait pas non plus se soustraire à son autorité religieuse.

L'étalon purement arabe, dans les spécimens connus, remonte à l'an 102. Jusqu'à l'an 316, les médailles n'ont seulement qu'une légende religieuse, avec la date et le nom de la nation, — *l'Andalous*, — sans nom de prince. A partir de cette époque, elles portent le nom du prince, son titre exact, la date de la frappe et le nom de la localité, pour l'Espagne comme pour l'Andalousie. Pour les colonies africaines figurent les noms des principales villes, à commencer par Fez.

Jusque-là, les rois de Cordoue n'avaient pas frappé

de monnaie d'or, parce que, suivant les idées des anciens, c'était un privilège impérial acquis aux califes par la conquête de l'Assyrie.

Abdherame III, en 316 de l'Hégire, s'affranchit le premier du joug de cette tradition, quand il prit le titre de calife de Cordoue et de prince des croyants avec toute l'autorité spirituelle. Il fit frapper des pièces d'or ayant de nouvelles légendes. Les monnaies, à la suite, portèrent des noms de princes et leurs titres.

Ce système se poursuit jusqu'à la chute du califat de Cordoue en l'an 399 de l'Hégire, — commencement du xie siècle. A dater de là, cette partie de l'Espagne appartint aux émirs indépendants. Presque tous frappaient monnaie et faisaient entrer dans celle-ci la désignation de la localité.

Après la prise de Tolède, la puissance irrésistible d'Alphonse VI fit trembler les roitelets musulmans de l'Espagne. Ils se concertèrent pour demander du secours aux Almoravides, qui venaient de fonder l'empire du Maroc. Ces farouches Africains arrêtèrent le vainqueur castillan, mais ils tournèrent ensuite leurs armes contre les princes qu'ils avaient secourus et s'emparèrent de leurs Etats.

L'Espagne musulmane redevint une, au grand contentement du bas peuple et des docteurs, et le changement politique se refléta dans la monnaie, qui modifia dès lors de dimension, revêtit un dessin plus élégant et affecta une nouvelle recherche dans l'écriture. On frappa des dinars en or pur d'environ quatre grammes, valant près de seize francs, ainsi que des pièces d'argent de un gramme, avec réductions, qu'on appela *quirates*. Il y en eut de un franc cinquante centimes, de cinquante centimes, voire même de trois centimes.

Il faut dire que l'argent avait cessé d'être en circulation, à la chute du califat de Cordoue. Sa disparition soudaine du marché monétaire de l'Espagne dévoile un fait économique important. On ne saurait l'attribuer qu'à une invasion subite de l'or, invasion à la faveur de laquelle ce métal, vraisemblablement, était tombé au pair avec l'argent. Vers la fin du xie siècle, l'envahissement de l'or étant arrêté, l'argent commença à reprendre cours sous la forme de très petites pièces. Quand les Almohades renversèrent les Almoravides, après un demi-siècle de domination, l'argent reprit son ancien rôle et sa valeur relative.

Mais les Almohades, animés d'une haine vraiment africaine contre leurs devanciers, apportèrent à leur tour des modifications essentielles à la frappe de la monnaie. La taille adoptée se retrouva plus tard dans les *doblas* de Castille ; l'écriture coufique fut remplacée par l'écriture cursive ; la monnaie d'or montra un carré tracé dans le cercle, et celle d'argent eut une forme carrée, ingrate pour la circulation.

La bataille de *Las Navas* balaya les Almohades, et l'empire musulman d'Espagne resta enfermé dans le brillant royaume de Grenade. Le monnayage grenadin suivit les modèles almohades, mais avec une différence notable. Ces derniers affectaient une dévotion farouche et un mépris souverain des vanités humaines. Ils avaient donc supprimé les noms de villes, et même la date. Les Grenadins laissèrent également de côté le lieu et la date. En revanche, ils introduisirent dans les estampes les noms de rois et des généalogies entières, en sorte qu'on a pu débrouiller avec les légendes des coins des difficultés historiques longtemps impénétrables. Par les vérifications qu'elles fournissent, les monnaies arabes ont donc une haute valeur. Quand on aura amassé des coins en très grande quantité, on pourra écrire l'histoire, restée obscure, de certaines périodes de l'occupation musulmane en Espagne.

Le crédit de la monnaie arabe, comme espèces, permit aux rois de Casille d'en autoriser la frappe dans leurs États. Alphonse IV a des pièces d'or de Tolède avec des inscriptions purement coufiques, mais non musulmanes. Alphonse VIII a, lui aussi, d'autres pièces avec légendes chrétiennes en langue arabe. Son nom est rappelé d'un côté par les lettres A L F. De l'autre côté se trouve la croix. De ce souverain date le *maravedis de oro,* qui rentre dans la même tradition, et qui fit suite aux monnaies en *potin,* métal mélangé d'argent, avec l'effigie du souverain et les armes de Castille. On en frappait dans plusieurs villes : à Tolède, notamment, et à Ségovie.

Sous Alphonse XI, les pièces en argent étaient copiées sur l'étalon arabe, mais elles portaient une légende entièrement chrétienne. En somme, les rois ne firent que suivre le système monétaire des envahisseurs. Alphonse XI n'employait à la frappe que des ouvriers choisis parmi eux.

Jusqu'aux rois catholiques, les monnaies ne varient plus que dans le détail. Elles ont la même dimension et le même poids. A partir de ce moment viennent la piastre et le douro de cinq francs.

Je tiens l'historique qui précède de M. Saavedra, membre de trois académies et un des savants les plus renommés en toute matière, particulièrement celle-là. Il est l'auteur d'un livre célèbre : *Estuded sobre la invasion de los Arabes en España*, — Madrid, 1886, — dans lequel cette question fait partie de la donnée générale. La même question, je la lui ai entendue débattre dans une conférence qu'il a faite au palais de la Bibliothèque, au mois de juin 1893. C'est lui qui a corrigé l'erreur de MM. de Longpérier et Lavoix, qui, au sujet des premières monnaies frappées par les conquérants de l'Espagne suivant le type de celles de Carthage, prétendirent que la date de l'Hégire figurant d'un côté était en contradiction avec la date de l'Indiction qui se trouvait de l'autre. Ces savants s'étaient laissés induire en erreur en prenant pour guide de l'Indiction l'*Art de vérifier les dates*, qui procède lui-même du système adopté par Du Cange dans son *Glossorium mediæ et infimæ latinitatis*. Cet auteur, égaré par des données inexactes, prétendit qu'il y a quatre manières de compter les indictions; mais Bradshaw, dans le *Dictionnary of christian Antiquities*, de Smith, en suivant les recherches de Ideler, a démontré que les indictions, tant en Orient qu'en Occident, se comptaient du 1ᵉʳ septembre 312. Partant de ce principe, M. Saavedra, dans son livre, a prouvé que les dates musulmanes, dans les monnaies, concordent parfaitement avec les dates chrétiennes, et que la vérité historique ne saurait redouter de leur part aucune contradiction.

On rencontre assez fréquemment les monnaies anciennes d'Espagne à l'Exposition. Toutes les collections, même celle du Musée archéologique de Madrid et encore celle de la Bibliothèque nationale de Paris, ne sauraient atteindre, au point de vue purement arabe, le véritable trésor qu'a amassé un des numismates les plus autorisés de la Péninsule, M. Antonio Vives, auteur en même temps d'un ouvrage : *Monedas de las dinastias arabigo-españolas,* qui est le guide le plus sûr en pareille matière.

Sa collection, dans son genre, prime de beaucoup les collections d'État et celles qu'ont pu former les particuliers. Elle représente un véritable trésor comme valeur et surtout comme enseignement. Il y a environ 4,200 pièces de monnaies exclusivement arabes, dont 422 pièces uniques ; 700 sont en or, les autres en argent, certaines en cuivre.

Parmi les plus curieuses, il en est une en argent de l'an 263 de l'Hégire, frappée probablement sous Omar-ben-Hassem, et une autre de même métal qui date de Mohamed III. On y voit également une grande quantité de pièces, toujours en argent, frappées en Afrique, sous le règne de Hixem II, soit à Fez, soit à

Segelmesa, soit à Mecor. Viennent ensuite les séries presque complètes des rois de Malaga, de Séville et de Majorque. Ce trésor est un capital improductif, j'en conviens, mais il témoigne bien haut du savoir de celui qui le possède, comme aussi de son noble désintéressement [1].

XXXVII

Les numismates ont apporté dans les collections de médailles des notions tellement précises que je suis dispensé de m'arrêter longuement à cette catégorie. Le Cabinet des médailles de la Bibliothèque nationale de Paris est une source d'enseignements, et la même source se retrouve, dans maintes capitales, à commencer par les anciennes métropoles italiennes.

[1]. Comme je terminais ce chapitre, me trouvant encore à Madrid pour le rapatriement des collections françaises, en juillet 1893, on découvrit en Corogne environ 200 pièces de monnaie en or, les unes, frappées en France, aux noms de Philippe VI, de Jean II, de Charles V; d'autres, frappées en Angleterre, au nom d'Édouard III; certaines, frappées à Lisbonne, au nom de Ferdinand Ier; un certain nombre, frappées en Espagne, aux noms d'Alphonse XI, de Henri II, et un grand nombre à l'effigie de Pierre Ier. Dans le même lot, il se trouvait aussi quelques pièces génoises et cinq à six pièces arabes, dont une de Mahomed V. Celle-ci a été acquise par M. Antonio Vives.

Parmi celles de France, on compte également une pièce à l'effigie du prince Noir. Elle porte l'inscription latine suivante : *EDOARDUS PRIMOGENITUS regis anglicani, Princeps AQUITANIÆ.*

Toutes les civilisations, même les plus anciennes, ont tour à tour recouru à la gravure et à la sculpture pour perpétuer la mémoire des grands hommes et le souvenir des événements. La part qu'eurent les médailles à ce mouvement général est beaucoup plus rapprochée et en quelque sorte plus moderne. Les médailles grecques et romaines attestent, il est vrai, ce mode de commémoration, mais sa grande vogue part du xve siècle principalement. Les premiers collectionneurs, en Italie, furent des hommes illustres, tels que Pétrarque, Alphonse Ier, roi des deux Siciles, et les Médicis. En France, l'exemple vint de François Ier et ses successeurs. C'est à Louis XIV qu'on doit la fondation du « Cabinet des médailles ».

Passons à la nomenclature exacte des principaux graveurs espagnols dans le genre. Il faut citer d'abord Leone Leoni, dont Charles-Quint s'était fait accompagner à Bruxelles, et auquel on doit une admirable médaille de cet empereur. Son fils Pompeio Leoni fut célèbre sous Philippe II, non seulement comme graveur, mais aussi comme sculpteur. Accusant une fois de plus l'influence italienne, Paolo Poggini, collaborateur de Cellini, vint en Espagne en 1553 ; on lui doit des médailles de Philippe II, de la reine Anne et de Doña Juana de Portugal. Il était secondé dans le même art par son frère Dominique. A Jacques de Trezzo, on doit également des médailles restées fameuses. Le meilleur graveur, au siècle dernier, était Prieto. Dans notre siècle, on compte Spulveda.

Parmi les envois de médailles à l'Exposition, une

collection particulière, celle de M. Pablo Bosch, tient la première place, tant par le nombre que par la qualité. Elle part de 1400 et remonte jusqu'à nos jours. Elle comprend les effigies d'un grand nombre de papes, de souverains ou de princes espagnols et français. Une des plus recommandables, pour la beauté, est celle d'Alphonse V, roi d'Aragon, un protecteur assidu des arts. Lopez de Mendoza, le comte de Tendilla, André Barbaza, viennent en second rang. Avec le xvie siècle, on trouve Charles-Quint, D. Juan d'Autriche, Alexandre Farnèse, le duc d'Albe, Juan de Herrera, Luis de Roquesens, le marquis de Monterrey, le duc de Osuna ; Marie Tudor, Marie-Anne d'Autriche, Anne d'Autriche, Philippe III, Velada, le second D. Juan d'Autriche rentrent dans le xviie siècle.

La collection Bosch comprend également les médailles commémoratives des grands événements militaires, entre autres celles des batailles de Saint-Quentin, de Lépante, la prise d'Oran, la sainte Armada...

Le général Noguez, un des collectionneurs les plus actifs et les plus sagaces de l'Espagne, M. Adolphe Herrera et M. le comte de Esteban ont chacun fourni, en nombre beaucoup plus restreint, des pièces intéressantes dans le même genre. Le général Noguez possède une excellente épreuve d'une médaille, aujourd'hui très rare, de Ferdinand le Catholique. Chez M. Herrera, je remarque un Louis XIII par Varin, et une autre médaille portant le buste d'un abbé, par le même artiste.

On trouve, d'un autre côté, des matrices curieuses

parmi celles qu'a exposées le cardinal de Furstenberg, dans la section autrichienne.

Comptant aller un jour étudier sur place les richesses artistiques de l'Autriche, je me borne à signaler ici sa participation. Elle est d'initiative privée, ainsi que celle de la France. Aussi incomplète que soit son installation au point de vue national, elle offre néanmoins différents groupes d'objets très remarquables : des vestiges humains, des ustensiles domestiques, des tissus, des spécimens d'industrie céramique, des manuscrits, des antiquités américaines, et principalement une collection de tableaux faisant partie des collections de S. A. I. l'archiduc Albert. Elle est formée en grande partie des peintres espagnols les plus célèbres : Velazquez, Murillo, Ribera, Zurbaran, Caello, Cano, Francisco de Herrera.

COLLECTIONS PARTICULIÈRES

XXXVIII

Comme le faisait observer un jour M. de Leguina, dans une de ses savantes études, on doit constamment se tenir en garde contre les falsifications attachées aux objets qui font partie des collections particulières. On a atteint désormais une telle perfection dans l'art d'imiter les antiquités, qu'il n'est pas de collectionneur qui puisse se flatter de n'avoir été, une fois ou l'autre, victime de quelque mystification.

On ne saurait oublier, sous ce rapport, les imitations de maîtres flamands dont la Belgique, un instant, s'est montrée prodigue. On ne peut non plus ignorer avec quelle habileté, en Allemagne et en Hollande, on contrefait les bijoux grecs et romains, les christs byzantins, avec ou sans bras, les plats ciselés à la manière de Cellini. Il en a été de même, en Italie, pour les terres cuites, les fers émaillés, les bronzes, les ivoires, les estampes, les dessins, les faïences de Gubio et d'Urbino; en France, pour les émaux translucides, les miniatures, les meubles; en Espagne, les pièces d'argenterie, les jarres, les plats, les azulejos arabes et hispano-mauresques. Déjà, de son temps, Sainte-Beuve signalait ces travers et ces abus commerciaux.

Les collections particulières, à l'Exposition, ne sont pas toutes exemptes de supercheries. La plupart, il est vrai, attestent une sagacité impeccable de la part de leurs propriétaires. Elles ne donnent, toutefois, qu'une idée incomplète des richesses qui entrent dans le domaine privé, en Espagne.

J'ai souvent entendu parler d'une exposition de Grandesses, qui eut lieu, à Madrid, en 1871, et dans laquelle les plus anciennes familles firent figurer en foule les souvenirs attachés à leur tradition. Qu'on songe à ce que renferment de richesses artistiques les palais et résidences des familles d'Albe, Villahermosa, Médina-Cœli, Santa-Cruz, Anglona, Alcanises, Osuna, Oñate, Santa-Coloma, etc.

On compte très peu d'envois, de ce côté. Les grands seigneurs ne sont pas, à proprement parler, des collectionneurs. De génération en génération, ils s'entourent des plus belles choses, ils en font le cadre de leur existence, le décor de leur vie privée. Ils répugnent, la plupart, au déplacement et à l'exhibition.

Il en est, toutefois, qui ont souscrit à la manifestation présente ; ceux-là sont plus intimement liés au commerce des arts. A la suite de plusieurs, que j'ai déjà cités, rentrent dans cette catégorie les ducs de Villahermosa, de Sexto; les marquis de Castrillo, de Casa Torres, de Castro-Serna, de Mondejar, de Cubas, de Monistrol, de Heredia, de Aranda, de Vega de

Armijo ; les comtes de Estéban Collantes, de Superanda ; MM. José Estruch, Nicolas Duque, Ignace Bauer, José Escanciano, Luiz de Espeleta, Adolphe Herrera, Angel Cerrolaza, Alvarez Guijarro, Cristobal Ferriz, Juan Gobel et autres notabilités.

On ne saurait non plus oublier les dames, lorsqu'à la tête de leur participation se placent la duchesse de Bailen, la marquise de Molins, la marquise de Viana, la comtesse veuve de Santiago, la comtesse de Aguilar et doña Maria-Luisa Garcia.

La duchesse de Bailen n'est pas seulement la première dame d'honneur de S. M. Marie-Christine, l'amie et la confidente de la souveraine ; elle est par-dessus tout une grande dame particulièrement renommée, à Madrid, pour son esprit, sa bonté, sa bienfaisance.

Elle n'a exposé que deux objets ; l'un et l'autre sont d'une valeur exceptionnelle. Le premier est un médaillon-reliquaire auquel se rattache une ancienne tradition de famille, et le second une statuette en argent doré, décorée avec une extrême richesse ; il représente saint Vincent Ferrier. C'est un des plus beaux ouvrages de l'art espagnol au xv° siècle.

Parmi les nombreux collectionneurs et exposants d'armes et d'armures, M. le marquis de Casa Torres et M. José Estruch tiennent le premier rang. Grand, brun, svelte, distingué, le marquis, très attentif aux savantes recherches, a formé, étant tout jeune, sa collection. Elle est l'ornement d'une salle entière à laquelle les panoplies, ainsi que les nombreux harnais de guerre ou de tournois, donnent tout à fait grand air.

Là sont des mannequins dignes de l'Armeria royale elle-même. Plusieurs harnais proviennent de la maison d'Osuna, soit pour avoir été portés par ses représentants, soit pour avoir été jugés dignes d'entrer dans ses collections. Les types de la fabrication italienne aux xve et xvie siècles sont souvent aussi riches qu'instructifs. Un des plus beaux est une armure niellée et gravée en or, qui appartient à la famille de Salamanca. Une autre armure était celle du marquis de Posa, protestant dont le nom est resté célèbre. On remarque également un casque provenu de la famille d'Elio de Navarre, alliée aux Beaumont de France, ainsi qu'un pistolet avec l'écu de Charles-Quint et la marque de son armurier : *Peter van Menitihem*.

On peut suivre par là toutes les modifications apportées par le temps aux casques, aux plastrons, aux dossières et à tous les accessoires; l'habillement de tête et l'habillement de corps. Brigandines, gorgerins, braconnières, braies et braguettes de maille, cuissots, sont autant d'enseignements. Dans les vitrines sont les armes offensives de tous ordres, des épées de forme rare et parfois unique, des poignards italiens à trois lames, des dagues montées en fer, des espadons, des arbalètes à mufle et à cranequin, des arquebuses, des masses niellées, des selles, des montoirs et encore bien des curiosités indépendantes de l'armurerie.

Ce qui rend fort intéressante la collection de

M. José Estruch, c'est l'ordre dans lequel il a restitué l'histoire de l'épée, depuis le viiie siècle jusqu'au siècle présent. On suit pas à pas tous les changements apportés au pommeau, à la fusée, à la garde, à la lame.

Entièrement plate et très large au ixe siècle, celle-ci est cannelée au milieu à partir du xe siècle. Elle gagne encore en largeur aux xiie, xiiie et xive siècles, puis elle se rétrécit insensiblement. Dès lors, la garde, la fusée, le pommeau changent. Au xvie siècle, l'ensemble de l'arme revêt une élégance tout autre, la main est protégée dans tous les sens. Au xviie siècle vient la coquille pleine, que le xviiie siècle modifie à son tour.

Cette collection comprend aussi les dagues, les poignards, les harnais de guerre et les armes à feu, entre autres des pistolets italiens à incrustations d'ivoire, ou bien ouvragés en or et en argent, dont un est du célèbre maître Lazare Cominazzo.

Le complément d'un tel ensemble, qui abonde en types souvent riches et toujours curieux, est dans une série d'enseignes et de drapeaux dans laquelle entrent une bannière impériale allemande de Charles-Quint et un étendard de guerre de l'impératrice Marie-Thérèse [1].

Le marquis de Castrillo apporte, lui aussi, son contingent d'objets recommandables dans le même genre ; il y joint une foule d'autres envois qui tous attestent

---

[1]. Le marquis de la Vega de Armijo fait figurer plusieurs pièces historiques parmi ses envois, entre autres une armure en acier niellé, qui appartint à Alexandre Farnèse, duc de Parme, et qui provient de la maison des comtes d'Altamira.

de sa part le goût des belles choses. Ce qui prime chez lui, ce sont les reliquaires en forme de chef, principalement celui auquel est resté attaché le nom de sainte Léocadie. Il est en argent doré, et l'art de l'émailleur combiné avec celui de l'orfèvre en fait un ouvrage digne des meilleurs artistes. Au même genre de dévotion se rapportent des arcs byzantins relevés par des figures de cuivre. Une série de calices fait ressortir les grâces du gothique fleuri, et, parmi bon nombre d'autres objets, également précieux, je trouve plusieurs émaux d'une rare beauté, deux élégants candélabres en cristal de roche à monture émaillée et enrichie de pierreries, des boîtes, des coffrets, des bois sculptés, des ivoires, des pièces d'argenterie ciselées ou repoussées ainsi que des étoffes et des broderies.

Le marquis de Cubas possède une collection de croix processionnelles et de crucifix qui n'embrasse pas moins de trente à trente-cinq pièces différentes. Elles se répètent bien des fois ; cependant certaines, soit en cuivre, soit en bronze doré, tantôt avec applications et émaux, tantôt avec images gravées, sont autant de documents recommandables par rapport à l'art des XIe, XIIe et XIIIe siècles. Les croix d'argent des XVe et XVIe siècles sont, il est vrai, beaucoup plus riches, mais leur caractère est moins intéressant.

XXXIX

M. Luis de Espelata se distingue des autres collectionneurs par le goût raffiné de ses envois. Avant de m'occuper d'eux, je dois dire que M. de Espelata est aide de camp de S. M. Marie-Christine, et qu'il commande, en outre, comme colonel, un des plus anciens et des plus glorieux régiments de l'armée espagnole : les dragons de Lusitanie. A la prestance et à l'allure militaires, il joint la politesse parfaite de l'homme de cour, les manières et le ton du gentilhomme accompli.

Aussi remarquables que soient les objets qui entrent dans sa vitrine, ils ne sont que l'enseigne des collections qu'il possède ailleurs et à la formation desquelles, depuis vingt ans, il consacre tous ses loisirs. Il expose surtout des ivoires qui sont d'un choix exceptionnel : des vierges, des groupes, des cadres, des scènes de la Maternité divine et de la passion. Il y joint des émaux, des pièces d'argenterie, des tableautins, des miniatures sur vélin ou sur parchemin, ainsi que des spécimens très curieux de céroplastie, entre autres un *Ecce homo* et une *Madeleine*. Bien antérieur à l'ère chrétienne, cet art jouissait encore d'une véritable vogue aux xve et xvie siècles.

Aux attractions de la peinture, de la sculpture et du colonel de Espelata a associé celle des autographes, des chartes et des privilèges royaux. En même temps que les noms des souverains, reviennent ceux des reines et des princesses. J'y vois une lettre de la reine de Portugal, infante de Castille, écrite de Burgos en 1524. J'y vois également trois lettres de l'impératrice Isabelle, femme de Charles-Quint. Certaines sont chiffrées et attestent les préoccupations politiques; celles-là sont datées de la première moitié du xviie siècle et portent la signature du célèbre duc d'Olivarès.

Mais, je le répète, les envois du colonel ne sont que l'enseigne réduite des richesses artistiques réunies à son domicile, rue Claude-Coello, à Madrid. Il possède une des plus belles collections de miniatures qui aient jamais existé, en ce qui touche l'art des xviie et xviiie siècles, sans oublier le commencement du xixe. Sous ce rapport, il prime tous les autres collectionneurs.

Lui-même a bien voulu me détailler et me faire examiner à la loupe les petites merveilles qui tapissent les murs de sa bibliothèque. Après des miniatures de Teniers et de Fortuny viennent les portraits. Comme facture et personnages, la majorité est française. Tous nos maîtres dans le genre y sont représentés. En leur compagnie sont les miniaturistes anglais et espagnols, aisément reconnaissables.

Dans ce défilé, je retrouve Henri IV jouant avec ses enfants à saute-mouton, comme vient d'entrer chez lui l'ambassadeur d'Espagne. Voici Louis XV le Bienaimé, avec les plus jolies dames de sa cour, et Louis XVI, entouré de sa famille. Voici un prince de Conti, voici les duchesses de Lamballe et de Polignac, auprès desquelles plusieurs conventionnels rappellent les sombres drames. Celui-là est Vergniaud ; celui-ci est-il Danton? Il ne me semble pas gravé de la petite vérole. N'oublions pas un comte de Florida-Blanca, ministre de Charles III et expulseur de jésuites, comme feu M. Ferry. Suivent de brunes *desconocidas* espagnoles d'un art très séduisant. Au passage, un petit cadre italien projette le titienesque reflet d'un corsage superbe.

On ne s'arrête pas en si beau chemin. Le colonel, véritable magicien, a ouvert un grand meuble en bois précieux à appplications et incrustations des profondeurs duquel il tire à pleines mains des écrins pleins d'éblouissements. Cadres en or émaillé enrichis de diamants, cadres ciselés ou repoussés ornés de cailloux du Rhin, cadres d'argent filigrané, tantôt carrés, tantôt en médaillons, rien ne manque pour faire ressortir l'exquisité de la forme et du sujet. Un des plus beaux reproduit les traits de Marie de Médicis, femme de Henri IV: une image blonde de beauté souveraine, tranquille et reposée. Le plus beau bijou par excellence de la collection est un portrait de Mme Campan, gouvernante des enfants de France. Presque au même niveau artistique se place Marie Leczinska, femme de Louis XV, une reine Victoria encore fillette, Don François d'Assises, mari de S. M. Isabelle II, et l'infante Isabelle leur fille.

Une miniature reproduit la promenade du bœuf gras sous Louis XV, en un point qui, de nos jours, est encore le plus animé de Paris. Le cortège est devant le théâtre des Variétés, auprès duquel se détachent, avec enseignes sur la façade, les panoramas de Venise et de Rome. De là est resté le nom de *passage des Panoramas*.

Le meuble merveilleux où gisent ces richesses garde encore bien des secrets, mais la nuit est venue. Restent les collections de tabatières, de camées : nous n'en finirions plus. En prenant congé; je traverse le salon qui projette sur moi les grandes ombres d'une série de portraits de Rigault. Presque en même temps m'apparaît celui de mon hôte, en grand uniforme de lieutenant-colonel de la garde royale, peint par Cubells, portraitiste espagnol célèbre. Près de la porte, à l'angle le plus éclairé, une dernière vision de beauté m'attend, celle de la célèbre Caroline de Naples, indigne sœur de Marie-Antoinette, la trop tendre amie de la trop fameuse duchesse Hamilton, complice de Trafalgar.

XL

Si l'on pouvait définir l'attraction qu'exercent certains livres et surtout si l'on pouvait s'approprier leur substance, je prêterais une attention toute particulière à ceux qu'ont exposés MM. José Escanciano et Alvarez Guyzarro. Quels jolis incunables a le premier, et comme les titres de certains sont parfois alléchants !

Les livres de chevalerie, aujourd'hui devenus très rares, sont l'objet de constantes recherches de la part des bibliophiles. M. Escanciano, à force de persévérance, a réuni les plus introuvables, principalement ceux qui remontent à la première moitié du xvie siècle. Dans ce lot précieux entrent l'*Amadis des Gaules;* Venise, 1538. — *Esplandian;* Séville, 1526. — Le nouveau livre d'*Amadis des Gaules;* Medina del Campo, 1524. — La *Chronique de Florambel de Lucca;* Séville, 1548. — *Olivaros de Castilla;* Burgos, 1490. — *Don Olivante de Laura;* Barcelone, 1564, etc.

Non moins vives sont les convoitises qu'éveillent les nombreux manuscrits de M. Alvarez Guijarro. Tantôt ce sont des récits historiques, tantôt des farces, tantôt encore des romans de chevalerie (*los Nobles Caballeros*).

Les attractions, dans tous les genres, sont, d'ailleurs, sans cesse renouvelées. Les manuscrits et les livres ont afflué de toutes parts. A ceux qu'expose la bibliothèque de Madrid viennent s'ajouter ceux des bibliothèques provinciales, des chapitres, des couvents, des académies, des archives, des musées. Seulement, il faudrait pouvoir compter sur plusieurs siècles d'existence pour entreprendre de dépouiller toutes ces matières et en extraire, soit la fantaisie la plus pure, soit les notions les plus exactes.

Le manque de temps n'est pas le seul à paralyser les efforts du chercheur, surtout quand il pénètre en domaine privé. Je me rappellerai toujours les angoisses par lesquelles a passé notre compatriote M. Pasquier, archiviste de la ville de Foix, à l'époque où l'Exposition fut inaugurée.

Il avait été vivement sollicité à la vue d'un manuscrit sur vélin, avec capitales en or et couleur, que, parmi d'autres objets précieux, exposait le comte de Foxa. Ce manuscrit est la traduction en langue catalane d'une sorte de roman de chevalerie tiré de l'*Énéide* et écrit lui-même en latin, sous le titre de *Cronica troyana*[1]. Cette traduction est l'œuvre d'un protonotaire qui s'appelait Jaime Conesa. Elle fut commencée en « decembres a xviii del mes de juyn de l'any M CCC LXII ». On sait que le catalan a une grande similitude avec le patois languedocien qu'on parle encore communément chez nous. La même analogie s'étend à une foule de mots du vocabulaire espagnol.

Cette découverte devait en amener une autre. En effet, en causant de la *Cronica troyana* avec ses amis, M. Pasquier apprit un jour que le marquis de Castrillo exposait, de son côté, un poème inspiré de la vie de sainte Marguerite, non plus en langue catalane, cette fois, mais bien en vrai patois languedocien.

La trouvaille en valait la peine. M. Pasquier vit aussitôt le parti qu'on en pouvait tirer. Il s'imaginait in-

---

[1]. L'original latin de la *Cronica troyana* eut pour auteur Guido de la Columna; il appartient aujourd'hui à la bibliothèque d'Olmütz. Il fut traduit en espagnol et imprimé à Tolède en 1562.

stinctivement qu'il allait passer éditeur d'une œuvre primitive dans son charme, dont le retentissement s'étendrait à toutes les contrées où trouvères et félibres ont gardé leurs traditions. Il s'en ouvrit au marquis de Castrillo, en sollicitant la communication du précieux manuscrit, en promettant de le vulgariser autant qu'il convenait.

Certes, nul, mieux que M. Pasquier, ne se fût acquitté de ce soin. Il est du bâtiment, comme on dit, et il vibre à tous les idiomes. Par malheur, il avait affaire à un propriétaire artiste et dilettante, qui, lui-même, s'était réservé l'entreprise. Il sollicita, il multiplia les démarches ; toujours en vain. Les sursis qu'il mit à son départ restèrent inutiles ; le marquis ajournait, de son côté, en termes polis, la communication tant attendue. On se sépara sans nul accord de part ni d'autre. M. Pasquier, à coup sûr, rêve encore de ce manuscrit. Propriété vaut titre ; M. de Castrillo s'en est prévalu.

LA PEINTURE, L'ESTAMPAGE ET LE DESSIN

XLI

Si l'Exposition ne donne qu'une idée incomplète d'une école de peinture qui fait la gloire du musée du Prado, ainsi que celle de la nation espagnole, en revanche elle nous montre, encore une fois, les différentes phases par lesquelles l'art a passé et les influences qu'il a subies avant d'arriver à son plein développement.

Dans l'ordre primitif, l'enluminure apparaît la première. Elle s'inspire du byzantin et accuse, sous ce rapport, l'influence française. Les *Cantiques* d'Alphonse Le Sage sont le point culminant de cette manifestation. Cependant, la miniature italienne s'insinue déjà dans les manuscrits vers la place qu'elle occupera au xive siècle. Les *Illuminadores* du temps de Charles-Quint subissent à leur tour l'influence flamande.

Les peintres commencent à se montrer à Valence, en Aragon, en Catalogne, au xive siècle seulement. Ils imitent tour à tour, et parfois simultanément, les Flamands et les Italiens. Ce mouvement s'étend à la Castille et à l'Andalousie. Le flamand domine à la suite du voyage que fait Van Eyk en Portugal, en passant par l'Espagne, pour aller demander au nom de son maître, Philippe de Bourgogne, la main de l'infante Isabelle, fille de Jean 1er. En s'inspirant de Van Eyk, les peintres de la Péninsule s'inspirent aussi de Vander Weyden, Memling, Metsys, Albert Durer, Cranach, Holbein, Lucas de Leyde. Presque aussitôt vient la période raphaëlesque, et l'art espagnol, insensiblement affranchi des formules gothiques, se porte à imiter les maîtres vénitiens, florentins ou romains.

Tout ce que j'ai vu à l'Exposition me prouve qu'il n'y a pas dans ces commencements de période nettement exclusive comme tendance. Séville, Valence, Tolède, Madrid, l'Aragon et la Catalogne subissent tantôt dans un sens, tantôt dans l'autre, sans en proscrire aucune, — du moins absolument, — toutes les influences extérieures. Aussi notre compatriote M. Paul Lefort est-il parfaitement avisé lorsque, dans son remarquable ouvrage : *la Peinture espagnole*, il dit :

« Nous ne rencontrons nulle part réunies, du moins à un moment, les conditions essentielles à l'existence d'une école. Ce n'est seulement que dans le dernier tiers du xvie siècle, et plus pleinement au commencement du siècle suivant, que les diverses manifestations locales ou provinciales, jusque-là divergentes, viennent se fondre en une seule et même école homogène en ses tendances, unie en un même principe : le naturalisme [1]... »

---

[1]. *La Peinture espagnole*, ouvrage en un volume in-8° faisant partie de la *Bibliothèque de l'enseignement des beaux-arts*. Librairies et imprimeries réunies, May et Motteroz.

Aussi prodigue de couleurs que soit l'art arabe, il ne saurait prendre rang dans cette marche ascendante. Ses créations ont beau être séduisantes, il est toujours indifférent et même rebelle à la reproduction par le pinceau des scènes de la vie religieuse, politique ou sociale. Si l'on retrouve chez lui de rares effigies, encore ne laisse-t-il aucune trace dans le portrait. Sous ce rapport, on dirait qu'il prend à tâche d'accumuler les ténèbres sur un passé dont rien ne survit de ce qui est véritablement humain.

Autre chose est le sentiment chrétien. Dès sa première heure, il envahit toutes les conceptions et leur imprime la marque géniale attachée au progrès. Cette influence, qui date du monde romain, est commune à tous les peuples. Partout, en Italie, en France, en Flandre, en Hollande, le sentiment chrétien sert non seulement de guide, mais il est en même temps la source des plus belles inspirations. En Espagne, il domine d'une manière encore plus intense que partout ailleurs le développement apporté par plusieurs siècles. En effet, alors même qu'ils imitent l'art des peuples voisins, les artistes espagnols impriment à leurs œuvres la marque indéniable de leur foi.

Voilà pourquoi je n'aime pas le mot *naturalisme* que M. Paul Lefort associe à la formation définitive de l'école espagnole. Ce mot est déjà pris chez nous en mauvaise part, et chez les étrangers il fait une impression pénible. Cela est si vrai que nous ne dirions pas de Regnault, de Manet et de Courbet, ceux de nos peintres contemporains qui ont subi directement l'influence des anciens maîtres de la Péninsule, ainsi que celle plus moderne de Fortuny, qu'ils furent des naturalistes. Ce serait les déclasser totalement. Il est donc mieux de s'en tenir, je crois, à l'étiquette *réaliste*.

D'autant plus que les peintres espagnols, surtout ceux dont s'occupe M. Lefort, ne furent pas des peintres seulement réalistes. Procédant par-dessus tout de l'influence exercée sur eux par le sentiment chrétien et par une foi presque toujours ardente, ils furent principalement des mystiques. C'est là, à mon avis, le principal cachet de la peinture espagnole; elle est mystique et réaliste en même temps. Elle peint la nature dans sa crudité la plus exacte, elle ne répugne pas à l'occasion à l'horrible, mais toujours elle lui donne un reflet impalpable, et toujours elle la transfigure à la faveur de quelque chose d'immatériel, autrement dit à la faveur d'un idéal!

Durant plusieurs siècles consécutifs, d'ailleurs, les artistes espagnols s'adonnèrent presque exclusivement à la peinture d'église. M. Lefort a pu s'en assurer, puisque, parmi les précurseurs de Velazquez et de Murillo, il fait surtout ressortir les figures de Pedro Beruguette, Antonio del Rincon, Vicente Joanes, Ribalta, Luis de Vergas, Morales, Pacheco, Hernandez le Vieux, Blas del Prado, Domenico Theotocopuli (el Greco), Vicente Carducho, Pereda, Ribera, Zurbaran... Eh bien, ne trouve-t-il pas, comme moi, que tous ces peintres furent bien plus des mystiques que des... naturalistes? Non, disons des réalistes, cela suffit entièrement.

Prenons le plus renommé, Ribéra, par exemple, que chacun connaît. Est-il rien de mystique, tout en étant absolument humain par l'expression de douleur, comme son *Martyre de saint Sébastien*, et encore son *Martyre de saint Barthélemy*, et encore son *Saint Gérôme au désert?*

Et Zurbaran? n'est-il pas un réaliste non moins avéré? et pourtant quelle indéfinissable expression de mysticisme religieux il attache à son *Saint Bonaventure en prières*, à son *Moine en méditation* et à la plupart de ses autres ouvrages!

Ce qu'il y a de certain, c'est que les peintres espagnols procurent encore une sensation à part, alors même qu'ils imitent. Ils sont réalistes à leur façon et mystiques de même. Après avoir suivi les écoles de Bruges et de Liège, ils en bouleversent la doctrine en forçant les contours, en accentuant le relief, en prodiguant les vêtements somptueux, les ors. Leurs perspectives, au contraire, sont dépouillées et arides. Plus de cavaliers errants, plus de personnages accessoires; partout l'espace nu.

Et ils en font de même pour l'influence italienne. Insensiblement ils écartent l'afféterie et le paganisme des successeurs dégénérés de Michel-Ange et de Raphaël, ils répudient leur sensualisme et leur besoin immodéré de vanités ou de grandeurs. Ils recherchent ce qui est sincère et véritablement suggestif. Ils ne se détournent ni des petits ni des humbles; ils ont la bonhomie, la bonté, la pitié, de même qu'ils ont la noblesse et la fierté.

C'en est fait des influences extérieures ! La peinture espagnole à la suite revêt le caractère, soit castillan, soit andalou. Elle est imprégnée d'une race. En elle se reflète la lutte d'un peuple qui s'unifie dans l'art, de même et en même temps qu'il prend entière possession de son sol, qu'il s'unifie dans sa foi et dans sa nationalité !

C'est de cet affranchissement et de ce triomphe que sont issus Velazquez, Murillo et toute la pléiade des peintres espagnols du xviie siècle : Carreno de Miranda, Cabezalero, Mateo Cerezo, Fray Juan Rizi, Juan de Pareja, Alonzo Cano, Herrera, Valdès Leal, Claudio Coello, et enfin au xviiie siècle Francisco Goya ! C'est de ce long enchaînement qu'est venu le musée du Prado. Rien ne saurait rivaliser avec lui à l'Exposition, mais dans celle-ci est l'attestation du long travail qui, pendant plusieurs siècles, a préparé la synthèse et engendré tant de gloires !

Les trésors de cathédrales m'ont déjà entraîné à bien des descriptions en fait de peinture gothique et Renaissance. Les tableaux de cet ordre, exposés par des particuliers, sont extrêmement nombreux. Quatre ou cinq salles leur sont particulièrement affectées.

La première présente un ensemble considérable, dans lequel entrent un tableau de Holbein, un autre tableau attribué à Vander Weyden et un triptyque attribué à **Van Eyck**. Ces ouvrages appartiennent au marquis de Monistrol. Ils sont accompagnés d'une collection entière que M. Pedro Bosch a formée avec des tableaux des écoles flamande, italienne et espagnole. Beaucoup ont le tort de n'être *qu'attribués* à des peintres célèbres. Aujourd'hui, on a en grande méfiance ce genre d'attribution. Il n'est pas jusqu'aux signatures qui ne puissent paraître suspectes. Cependant, je trouve à l'actif de M. Bosch une *Sacra familia* de Raphaël, une autre de Zurbaran, un *San Diego de Alcala* de Murillo, une *Mater Dolorosa* du même, la *Piété* de Vander Weyden, une *Vierge et l'Enfant Jésus* de Brueghel, une *Assomption* de Jordaens, un portrait de dame par Véronèse, ainsi que des toiles tour à tour signées : Snyders, Mazo, Tobar, Vaccaro, Porbus et Tintoret.

Dans la même salle, M. Luis de Navas compte une *Adoration des bergers*, par Greco, l'*Amour*, par Véronèse, une *Chasse*, par de Vos, une *Taverne*, par Hedda, et un portrait de Philippe IV, par Velazquez. Comme complément, je trouve encore un portrait sur bois par Antonio Moro, appartenant au marquis de Flores-Davila, et un *Saint Bartholomé*, par Ribéra, exposé par M. Mariano Hernando.

Une autre salle offre tout d'abord de nombreux enseignements par rapport à la peinture sur bois aux XIIIe, XIVe, XVe et XVIe siècles. J'y vois encore des retables gothiques et des bois sculptés dignes de toute attention. Mais l'intérêt que suscitent tant de spécimens d'écoles diverses devient encore plus pressant quand on se trouve en présence d'un *Saint Augustin* de Murillo, d'un *Jésus endormi* de Zurbaran, d'une *Sainte famille* de Lucas de Leyde, et de plusieurs autres ouvrages auxquels sont attachés les noms de Morales, Villavicencio, Carreno, Cano, Antolinez, Perada, Carducho, Meneses et Luini.

Un buste de *Dolorosa*, peinture sur bois, dont je me rappelle avoir vu une copie au Louvre, représente la vieille école de Castille; la *Prise d'habit de sainte Claire*, par Villavicencio, fait honneur à l'école de Séville, qui, d'ailleurs, à commencer par Murillo, compte beaucoup de peintres illustres. Différemment, cette salle met en contact les écoles italienne, flamande, hollandaise, espagnole, française, allemande, et fournit ample matière à quiconque veut étudier chez elles les sujets de contrastes et les liens de rapprochements.

Deux autres salles ne sont, à proprement parler, que la prolongation des précédentes. M. Angel Cerrolaza ouvre la série avec une collection entière. Elle comprend des originaux de Morales, Cincinato, Beruguette, Maino, Baptiste Vaccalo, Cifuentes, Paulus, Conrado, Roustan, Van Son, Frank, Van Utrec et des toiles nombreuses de Carducho. J'y vois encore une *Vierge douloureuse embrassant le Christ mort*, par Lucas de Leyde, ainsi que des ébauches de Murillo, Ribéra et autres maîtres. Un *Ecce homo* de Morales est l'œuvre capitale de cette collection. L'ampleur, la majesté et la solennité de cet ouvrage justifient le surnom de *divin* qu'on donnait au peintre qui le fit.

Les envois du duc de Médina de Rioseco et de M. le marquis de Herredia sont peu nombreux, mais leur qualité les recommande instantanément. Au premier appartient un tableau flamand où sont représentées deux princesses encore petites filles, que les experts attribuent, soit à Albert Guip, soit à Porbus. Qu'il soit de l'un ou de l'autre, ce tableau crée une ravissante vision. Au même appartient un magnifique portrait sur bois de Philippe II, par Antonio Moro. M. le marquis de Herredia expose des portraits signés tour à tour : Véronèse, Greco, Velazquez, plus une toile de Guido Reni.

Le portrait est un des agents les plus actifs de l'histoire : ou bien il la complète, ou bien il la commente et il la définit. La plus belle collection dans le genre est celle de Mme la comtesse veuve de Santiago, dont le mari fut un des plus intrépides chercheurs et un des plus savants bibliophiles de Madrid. Cette collection restitue en quelque sorte la donnée des XVIe, XVIIe et XVIIIe siècles, en reproduisant les traits, l'attitude, la physionomie, le costume des personnages qui attirèrent le plus l'attention à ces époques-là.

Ces documents humains ne sont pas seulement des pages précieuses d'histoire, ils constituent également un musée qui emprunte sa valeur aux noms des plus grands peintres. Certains de ces portraits eurent pour auteurs : Velazquez, Murillo, Ribalta; plusieurs sont signés : Pantoja de la Cruz; d'autres sont dus à Holbein, Greco, Coello, Michel et encore Goya. On comprend, dès lors, toute l'attraction que peut avoir une galerie semblable [1].

Les modèles ne sont pas moins dignes d'être cités. Parmi les grands portraits figurent les souverains, les reines, les infantes d'Espagne, à partir de Charles-Quint; des papes, des prélats, des ministres et des généraux célèbres. Les mêmes personnages, en compagnie de beaucoup d'autres, se retrouvent dans les cadres moyens et dans les miniatures. Ici, j'aperçois Henri IV; d'un autre côté, j'ai reconnu Molière.

Le complément apporté par divers exposants n'est pas moins attractif. C'est là que figurent, dans leur ascendance, peints par Rolland de Mois, les portraits en pied des principaux membres de la famille princière d'Aragon, à laquelle appartient le duc actuel de Villahermosa.

Il me reste à mentionner une autre collection de portraits qu'expose le général Romualdo Noguez. Les tableaux, pour la plupart, sont tous de très petite dimension; médailles et médaillons, camées et miniatures, bagues, concourent à l'ensemble.

Le général Noguez n'aime pas les pièces encombrantes; son faible est pour le beau en réduction. Il ne déteste pas ce qui brille, mais il a le goût sûr, et ce n'est pas lui qu'on tromperait. Il a la passion des souvenirs historiques, et il se consacre avec fièvre à leur recherche.

---

[1]. Dans la collection de la comtesse de Santiago est un Mignard représentant Mme de Maintenon en contemplation devant un portrait de Louis XIV. Elle le lui devait bien.

Menu de taille, alerte, remuant, très vert quoique âgé, on le reconnaît aussitôt, à la manière dont il s'actionne auprès d'une vitrine. Il est lui-même son premier visiteur à l'Exposition. C'est avec une amabilité parfaite qu'il fournit des explications à qui veut en entendre. Chez lui, rien n'est banal, tout est feuillet d'histoire, ou tout au moins légende. Il a des bijoux, ne seraient-ce que les insignes de l'Inquisition (*veneras*), qui donnent la chair de poule. N'importe, il en parle en souriant, d'une voix flûtée à travers des dents claires, en homme tout à fait heureux de posséder ce trésor. Il est sûr que l'idée de l'avoir recueilli peut passer pour un trait de génie; nul autre n'y avait songé encore. Or il apporte le même bonheur dans tous les choix qu'il fait.

Il connaît la chronique des cours comme feu Saint-Simon lui-même; pas une particularité ne lui échappe. On dirait qu'il vit en tête à tête avec des monarques défunts, qu'il dîne avec Charles-Quint, qu'il soupe avec Philippe II.

Les dames, comme on pense, ne sont pas oubliées. Reines, infantes, archiduchesses font le plaisir des yeux dans ses collections. On y voit, sous des formes tantôt gracieuses, tantôt austères, toute la descendance du fondateur de l'*Escurial*. On peut remonter plus haut encore. Voici, en effet, un très beau portrait de Jeanne la Folle, par Michel. Je remarque encore une Isabelle de Bourbon, première femme de Philippe IV, dont la tête, si j'en crois la légende, fut peinte par Velazquez, et le reste du corps par Bartholomé Gonzalès; une Marie d'Autriche, seconde femme du même roi, revêt toute la maëstria du pinceau de Carreno.

Ramené, soit en avant, soit en arrière, au hasard de la rencontre, je signalerai encore une Leonor d'Autriche, sœur de Charles-Quint, due au pinceau du peintre Clouet. Une Marie-Louise d'Orléans, première femme de Charles II, peinte par Carreno, et une Marie de Neubourg, seconde femme du même, peinte par Van Keissel.

Au sein de ces grandeurs et de ces fastueuses évocations, çà et là se dressent des images ascétiques. Béruguette a reproduit les traits de saint Dominique et de saint François. Alonzo del Arco, ceux de saint Ignace de Loyola et ceux de saint François de Borgia, duc de Candie, troisième général de l'ordre des Jésuites.

Ah! M. Romualdo Noguez est bien heureux de vivre au milieu de si belles choses et de posséder de si nobles souvenirs[1]!

---

1. Pendant un temps a figuré parmi les tableaux un superbe Van Dyck, appartenant au marquis de Velez. J'ignore pourquoi il a été enlevé avant terme. Il représentait un guerrier portant armure lisse, avec tunique incarnat, écharpe et riche collier, ayant en main un bâton de commandement.

Conservé dans la maison de Guzman le Bon, il passa toujours pour être le portrait du héros de Tarifa. Ce qui confirme cette tradition, c'est que dans la maison de Médina Sidonia, qui procède de même souche, s'est retrouvé depuis le panneau brodé d'or qui fait le fond de ce tableau.

Puisque je répare des oublis, qui sont d'ailleurs inévitables, je mentionnerai encore un portrait d'Alexandre VI, qui appartient à la

Tout n'est pas dit. Je lui connais encore un tableautin d'une préciosité exquise, devant lequel se prennent à rêver les plus experts. Il représente une descente de croix. Le Christ est soutenu par un seigneur en costume du xve siècle, assisté d'une dame vêtue suivant le même goût. A côté du divin crucifié, la Vierge s'abandonne à sa douleur. Dans les deux personnages qui précèdent, on reconnaît les rois catholiques, Ferdinand et Isabelle. Cet ouvrage est de Antonio del Rincon; il rappelle les compositions flamandes de Vander Weyden.

---

cathédrale de Valence et qui passe pour être le plus beau de ceux qu'on a faits de ce pontife. On sait qu'il avait été, le premier, archevêque de cette ville.

Je rappellerai encore une *Sainte famille*, par Carducho, que recommande une richesse admirable de coloris. Ce tableau appartient au comte de Inestrillas.

ESTAMPES ET DESSINS

XLII

La gravure en relief a été l'objet, croit-on, d'expériences diverses, dès la plus haute antiquité. On ne saurait rien préciser à cet égard. La Chine, très anciennement, connut l'art des impressions xylographiques. Cette origine est encore trop obscure pour que je puisse m'y arrêter. Ce qu'il importe de savoir, c'est que la première application de ce procédé, en Espagne, eut lieu vers le commencement du xive siècle.

La bibliothèque de Madrid a fourni, dans l'espèce, une synthèse telle, que je suis dispensé de recourir à tout autre exposant. Le premier document qu'elle apporte est l'estampe dite *del Rosario*, unique épreuve connue, gravée sur métal, ayant date (1488), avec nom d'auteur : Francisco Domenech. On a, il est vrai, une épreuve également unique, plus ancienne (1461), qui représente un prince de Viana faisant œuvre de charité auprès d'un malade, mais elle ne porte aucun nom d'artiste. Elle est d'origine catalane.

Viennent ensuite deux épreuves sur métal, toujours du xve siècle, où sont représentés le *Temps* et la *Mort.*

Le premier, par la main de Dieu, fait tourner la roue « des grandeurs humaines ».

Du XVIᵉ siècle, je trouve un *Ximénès de Cisneros*, gravé sur métal par Pierre Angelo, en 1604; un *Ælius Antonius Nebricensis*, gravé sur bois par un artiste appelé Antonio, qui semble s'être inspiré d'une peinture de Rincon; un *Lope de Vega*, par Perret, et enfin une *Vierge et l'Enfant Jésus*, eau-forte de Murillo. Épreuve très rare.

Succèdent par séries, triées dans un ordre parfait, les estampes italiennes, allemandes, flamandes et hollandaises. De ce côté, l'attrait est encore plus vif.

Les graveurs italiens sont représentés par une magnifique épreuve de *Saint Jean-Baptiste* de Campagnola, un *Enterrement du Christ* de Mantegna, une épreuve en clair-obscur, presque hors de pair, du *Pithagoras* de Carpi. Et encore un autre clair-obscur, le *Triomphe de César*, par Andrea Andreani, d'après une composition de Mantegna.

L'estampe a un effluve à part; elle subjugue et grise parfois plus que la peinture. Il n'est plus besoin de vanter Albert Dürer, qui a porté si haut l'art de la gravure allemande. Je retrouve de lui une série de chefs-d'œuvre : un exemplaire rarissime de la *Biblia pauperum*, un autre de la *Passio Domini Nostri Jesu. (Nurembergæ impressum anno Christiano millessimo quingentessimo undecimo)*; les plus belles épreuves de l'*Adam et Ève*, la *Mélancolie*, le *Cavalier et la Mort*, la *Grande Torture, Saint Hubert, Saint Jérôme*...

Parmi les estampes flamandes et hollandaises, on

remarque tout d'abord une superbe eau-forte de Hopfer et un portrait satirique du célèbre duc d'Albe, clandestinement gravé par Théodore de Bry. Aussi curieux que précieux sont également les exemplaires du couronnement, à Boulogne, de Charles-Quint, et le convoi funèbre du même, à Bruxelles, l'un et l'autre sur métal, le premier gravé par Jean Hogemberg, le second par Lucas Duetecum. Je citerai encore les gravures originales qui représentent le *Martyre des apôtres*, par Lucas Cranach, un portrait de Louis XIV admirablement gravé par Van Schuppen, et un plan très intéressant de la ville de Madrid, au temps de Philippe III.

Je reviens sur mes pas pour signaler les gravures italiennes, sur dessins de Raphaël, de Raimondi : la *Sainte Cécile* et *Noé construisant l'arche*, comme aussi une *Annonciation*, eau-forte de Frédéric Baroccio, qui est un chef-d'œuvre.

Le dessin n'occupe qu'une place relative. Cependant il a son importance, car il nous fait pénétrer dans la vie intime du peintre, il nous associe à la marche de ses conceptions. Il eût été curieux, en cette occasion, de voir des dessins de tous les maîtres espagnols. Il est vrai que les vitrines closes ne facilitent guère une exhibition de ce genre. Les choix qu'on a faits offrent, dans tous les cas, un fin régal aux gourmets les plus difficiles.

Comment, en effet, ne se sentiraient-ils pas en appétit devant une *Vue de Grenade*, crayonnée par Velazquez? Murillo avec un *Saint Joseph* n'éveille pas moins de convoitises. Viennent, maintenant, des dessins de Louis de Vargas, Francisco Herrera, Greco, Cano, Antonio del Castillo, Paul Véronèse, Carduccio, Aniello Falcone, Salvator Rosa.

Je termine par un plan de l'Alcazar de Tolède que dressa, sur les instructions de Philippe II, l'architecte Jean de Herrera. Dans une des marges est une note autographe du roi ainsi conçue : « Ne pas toucher à la cour et à sa colonnade. » Il s'agissait vraisemblablement de réparations à apporter au superbe édifice qui existe encore et qui domine la ville. Peut-être s'agissait-il aussi de reconstructions partielles. Cet Alcazar, entièrement restauré, est aujourd'hui une école militaire. La cour dont parle la note de Philippe II a gardé ses dispositions primitives ; elle est formée de trente-deux arcades en galerie...

Un livre de miniatures, connu sous le titre de *Triomphe de Maximilien Ier*, offre la plus vive attraction.

Le marquis de Piedrabuena expose deux cadres de cuivre où sont représentés dans l'un *le Goût* et dans l'autre *la Vue*. Ils sont de fabrication flamande, et la légende rapporte qu'ils furent pris sur un navire anglais, lors de la terrible guerre qui eut lieu au commencement de notre siècle.

Il me resterait encore à parler du meuble, mais il n'occupe ici qu'une petite place, à moins qu'on ne le prenne dans les coffres de toute sorte qui suivent la filière artistique (*arcas* et *arquetas*) et qui attestent à leur tour les influences déjà analysées.

Sous ce rapport, la cathédrale de Madrid a fourni un modèle monumental qui conserve encore le reflet intense de l'école primitive de peinture. Ce coffre servit de châsse au corps de saint Isidore Labrador, le patron de la capitale de l'Espagne. Il ne faut pas confondre celui-ci avec le grand saint Isidore, un des plus savants prélats de l'Église au viie siècle. Le saint *laboureur*, lui, est une personnalité légendaire qui prend date au xiie siècle et dont la tradition miraculeuse s'est perpétuée jusqu'à nos jours.

Son coffre sépulcral, à couvercle en plan incliné, mesure $2^m,25$ de long sur $0^m,80$ de large. La profondeur est d'environ $0^m,60$. Le bois dont il est fait en entier est recouvert d'un cuir menu maroufé dans les ais. Les peintures qui le décorent sont de la fin du xiiie siècle ou du commencement du xive. Elles rappellent la forme idéale et la naïveté gothique des artistes français et italiens que Ferdinand III appela en Castille, et qui firent en quelque sorte école du temps d'Alphonse X.

La finesse de ces peintures est admirable; par malheur, le temps les a effacées en partie. Celles du principal panneau sont encore conservées. L'encadrement est formé d'un réseau d'arabesques dans les intervalles duquel vient l'image héraldique de l'ours, peint en blanc sur fond rouge[1]. Dans une succession d'arca-

[1]. Cet ours, peint de la même manière, rentre dans les armes de la ville de Madrid. Sa tradition rappelle les forêts qui cou-

tures trilochées, portées sur colonnettes de couleur, avec pinacles et créneaux, sont reproduites les scènes de la vie du saint, les miracles dus à son intercession, le bienfait philanthropique de son humble labeur.

La compagne de Labrador est associée à cette apothéose. En divers tableaux, avec des évocations symboliques, se rencontrent les animaux attachés à la culture de la terre. L'ensemble est pur, léger, empreint d'un mysticisme austère ; l'ogive, pour une part, y resplendit dans sa netteté, tandis que les fleurs et les feuillages y rappellent le style roman.

A lui seul, cet ouvrage me dispense de parler des autres, dont aucun ne le vaut. Néanmoins, puisqu'il a été question de meubles, je citerai un fauteuil en forme d'X, véritable bijou d'incrustations d'ivoire, qui appartient à la cathédrale de Tolède.

La ferronnerie m'entraînerait trop loin et sans beaucoup de fruit. Cependant, il faut rendre justice à l'effet décoratif obtenu par M. Nicolas Duque, avec une collection qui ne comprend pas moins de cent onze cadres. On y trouve de jolis modèles du XIIIe siècle dont l'industrie moderne ne saurait que profiter. Certains types du XIVe et du XVe siècle ne sont pas moins dignes d'être reproduits.

Les ornements de portes et fenêtres ne doivent pas me faire oublier la serrurerie, qui compte aussi de nombreux partisans. Les spécimens en sont dissé-

vraient autrefois les espaces au sein desquels a été construite la capitale de l'Espagne. Qui s'en douterait, aujourd'hui, que ces forêts ont existé ?

minés. Plusieurs, toutefois, attestent un art auquel on ne recourt plus désormais.

XLIII

Du sein de cette vision de l'Espagne triomphante, si je remonte au sommet et que je considère le chemin parcouru, partout je trouve une marche simultanée, une concordance absolue : fougues patriotiques, fièvres religieuses, passions chevaleresques, toutes concourent à un même développement, à une égale apogée.

C'est là que se placent d'elles-mêmes les figures de Charles-Quint et de Philippe II. Je connais les préventions du monde moderne à l'égard de ces colosses couronnés. Ces préventions, je les partage moi-même en plus d'un point, mais, après avoir vu de si près leur époque, je reconnais qu'ils furent ce qu'ils devaient être, ce que les avaient faits un long enchaînement. Différemment, ils n'eussent pas été eux-mêmes et les gloires de l'Espagne en seraient de beaucoup amoindries.

Qu'on ne s'y trompe pas! de même que l'Exposition de Madrid modifie sensiblement l'idée qu'on se faisait des âges préhistoriques, de même elle adoucit les traits de bien des personnages réputés funestes.

Longtemps on s'était plu à ne voir dans la vie de certains que les actes de despotisme ou les entreprises sanguinaires; ici, au contraire, on trouve de leur part une préoccupation constante du beau, une recherche assidue de tous les progrès et une entente, le plus souvent prodigue, des premiers éléments civilisateurs.

Au reste, tout ce qui a trait à l'Espagne prend toujours la tournure spéciale d'une étrange séduction. Pas plus que tel ou tel monarque assombri par l'histoire, cette nation ne saurait être ce qu'elle est sans les violents contrastes qu'entraînent son tempérament, son climat, la nature même de son sol. Ces contrastes sont partout, on en a l'impression à chaque pas. Or, plus on la recherche dans les manifestations du génie humain, plus cette impression se grave et devient profonde. Elle est particulièrement intense dès qu'il s'agit de la peinture, un art essentiellement documentaire par rapport à un peuple.

Instantanément, l'école espagnole apparaît dans le reflet véritablement inspiré de deux extrêmes qui se combinent. Elle est réaliste et mystique à la fois. Dans le réel, elle est l'Espagne, celle d'aujourd'hui comme celle d'autrefois. Dans le mystique, elle est l'infini divin; c'est elle qui a porté le plus haut ce sentiment. Deux noms servent d'enseigne à cette double action, à cette double vie : Velazquez, Murillo.

L'un et l'autre, sous une forme différente et dans un ordre à part de conceptions, personnifient la tendance des écoles anciennes et de l'école moderne.

Velazquez est le roi du réalisme, mais du réalisme

espagnol, entendons-nous. S'il ne répugne pas à la dureté de la forme, de la couleur et du relief, il n'oublie jamais d'apporter dans son œuvre l'impalpable reflet qui la transfigure. Soit dans la beauté, soit dans la laideur, on sent qu'il poursuit un idéal; en lui tout palpite : son âme propre, l'âme de l'histoire et celle d'un peuple !

Son réalisme, d'ailleurs, pas plus que les fougues de son tempérament, n'ont rien d'exagéré dès qu'on connaît l'Espagne et qu'on a vécu à Madrid. Son œuvre, embrassant tous les genres, n'est pas seulement au musée du Prado, elle est dans la population entière. On la revoit dans les rues, à l'angle des carrefours, aux abords des promenades. Ses types de grandeur, comme ses types de bassesse, ses nains, ses bouffons se retrouvent à tout instant. — « Tiens, c'est un Velazquez ! » est-on tenté de s'écrier. Il n'est pas jusqu'aux chevaux de selle des nobles Castillans se rendant le soir au Retiro dont l'allure ne serve d'explication à celle des cavaliers royaux de ce grand peintre.

Bien que plus jeune de quelques années, Murillo avait hérité de la foi des artistes du moyen âge. Son œuvre est surtout une œuvre de religion; elle est le triomphe du sentiment chrétien. Mais ce mysticisme n'exclut en rien l'influence locale. Le peintre sévillan est, lui aussi, un réaliste en ce sens qu'il reste imprégné de l'atmosphère de son pays, qu'il ne recourt qu'aux modèles que lui fournit sa ville natale. Seulement le caractère de ce milieu, grâce à sa foi, revêt une physionomie tout autre. Ce qui n'est qu'humain joint le ciel sous son pinceau avec une majesté incomparable. Il *immaculise* le sang des filles d'Andalousie au point que l'éther frémit au-devant d'elles. Rien n'est étranger à leur beauté terrestre, au velouté de leur regard, aux matités de leur chair, et pourtant tout vibre, tout resplendit en elles de l'amour divin !

A quiconque visite le musée de Séville, les vierges de Murillo laisseront chaque fois un souvenir ineffaçable. Elles se posent, sans leur ressembler, en rivales des vierges de Raphaël, qui priment toujours aux yeux des classiques. Cette opinion est respectable, mais on est libre de ne pas la partager. Certes, Raphaël commande assez l'admiration pour qu'on ne la lui marchande pas. Il subjugue par l'éclat du coloris et par la science impeccable du mouvement et de la forme. Il étonne et séduit par la sensation de grandeur qui émane de tous ses ouvrages. Cependant il reste chez lui quelque chose de païen, même dans ses compositions religieuses. Son art n'est pas exclusivement inspiré ; il y a en lui une convention et je dirai presque une recherche théâtrale.

Quant à ses vierges, elles ont la splendeur d'une pureté charnelle. Leur idéal est un idéal de beauté physique. Leur triomphe est dans la ligne, la suavité des traits, la limpidité du regard, la richesse des contours, l'exquisité des attaches. Seulement, on chercherait vainement en elles la passion mystique qui enflamme et transporte les vierges de Murillo. Leur sérénité est faite de langueurs et d'indolences italiennes ; il semble que leur sainteté vienne de ce qu'elles n'ont pas de sens. Chez le maître sévillan, au contraire, tout ce que la femme a de terrestre, d'humain et même de passionnel, rentre dans la conception mystique. La chair crie vers Dieu aussi bien que l'âme, et l'enlevée céleste, dans un élan plein de fièvre, s'empare de l'être tout entier!

XLIV

L'Exposition est close. Le silence s'est fait soudain dans le palais de la Bibliothèque. A peine les guichets ont-ils été fermés, qu'il a régné comme une stupeur dans l'édifice. Il semblait que de ce fourmillement d'objets précieux, parmi tant de trésors appendus ou étalés, montait un froid terrible. La chose vivante d'hier n'était plus que chose morte. On éprouvait un douloureux serrement de cœur à la pensée que bientôt il ne resterait rien de ce qui fut cela !

Puis les déménageurs sont venus, et dès lors a commencé le tumulte de la dispersion et du rapatriement.

Plus d'éblouissements : tout rentrait dans les ténèbres ! De chaque salle partait un bruit de marteaux et de caisses qu'on cloue. En bas, de lourds camions stationnaient dans les cours, à toutes les issues. Les magnificences de la veille étaient aux mains d'ensevelisseurs indifférents et hâtifs, confondant les âges, les catégories, faisant monceau de tout!...

Dans les escaliers de marbre se renouvelle à chaque heure le défilé morne et lourd des enlèvements de colis. Des femmes à genoux sur la dalle claire en lavent les marches à grande eau, tandis que, de leur voix dolente, dernier écho de la vie arabe, elles chantent des sévillannes et des malagaines.

Parfois se mêle à ce concert une *petenera*, qu'interpréta un moment, à Paris, Mme Judic, la célèbre diseuse. Elle l'avait apprise, je crois, de Gayarré, le ténor espagnol :

> *Dos besos tengo en el alma,*
> *Que no se apartan de mi :*
> *El ultimo de mi madre*
> *Y el primero que te di* [1].

. . . .

Tout ceux qui ont vu l'Exposition de Madrid en garderont le souvenir vivant et plein d'admiration. Elle a été un des plus beaux événements pacifiques du siècle, la restitution la plus féconde en enseignements au point de vue historique.

L'Espagne, en cela, a glorieusement ouvert une voie qui peut être et qui devrait être suivie. Une manifestation de ce genre, à laquelle l'univers entier serait

---

1. Je garde deux baisers dans l'âme, qui ne se sépareront jamais de moi : le dernier que je reçus de ma mère et le premier que je t'ai donné.

convié dans une ville cosmopolite comme Paris, donnerait des résultats énormes. Il en est de l'histoire comme des particuliers : à elle aussi, il reste bien des choses à étudier, bien des choses à apprendre!

NOTES PERSONNELLES

CONFÉRENCE DU 10 JUIN 1893

Un devoir de convenance, qu'il me reste à remplir envers la presse de Madrid, m'oblige à rappe'er ici la conférence que je fis, le 10 juin dernier, dans la salle du Trône du palais de la Bibliothèque, dont le local était entièrement occupé par l'Exposition historique.

En instituant une série de cours publics sur des sujets empruntés à cette Exposition, la Junta avait décidé que la France viendrait en second après l'Espagne, et que la tribune, à cette occasion, appartiendrait au représentant de ses comités.

Je ne pouvais décliner un honneur que, par une attention délicate, tant d'hommes éminents faisaient à mon pays, et, bien que le délai qui m'était accordé semblât un peu court, je me mis résolument à l'œuvre.

Les invitations pour les conférences étaient faites au nom de S. E. M. Moret, ministre de Fomento; elles étaient envoyées en général aux ambassades et répandues ensuite parmi les membres de l'aristocratie madrilène. Pour la mienne, il en fut lancé en grand nombre dans les rangs de la colonie française.

Le sujet choisi était : *Sensations d'art. — Influence réciproque entre la France et l'Espagne.*

J'ai encore les lettres, adressées à la Délégation générale, par lesquelles les représentations étrangères répondirent directement à l'invitation de S. E. le ministre de Fomento. Dans le nombre figurent celle de l'ambassade d'Allemagne et celle de l'ambassade d'Italie, l'une au nom de M. de Radovitz, l'autre à celui du marquis de Maffei. En revanche, je cherche en vain celle de l'ambassade de France; peut-être bien qu'elle ne m'aura pas été remise. Dans tous les cas, les termes dans lesquels j'étais avec le personnel et les rapports fréquents que j'avais avec lui rendaient cette formalité parfaitement inutile.

M. Roustan, notre ambassadeur de France à Madrid, sans s'intéresser directement à l'Exposition, qui gardait à ses yeux un caractère exclusivement privé, avait cependant bien voulu, et cela avec la plus aimable courtoisie, m'offrir le concours de sa haute autorité pour tous les cas où il serait nécessaire d'y recourir.

Et des cas semblables ne se sont jamais présentés, cela va sans dire. Il en était de même de la part du secrétariat et de la chancellerie, où des changements survenus ne modifièrent en rien la bienveillance commune à tous. La plus importante des communications que j'ai faites de ce côté a été d'apprendre à M. l'ambassadeur que nos nationaux avaient été généralement récompensés tant par des médailles que par des mentions. J'eus aussi le plaisir de lui annoncer que le rapatriement des collections s'était opéré sans donner lieu à la moindre réclamation.

Mais je reviens à ma conférence.

Au jour dit, je me trouvai en présence d'un public si bien disposé que je pus, en toute liberté d'esprit, exprimer ma gratitude pour l'accueil que j'avais trouvé en Espagne, et parler, soit des sensations d'art que j'avais recueillies, soit des influences qu'exercèrent autrefois la France et l'Espagne l'une sur l'autre. Je n'ai pas à insister sur cette causerie, aussi délicate qu'elle fût en plus d'un point, puisqu'elle est en substance renfermée dans le livre qu'on vient de lire.

Aussi je n'avais vu que de simples formules de politesse dans les compliments qui me furent adressés à son issue, lorsque, le lendemain, la grande presse de Madrid, unanimement, enregistra à mon actif un succès auquel j'étais loin de prétendre. Pour tant d'éloges si peu mérités, c'est avec un sentiment de profonde reconnaissance que j'envoie aujourd'hui mes remerciements à *la Correspondencia, la Epoca, el Heraldo, el Nuevo Heraldo, el Impartial, el Globo, el Movemiento catolico, el Resumen, el Dia* et à tous les journaux enfin qui voulurent bien se montrer sensibles au langage on ne peut plus sincère que j'avais tenu.

Ainsi que je le disais alors, je répéterai donc, encore une fois, plus haut que jamais : « Vienne le moment où les derniers spectres de nos luttes disparaîtront à l'aube d'une ère d'étroit rapprochement et de cordiale entente ! A nos yeux, dès lors, le beau pays qu'enveloppe l'*azul* sera pareil au *Cid*, et la France n'aura plus pour lui que les yeux toujours énamourés de Chimène ! »

Dès qu'il s'agit de la presse espagnole, je me dois encore à moi-même d'exprimer à M. Mencheta, directeur de l'agence universellement connue sous ce nom, propriétaire de divers journaux, notamment un des principaux organes de Barcelone, la gratitude que j'ai gardée pour les bons offices que lui et son frère me rendirent quand je vins à Madrid, au retour d'Huelva.

C'est à lui que je dus d'assister, en compagnie de M. Soldi, sculpteur, et M. Routier, journaliste, à une soirée de gala qui fut donnée au Palais royal le jour même de l'arrivée de LL. MM. le roi et la reine de Portugal. Indépendamment des deux cours, il n'y avait d'invités que les dignitaires et les principaux membres du corps diplomatique. Toutes les demandes, en dehors de là, étaient restées sans réponse et avaient été réservées pour la réception qui eut lieu quelques jours plus tard.

Bien qu'il ne fût pas invité lui-même, M. Mencheta avait bien voulu intercéder pour nous, mais il n'entrevoyait aucun espoir. Cependant, comme nous insistions encore en faveur de la publicité qu'il convenait de donner à cette fête, il nous dit : « Habillez-vous toujours comme si vous deviez vous y rendre, et venez chez moi ce soir, à neuf heures. Je ferai une dernière tentative auprès de S. E. le duc de Medina Sidonia, Mayordomo-mayor, pour qu'il vous laisse entrer. »

A l'heure convenue, nous nous rendîmes chez lui, prêts à tout événement. Il nous reçut amicalement dans son salon, où se trouvaient des dames de sa famille et, sans plus de retard, usant du téléphone, il se mit à parlementer avec le palais.

Durant ce colloque, — je n'oublierai jamais ce détail, — il s'éleva de la rue un bruit intermittent de clochette qu'on agite, bruit d'abord éloigné et à mesure se rapprochant.

Les dames avaient prêté l'oreille avec une visible émotion,

M. Menchetta s'était tu. Aussitôt, la maîtresse de la maison alla aux fenêtres qu'elle ouvrit, et spontanément ses compagnes et elle se mirent à genoux, à demi prosternées.

De l'autre côté de la rue, d'autres fenêtres s'étaient également ouvertes. Dans la pénombre, on voyait des têtes s'agiter et se pencher dans une attitude commune de respect et de vénération.

Un bruit de pas hâtifs s'élevait d'en bas. La clochette se fit de nouveau entendre au droit de nous, puis plus loin. Son appel plaintif s'affaiblissant se perdit dans le lointain.

C'était le viatique qu'on portait à un malade...

Les pourparlers reprirent ensuite au téléphone. Une voix disait qu'on ne pouvait rien promettre, et M. Mencheta conclut par ces mots, en s'adressant à nous : « Allez-y toujours, essayez, je ne réponds de rien. » Les dames nous souhaitèrent bonne chance.

Ceci se passait dans l'Arenal. En quelques minutes, la voiture que nous avions nous porta à destination. Nous entrâmes ; cela se fit comme par enchantement ! Un officier du palais, prévenu, nous attendait. Il nous fit monter par un escalier intérieur à peine éclairé. Nous gagnâmes une galerie que masquait un velum dans le milieu. Nous écartâmes, pour passer, les plis de ce velum et, tout à coup, en un rien de temps, nous nous trouvâmes au cœur même de la fête, en plein éblouissement ! Décidément, S. E. le duc de Medina Sidonia en avait usé envers nous avec une complaisance rare. On peut bien l'en remercier maintenant.

Qu'on juge de la surprise de M. Canovas, encore président du Conseil, lorsque, de la place qu'il occupait auprès des souverains, il s'aperçut que trois habits noirs faisaient tache d'encre sur la splendeur des plus étincelantes toilettes et des plus pompeux uniformes. Il vint lui-même en reconnaissance de ce côté, et probablement qu'il se rappela nous avoir déjà rencontrés en Andalousie, car il eut un sourire et nous fit un léger salut de la tête ; en même temps il alla rejoindre le cortège royal.

Après le concert, où nous entendîmes Mme Tetrazzini et le ténor de Marchi, nous parcourûmes encore assez longuement les salons auxquels le Palais royal de Madrid doit de passer intérieurement pour le plus beau de l'Europe ; voyant ensuite que les hôtes royaux s'étaient eux-mêmes retirés, nous songeâmes à en faire de même, malgré l'invitation officieuse que nous fit de rester à souper un chambellan qu'avait sans doute intéressé l'austérité de notre mise.

Nous passâmes par toutes les grandes portes, nous remontâmes la magnifique galerie. Du haut du grand escalier, monumental par lui-même, s'offrit alors le coup d'œil magique de deux cents valets en livrée Louis XIV, formant une double haie du haut en bas, tout le long des degrés, et gardant l'immobilité qu'auraient autant de statues polychromes, émaillées d'or et de broderies.

Au-devant de nous les hallebardiers géants avaient fait sonner leur arme, et, de partout, le même signal fut renouvelé. Nous étions montés sans honneurs, nous descendions avec gloire. Je suis sûr qu'on nous prit, à ce moment, pour des ministres des États-Unis!

Copie de la lettre par laquelle le directeur général de l'Exposition rendit compte à S. E. M. Moret, ministre de Fomento, de la manière dont j'avais rempli mon mandat à l'Exposition.

DÉLÉGACION GENERAL.
EXPOSICION HISTORICA-EUROPEA.

EXMO SŌR.

Ministro de Fomento,

Mi respectable y buen amigo : entre los muchos y grandes servicios prestados en esta Exposicion por el eminente escritor y renombrado publicista parisien M. Emile de Molènes, desenella por su importancia el docto y hermoso libro que tiene ya redactado y á punto de publicar en la capital de Francia, titulado : « *l'Espagne du Centenaire de la découverte du nouveau monde : Exposition historique de Madrid.* »

Ha consagrado a esta obra monumental un año entero de estudio permanente y examen concienzudo de todos los objetos, tanto históricos como artísticos y científicos exhibidos por todas las naciones europeas y americanas que han concurrido á este inolvidable certamen.

Los articulos que no sin frecuencia ha sacado á luz en varios periodicos de Paris, dando cuenta luminosa y metodica de las preseas aqui expuestas, bastarian para crearle un mérito extraordinario.

En las tareas del Jurado, como vocal asiduo è inteligente, ha colaborado tambien ; y finalmente ha puerto el colmo a los favores que le debemos con encargarse de la representacion de casi todos los Expositores franceses, para hacerse cargo en su nombre, de los objetos que, felizmente han vuelto ya, casi todos à su destino.

Debiendo regresar á su patria, dentro de breves dias y públicar la antedicha obra, Mr. de Molènes no podria menos de agradecer á España, el poder presentarse en Francia con algun distintivo del agrado y reconocimiento, á que es acreedor su benemérito concurso.

Por esta razon, me atrevo à suplicar á V. se digne hacer, por Mr. de Molènes, una escepcion, que á nadie sosprendera, otorgandole desde luego, la condecoracion, para la que ha sido propuesto en union con los demas extranjeros.

Soy de V. at° aff^{mo} am° y Capellan.
G. B. S. M.
Signé: Fidel Fita.

Madrid, 4 septembre 1893.

Es copia.
Conforma con el original.
Santiago Carrillo.

La distinction honorifique que le R. P. Fita demandait pour moi dans les termes qui précèdent était celle de Grand-croix d'Isabelle la Catholique. A différentes reprises, on m'annonça, à la délégation générale, qu'elle m'était accordée. Un jour même, le R. P. Mullé de la Cerda m'en donna la nouvelle comme officielle. Une lettre ministérielle m'apprit, par la suite, que j'avais été nommé commandeur... Quelle que soit la distinction accordée, la récompense n'en est pas moins belle, puisqu'elle m'a valu, de la part d'un homme qui est une des gloires de l'Espagne, un éloge dont je me tiens honoré pour toute la vie.

En quittant Madrid, je tenais à emporter, touchant mon travail, l'avis nettement formulé d'un des hommes les plus éminents de la Péninsule. Il ne m'importait pas seulement de savoir si je m'étais trompé, soit dans mes appréciations, soit dans la nature elle-même des faits; je tenais surtout à apprendre si, par mégarde, et par conséquent sans le vouloir, je n'avais pas, sur quelque point, froissé le sentiment national, toujours délicat en ces matières.

N'écoutant que la sympathie que M. Pedro de Madrazo inspire instinctivement, tant par le génie de ses œuvres que par les qualités exceptionnelles qui distinguent sa personne et son caractère, je lui adressai mon manuscrit, en le priant avec instance de consacrer à le lire quelques-uns des trop rares loisirs que lui laissent les grands travaux qui l'absorbent habituellement. Je n'ai pas besoin de dire que la pureté avec laquelle il parle et écrit notre langue le rend parfaitement apte à juger à première vue.

Mon manuscrit était en deux parties. Voici ce que M. de Madrazo m'écrivit en me renvoyant la première :

Très honoré Monsieur,

Je vous retourne votre précieux manuscrit que j'ai *avalé* d'un trait, séduit par la beauté du style et par le sentiment exquis qu'il révèle.

J'ai pris la liberté de faire de légères corrections sur les Espagnols dont vous citez les noms, et aussi je me suis permis de fixer votre attention sur quelques points de grand intérêt concernant notre architecture.

Veuillez m'excuser de cette liberté, et agréez l'expression de mon cordial attachement.

Votre tout dévoué,
Signé : DE MADRAZO.

15 août 1893.

C'est avec la plus grande déférence, comme on pense, que j'utilisai les indications que me fournissait un maître pareil. Loin de rougir de la leçon, j'ai, au contraire, tout lieu d'en être fier.

La seconde partie du manuscrit fut suivie de cette autre lettre :

Très honoré ami,

Malade depuis six jours, dont les trois premiers au lit, j'ai à peine eu le temps de savourer (*saborear*) votre précieux manuscrit. J'ai lu cependant presque tous les chapitres, spécialement ceux que vous consacrez à la tapisserie et à la peinture, où je n'ai trouvé rien à rectifier.

JE SUIS ÉTONNÉ DE LA TACHE COLOSSALE QUE VOUS AVEZ REMPLIE. VOTRE TRAVAIL SUR L'ESPAGNE EST NON SEULEMENT UNE VÉRITABLE ENCYCLOPÉDIE, MAIS AUSSI LE PLUS CONSCIENCIEUX DE TOUS *les comptes rendus que la presse étrangère ait produits à propos de notre Exposition internationale.*

Recevez-en ma cordiale félicitation et le souhait d'un complet succès parmi vos compatriotes.

Vous allez partir... Je regrette infiniment de ne pas pouvoir venir vous serrer la main. Heureux voyage ! Et, lorsque vous serez rentré dans vos foyers, souvenez-vous de la sincère amitié

De votre tout dévoué,
Signé : PEDRO DE MADRAZO.

Madrid, 29 septembre 1893.

Ces deux lettres, dont la pensée est si noble et le sentiment si chaleureux, ne sont-elles pas également de belles récompenses ? Et même ne mériteraient-elles pas, au besoin, de servir d'exemple et de leçon, dès qu'il s'agit de reconnaître de véritables services et d'honorer de généreux dévouements?

RÉCOMPENSES ACCORDÉES A NOS NATIONAUX.

Exposition historique.

Médailles d'or : Sous-Secrétariat d'État des colonies : Exposition permanente des colonies ; Ministère de la marine; paroisse de Masseube (Basses-Pyrénées); Musée de l'arsenal de la marine de Toulon; Ville de Reims ; Musée municipal; Missionnaires d'Alger; Musée archéologique de Saint-Louis, à Carthage; Gouvernement tunisien; Musée Alavin du Palais du Bardo, à Tunis ; Clergé musulman tunisien; Bibliothèque de la grande Mosquée, à Tunis ; MM. Th. Petitjean; Ernest Irroy (Reims); le baron Gaston Chandon de Briailles (Paris).

Médailles d'argent : Municipalités de Brest et de Clermont-Ferrand ; Bibliothèque publique de Brest; Société normande de géographie à Rouen ; Mme Ve de Chemery; MM. Henri Bailly, Ernest Brunette, Paul Simon, Ch. Wery, à Reims ; Léon Boluix, à Perpignan; Ardion, architecte, à Tours.

Médailles de bronze : Municipalité de Rouen ; Musée de la ville; MM. Alphonse Gosset, Charles Norizet, à Reims; le docteur Pierre Hospital, à Clermont-Ferrand; Guillaume Fabre, à Royat ; Musée de l'abbaye de Fécamp.

Mentions honorables : MM. le vicomte Oscar de Poli, le baron de Baye, Fernand Mazerolle, à Paris; Jules Carof, Amédée Coutance, E. de Kerros, à Brest; Auguste Boutique, à Douai ; Alexandre Poidebard, à Lyon; le marquis de Granges de Surgères, Arthur Le Beau, Alex. Perthuis-Laurent, à Nantes; Alph. Couret et Herluison, à Orléans ; Gabriel Gravier, à Rouen; Ed. Hervé et Émile Dufay, à Reims ; Mlle de Pelacot, MM. Luguet et Tardieu, à Clermont-Ferrand ; Emmanuel Delorme, Dr de Rey-Pailhade, et Stanislas Guénot, à Toulouse.

DISTINCTIONS HONORIFIQUES.

Grand-croix d'Isabelle la Catholique : MM. le comte d'Ormesson, membre du Comité central ; Bonhoure, préfet des Pyrénées-Orientales, président du Comité de Perpignan.

Plaque de Commandeur de Charles III : M. le marquis de Granges de Surgères, président du Comité de Nantes.

Plaque de Commandeur d'Isabelle la Catholique : MM. Ed. Vatin, préfet du Calvados, président du Comité de Caen; Ernest Irroy, président du Comité de Reims; Adrien Planté, ancien député, maire, président du Comité d'Orthez.

Croix de Commandeur d'Isabelle la Catholique : MM. Gustave Venot, président du Comité de Lille ; Boluix, membre du Comité de Perpignan.

Croix de Chevalier de Charles III : MM. Paul Brégi, secrétaire du Comité central ; Henri Olivier, vice-président du Comité de Moulins.

Croix de Chevalier d'Isabelle la Catholique : MM. Alph. Auger, membre du Comité des Français décorés d'ordres espagnols ; de Gandarias y Planzon, secrétaire général du Comité de Bône ; René Moreau, secrétaire du Comité de Moulins ; Bauby, secrétaire du Comité d'Orthez ; Henri Lorin, secrétaire du Comité de Pau.

De nouvelles promotions sont attendues de jour en jour.

EXPOSITION DES BEAUX-ARTS.

Cette exposition avait été installée au palais des Beaux-Arts, qui s'élève à l'extrémité de Madrid, non loin de l'Hippodrome. Son succès eût été grand à tout autre moment, mais l'Exposition historique, à peine ouverte, fit en très peu de jours le vide dans ses salles. La lutte, en effet, semblait impossible. D'un côté était l'œuvre des siècles ; de l'autre côté se trouvait celle de quelques générations seulement.

La section française installée par M. de Crozier avec des ouvrages de nos meilleurs peintres et sculpteurs eut le vif succès qu'on en devait attendre. Je n'ai pas besoin de dire que le portrait de S. S. Léon XIII, par M. Chartran, et celui du cardinal Lavigerie, par M. Bonnat, furent les *clous* de cette manifestation. Il n'y figurait, d'ailleurs, que des toiles que nous autres Français connaissions tous pour les avoir vues à Paris, à divers Salons annuels. Parmi les envois des peintres espagnols contemporains figuraient aussi plusieurs ouvrages de premier ordre qu'on voyait pour la première fois, et qui, chez nous, eussent très certainement fait sensation.

PEINTURE, HISTOIRE, GENRE ET PORTRAIT.

Médailles de 1re classe : MM. Albert Aublet, Jules Machard, Émile Renard et Émile Renouf. — *Médailles de 2e classe :* MM. Camille Bellanger, Alfred-Henri Bramtot, Claude Bourgonnier, Jacques-François-Fernand

Lematte, Victor Prouvé, Léon Ruel. — *Médailles de 3ᵉ classe* : Mᵐᵉ Uranie Colin-Libour, MM. Paul Langlois, François Sallé. — *Mention honorable* : Mˡˡᵉ Marguerite Arosa.

PAYSAGE, MARINE, NATURE MORTE, FLEURS.

Médailles de 1ʳᵉ classe : MM. Eugène Boudin et Emmanuel-Pierre Damoye. — *Médailles de 2ᵉ classe* : MM. Alexandre Nozal et Alfred Smith. — *Médailles de 3ᵉ classe* : MM. Édouard d'Otemar et Alfred Paris. — *Mentions honorables* : M. Marcel d'Aubépine, Mᵐᵉ la marquise de Croizier, M. Germain David-Millet.

AQUARELLE, GRAVURE ET DESSIN.

Médailles de 1ʳᵉ classe : MM. Alfred Brunet-Debaines et Paul Maurou. — *Médailles de 2ᵉ classe* : MM. Pierre Carrier-Belleuse et Alexandre Lunois.

SCULPTURE.

Médaille de 1ʳᶜ classe : M. Imbert-Louis Noël. — *Médailles de 2ᵉ classe* : MM. Isidore-Jules Bonheur et Anatole Marquet de Vasselot. M. Bonheur a reçu ensuite la croix de Chevalier d'Isabelle la Catholique.

DISTINCTIONS HONORIFIQUES.

Parmi les exposants hors concours à cette Exposition ont été nommés dans les ordres espagnols :

Grand-croix d'Isabelle la Catholique : M. Bonnat, membre du jury.

Commandeurs de Charles III : MM. Puvis de Chavannes, Léon Gérôme, Carolus Duran et Fremiet.

Chevaliers de Charles III : MM. Chartran, Gervex et Besnard.

Commandeurs d'Isabelle la Catholique : MM. Jules Lefebvre, Benjamin-Constant, Alfred Roll et Jules Lenepveu.

Chevaliers d'Isabelle la Catholique : MM. Camille Paris, Pierre Hugues, Hector Leroux, Alphonse Lamotte, F. Bracquemond, Saint-Pierre, Charles Landelle, Charles Baude et George Clairin.

Mérite militaire : M. Marcel d'Aubépine.

LE LIVRE D'OR FRANÇAIS DU CENTENAIRE
DOCUMENTS COMPLÉMENTAIRES

Si la manifestation française du Centenaire, indépendamment de la manifestation navale directement commandée par l'État, eut à surmonter de grandes difficultés, il faut néanmoins reconnaitre que le mouvement provoqué a rallié en grande part l'élite elle-même de la nation.

M. le marquis de Croizier veut bien me communiquer les noms, la plupart célèbres et les autres justement estimés, qui ont figuré officiellement sur les listes de la délégation, ainsi que ceux dont se composèrent les comités formés à son instigation.

Ces noms à eux seuls attestent le plus vif courant de sympathie pour l'Espagne ; ils constituent en même temps une sorte de livre d'or d'une portée indéniable et qu'il sera en plus d'un cas, à l'avenir, curieux et même instructif de consulter.

Comité central chargé d'assurer la participation de la France à l'Exposition des beaux-arts de Madrid.

Président : M. le duc de Mandas, ambassadeur d'Espagne à Paris. — *Vice-présidents* : Vice-amiral Jurien de La Gravière (Académie française et Académie des sciences); M. de Quatrefages (Institut); M. Daubrée (Institut).

Délégué général : M. le marquis de Croizier, membre du Conseil supérieur des colonies, chargé des missions par le ministère de l'instruction publique et des beaux-arts.

Membres de droit : MM. le marquis de Novallas, 1er secrétaire de l'ambassade d'Espagne à Paris ; le duc d'Almenara-Alta et le comte de Pié de Concha, anciens premiers secrétaires de la même ambassade.

Secrétaires : MM. Raoul de Saint-Arroman, chef de service au ministère de l'instruction publique, membre du Comité de la Société des gens de lettres; Paul Brégi, rédacteur à l'ambassade d'Espagne; Émile Soulère, consul d'Espagne.

Secrétaires adjoints : MM. Eugène Gibert, le vicomte Boutry, Greverath.

Trésoriers : MM. le baron de Baye, membre de la Société nationale des antiquaires de France; le marquis de Rocamora, secrétaire d'ambassade; Ramon del Rio, consul, chancelier de l'ambassade d'Espagne à Paris.

Principaux membres : MM. Henri Boucard, Xavier Charmes, Paul Claverie, général Derrécagaix, Léopold Delisle, Charles Dumay, comte de Flaux, Girard de Rialle, Édouard Foucaud, Albert Grodet, de Heredia, Édouard Hervé, le marquis d'Hervey de Saint-Denys, Hamy, Jacques Haussman, Arsène Houssaye, Paul Leroy-Beaulieu, Émile Levasseur, G. Maspéro, Charles Maunoir, Joachim Meurand, le marquis de Nadaillac, Jules Oppert, le comte d'Ormesson, le comte Roselly de Lorgues, de Rosny, le comte de Sartiges, les amiraux Vallon et Vignes.

Commission centrale formée pour seconder le même but.

Président : M. le duc de Mandas. — *Vice-président :* M. le marquis de Croizier.

Membre de droit : M. le marquis de Novallas.

Principaux membres : MM. Bailly, Léon Bonnat, Bouguereau, Barrias, Louis Cabat, Carolus Duran, Cazin, Chaplain, Carrier-Belleuse, Checa, Jules Comte, Dalou, Daumet, Henri Delaborde, Paul Delaire, Francisco Domingo, Paul Dubois, Falguière, de Fourcaud, Charles Garnier, Léon Gérôme, Philippe Gille, Louis Gonse, Henry Havard, Henri Houssaye, Luis Jimenes, Georges Lafenestre, Juan Luna, Enrique Melida, Antoine Mercié, Muños, Puvis de Chavannes, de Los Rios, Oscar Roly, Émilio Sala, Albert Wolf, Charles Yriarte.

Congrès international des Américanistes réunis à Huelva.

Déjà ancienne et de jour en jour plus prospère, la Société des Américanistes se ramifie dans le monde entier. A Huelva, j'étais très lié avec beaucoup de ses membres, dont un, entre autres, était venu de l'Inde, tout exprès pour le Congrès. Par malheur, je ne me rappelle plus son nom.

Les travaux de cette compagnie, qui compte dans ses rangs tant de membres illustres, se ressentirent un peu, en cette occasion, des fêtes, à tout instant renouvelées, qui, durant quinze jours, s'étendirent à la région entière.

Les congressistes, néanmoins, pareils à des pères conscrits, siégèrent avec persévérance. Mais au beau milieu des discussions les plus graves, on était toujours sûr de voir arriver l'excellent directeur des travaux, M. Justo Zaragoza, avec ses mains pleines de liasses d'invitations. On suspendait les débats, et on allait retirer sa carte.

Notre Institut français était représenté aux séances par MM. Oppert et Hamy, auxquels vint s'adjoindre en dernier M. Antoine d'Abbadie. Éminent entre tous, universellement aimé, — c'est le cas de le dire, — il y avait aussi M. Adam, président du tribunal de Rennes, un des premiers fondateurs, avec feu M. de Quatrefages, de cette compagnie d'élite. A la séance d'inauguration, dans les ruines de la Robida, il avait prononcé un discours dont on ne saurait trop louer la portée morale, avec un tact et une convenance qui attestent de sa part une haute personnalité.

Dans les dossiers de la délégation générale, je trouve que, indépendamment de l'Institut, les ministères, les académies, les sociétés savantes de France avaient envoyé au Congrès plus de deux cent vingt délégués. Cela tint à coup sûr à la circonstance, mais c'est justement pour la circonstance qu'il importait de se montrer. Les adhésions atteignirent le chiffre de onze cent vingt.

Comité des Français décorés d'ordres espagnols.

Ce Comité fut formé par M. le marquis de Croizier et M. le vicomte de Poli, dans le but d'associer au Centenaire un hommage rendu à S. M. Marie Christine par les titulaires français des ordres espagnols. Cet hommage devait consister en un album, magnifique œuvre d'art, sur chaque feuillet richement enluminé duquel se trouveraient les noms des souscripteurs.

Président d'honneur : M. le comte Roselly de Lorgues, commandeur de Charles III. — *Président :* M. le vicomte de Poli, ancien préfet, président du conseil héraldique de France, commandeur de Charles III. — *Vice-président :* M. le marquis de Croizier, grand-croix d'Isabelle la Catholique, grand-officier du mérite Naval, commandeur de Charles III.

Principaux membres : MM. le baron Gaston Chandon de Briailles, le marquis de Castellane, comte de Kératry, Estancelin, Falcon de Cimier, comte de Flaux, Lambert de Sainte-Croix, René Kerviler, Marquet de Vasselot, général de Mellinet, l'amiral Vallon, baron du Teil, le colonel Rochas, de Marcère, Carolus Duran, Massicault, le général Foy, le marquis d'Abzac, de Laboulaye, le duc de Clermont-Tonnerre, le duc de Valençay, le comte de Saint-Saud, Raoul Toché, Henri Macé, Gaston Bernos, Febvre (de la Comédie-Française).

Mmes la vicomtesse Drouyn de Lhuys, la duchesse de Monteagudo (ordre de Marie-Louise), la comtesse de Casa Miranda (Christine Nilsson, ordre de la Bienfaisance).

Parmi les souscripteurs figuraient le duc de Nemours et le duc de Chartres.

L'album fut exécuté sur vingt-deux grands vélins, par M. Richard Barabandi; la reliure fut confiée aux soins de M. Alphonse Auger, orfèvre.

M. le vicomte de Poli, à la tête d'une délégation composée de plusieurs membres du Comité, fit la remise de cet album à la reine, en l'Alcazar de Séville, le 28 octobre 1893. Voir, à ce sujet, une brochure (32 pages in-8°) dans laquelle il a relaté lui-même l'audience à laquelle lui et ses collaborateurs furent admis par l'auguste souveraine, la faveur qu'elle leur fit de les présenter au jeune roi Alphonse XIII, et les bons soins dont ils furent l'objet de la part de S. E. le duc de Tetuan, qui était chargé de les recevoir.

Comités départementaux du Centenaire.

On sait déjà que les comités étaient fort nombreux, et que les plus hauts fonctionnaires, des prélats, des amiraux, des généraux, autorisés en cela par les ministres, avaient tenu à honneur d'en faire partie.

Je prendrai, par ordre orthographique de départements, les noms les plus marquants de cette série :

Allier, Alpes-Maritimes, Ardennes, Ariège, Aube, Aude, Aveyron : MM. Faure, Burrell, Chénot, Peyronnet, Bonnard ; — Gambart, Abbot ; — Guyon ; — de Malherbe (préfet de Foix) ; — Babeau ; — Schneider ; — Bornier (préfet), Mgr Bouret, E. Pautard (Aveyron).

Basses-Pyrénées, Bouches-du-Rhône, Calvados, Cantal, Charente, Charente-Inférieure, Cher, Corrèze, Corse, Côte-d'Or, Côtes-du-Nord, Creuse, Deux-Sèvres, Dordogne, Doubs, Drôme : Mgr Jauffret, évêque de Bayonne ; — MM. général de Alarcon, Henri O'Shea, de Ribeau, le marquis de Folin, duc de Grammont, Juanchuto, de Monasterio, Thomas (S. P. de Mauléon), José Vélez, Adrien Planté, Eusebio Aguirre ; — Antonio Simiot ; — Édouard Vatin (préfet de Caen), Louis Guillouard, Manchon ; — Raines ; — Daniel Touzaud, G. Chauvet ; — docteur Bourru ; — Armand Bazenerye, abbé A. Roché ; — Ruposi ; — abbé Peretti ; — Paul Gaffarel, Gonod ; — Geslin de Bourgas, C. Lecoq ; — Martinet ; — Émile Lascombes (préfet de Niort) ; — marquis de Fayolles, comte de Saint-Saud ; — A. Boussey ; — C. Strauss, Ulysse Chevalier (chanoine).

Eure, Eure-et-Loir : l'évêque d'Évreux, l'évêque de Chartres ; — M. Bourgery.

Finistère, Gard, Gers, Gironde : MM. amiral de La Jaille, L. de Kerros, G. Fenoux ; — de Sarran ; — A. Cortades ; — archevêque de Bordeaux ; — Sourget, E. Benassit ; — docteur Hanneau, A. Lesca, M. Moussillac.

Hautes-Alpes, Haute-Garonne, Haute-Marne, Hautes-Pyrénées, Haute-Vienne, Hérault : MM. Blanc (préfet), évêque d'Ambrun ; — marquis de Pedroso, de Rey-Pailbade, docteur Guénot, Garrigou ; — baron de Bossecaza ; — P. Colomb ; — A. Georges ; — préfet et évêque de Limoges ; — docteur Raymondaud, Lacaud, Bourdery, Guibert ; — Christian (préfet de Montpellier) ; — Bellendy (E.-P.), Brusola, commandant Zeudi.

Ille-et-Vilaine, Indre, Indre-et-Loire, Jura : MM. Louis Tiercelin, duc de Talleyrand, duc de Valençay, A. Bazenerye ; — archevêque de Tours, L. Palustre, E. Javel, abbé Guichard.

Landes, Loir-et-Cher, Loire-Inférieure, Loiret, Lot : MM. préfet des Landes ; — H. du Boucher ; — préfet et évêque de Blois ; — marquis de Rochambeau, Guignard de Buteville ; — préfet et évêque de Nantes, comte de Taillepied de Bondy, marquis de Surgères, Collart de Sainte-Marthe, Perthuis-Laurent ; — A. Couret, abbé Desnoyers, G. Michau ; — abbé Gary.

Maine-et-Loire, Manche, Marne, Mayenne, Meurthe-et-Moselle, Morbihan, Nièvre, Nord : MM. H. Jouan ; — préfet de Reims, Ernest Irroy, baron Chandon de Briailles ; — Paul de Farcy ; — général Hanrion ; — marquis de l'Estourbeillon, Louis Le Normand ; — Girard de Kerenflech, comte de Limur ; — Brunan, préfet de Nevers ; — René de Lespinasse, vicomte Daunier de Piessac ; — comte Maurice de La Fargue, L. Mossot ; — Géry-Legrand (sénateur) ; — évêque de Lille ; — Gustave Venot, Saint-Hacquin ; — Cons, Camille Kezaux ; — Durieu ; — A. Prouvost ; — Pontignac ; — G. Levavasseur.

Pas-de-Calais, Puy-de-Dôme, Pyrénées-Orientales, Savoie, Seine-et-Oise, Seine-Inférieure : MM. Joive, C. Guines, Landrin ; — E. Carmier ; — préfet et évêque de Clermont ; — baron de Barhgon de Fort-Rion, Dr Hospital, Em. des Essarts ; — préfet et évêque de Perpignan ; — Enrique Gaspar ; — E. Garcia ; — docteur Chappet ; — préfet de Chambéry ; — Louis Pillet, Domange ; — Émir Javel ; — comte Dilhan ; — Allain-Targé (préfet), Robert Guerlin ; — Desgroiselle, A. Dubois ; — cardinal Thomas, archevêque de Rouen ; — Martinez ; — Ramon de Valladave ; — Gilles ; — Leblond.

Tarn-et-Garonne, Var, Vaucluse, Vendée, Vienne, Vosges, Yonne : MM. préfet de Montauban, chanoine Potier ; — amiral de Boissoudy, A. Laville ; — préfet de Draguignan ; — Laurent ; — J. de Terris ; — Ducrocq ; — Graillet.

Algérie, Tunisie, colonies : MM. Gambon, gouverneur général, le cardinal Lavigerie ; — Alcala Galiano, Masqueray ; — de Bertagna, Batalla ; — Ernest Merlé ; — F. Morato ; — Llabador ; — Massicault (résident général en Tunisie) ; — Rameau de la Chica, Sadou ; — R. P. Delattre ; — Louis Blanchet, Albert Grodet ; — E. Dupré, Guiraud.

Les adresses de félicitations.

Les adresses de félicitations au gouvernement espagnol recueillies par le marquis de Crozier affluèrent, à ce moment, de tous les points de la France. Les municipalités et les conseils généraux participèrent à ce mouvement tout comme les comités, les académies, les sociétés, les corporations et les syndicats.

La *Gaceta*, journal officiel de Madrid, les a publiées en partie. Le Comité de Limoges a recueilli les siennes en un volume paru. Celles de Nantes, Caen, Bourges, Alais et Orléans ont été l'objet de rapports également publiés. Mgr Gauffret, évêque de Bayonne, en fit parvenir un grand nombre. M. le baron de Fort-Rion en fit signer à lui seul une cinquantaine.

L'une des plus remarquées a été celle du Conseil général de la Loire-Inférieure, due à l'initiative de son président, M. le baron de Lareinty. Parmi celles des municipalités se recommande expressément celle du Conseil municipal de Bordeaux. A Nantes, M. Sanche de Silvera eut la touchante idée de recueillir les signatures de plusieurs milliers d'enfants, dans une adresse exprimant des vœux de bonheur et de longue vie au jeune roi, S. M. Alphonse XIII.

De nouvelles distinctions ont été accordées en dernier : plaque de 3e classe du Mérite naval, M. Albert Grodet ; plaque de 3e classe du Mérite militaire, M. Henri Boucard ; croix de 1re classe du Mérite militaire, M. le vicomte Boutry.

OBSERVATIONS

— Au sujet de la ligne tracée sur l'Océan par le pape Alexandre VII (voir page 79) et de la convention de Tordesillas, encore plus restrictive, consentie au roi Don Juan, j'ajouterai que les rois catholiques ne se doutaient pas, à ce moment, qu'ils cédaient ainsi l'entrée et la possession du Brésil aux Portugais.

— (Page 261). Torquemada, prieur de Santa-Cruz (Ségovie), n'était pas de l'ordre de la *réforme* de Saint-Dominique, mais bien de l'ordre lui-même de ce nom.

(Pages 265 et suivantes). Le tableau que je trace de l'Inquisition paraîtra, peut-être, sombre, car en Espagne le Saint-Office a encore ses partisans. Dans la donnée moderne, à notre point de vue français, on ne saurait, dès qu'on la connaît, innocenter cette institution; maintenant, il faut dire que les inquisiteurs nommés par le Saint-Siège ne furent jamais sujets de ceux nommés par les évêques. D'un autre côté, le vice de procédure fut l'héritage du moyen âge, époque à laquelle on comprimait sommairement l'hérésie, parce qu'elle portait en elle la révolte politique. On voyait alors les hérétiques sous les mêmes couleurs qu'on voit, de nos jours, les anarchistes.

Au sujet de Petrus de Mendoza, que je ne fais que nommer, je dois rappeler que, cardinal et archevêque de Tolède, il fut un des prélats les plus illustres de l'Espagne.

Dès qu'il s'agit de mots tels que *despotisme; abhorré; intrigue; détestable,* et autres qualificatifs vibrants que j'ai pu employer parfois, je prie les lecteurs espagnols, qui les interpréteraient dans un sens trop absolu, de considérer que, chez nous, ces mots sont, le plus souvent, atténués par l'usage.

On peut, en s'adressant à Madrid, se procurer les vues d'ensemble de l'Exposition, ainsi que la reproduction directe des principaux objets qui étaient exposés dans ses salles.

Les albums de photographies qu'a composés M. José de Madrazo sont autant de collections qu'on aura longtemps intérêt et plaisir à consulter, surtout celles où se retrouvent, sinon dans la couleur, du moins dans le sujet, les peintures sur bois des peintres du moyen âge.

D'autres albums, procédant de la phototypie, ont été également publiés par les successeurs de la maison Laurent.

D'un autre côté, des ateliers de moulages avaient été installés dans les sous-sols du palais de la Bibliothèque, sous la haute direction de M. Saavedra, avec le concours de M. Alcantara, un des principaux experts en matière d'arts rétrospectifs.

Un grand nombre de pièces, ailleurs introuvables, ont été vulgarisées ainsi, notamment la statue de l'archevêque Maurice, les portes de la chapelle *del Sagrado* de la cathédrale de Séville, des vierges byzantines, des reliquaires, des têtes de Christ, etc. A la faveur d'échanges faciles, nous avons lieu d'espérer que les plus importantes de ces reproductions figureront bientôt au musée de moulages, institué chez nous, au palais du Trocadéro.

Un voyage en Espagne est l'objet de bien des convoitises de la part de nos nationaux. Voici les conditions qui le mettent à la portée de toutes les bourses, à l'époque la plus favorable de l'année.

A la faveur d'une entente avec les compagnies de chemins de fer de Paris à Orléans, du Midi, du Nord de l'Espagne, de Madrid à Saragosse et à Alicante, il est délivré, à l'occasion de la Semaine Sainte et des fêtes de Pâques, soit au mois de mars, soit au mois d'avril, des billets aller et retour, embrassant l'itinéraire : Paris, Orléans, Le Mans, Tours, Poitiers, Saincaize, Bourges, Châteauroux, Moulins (Allier), Gannat, Montluçon, Limoges et Clermont-Ferrand, avec faculté d'arrêt à Bordeaux, Bayonne, Saint-Sébastien, Burgos, l'Escurial, Madrid, Aranjuez, Castillo (embranchement de Tolède), Cordoue et Séville, au prix de 250 fr. en voiture de 1re classe.

Indépendamment des facilités qu'offrent les réductions ci-dessus, il faut noter également les voyages circulaires à prix réduits, qui existent, par séries, à tout moment de l'année.

Les variations apportées par le change ont exclu les chemins de fer français de cette convention. Elle a trait seulement aux chemins de fer espagnols et comprend le Portugal aussi bien que l'Espagne.

Les séries auxquelles on peut recourir indistinctement, à n'importe quelle date, avec Irun pour point de départ et Lisbonne pour point d'arrivée et *vice versa*, offrent les combinaisons les plus multiples. La durée des excursions varie entre trente et quatre-vingt-cinq jours. Les prix en 1re classe, gradués suivant les parcours, vont de 164,90 pesetas à 443,45 pesetas, aller et retour. Si l'on tient compte de l'avantage que le numéraire français tire aujourd'hui du change, on verra combien il en coûte peu aux touristes d'excursionner longuement, suivant leur caprice et leur fantaisie, soit en Espagne, soit en Portugal.

ERRATA

Page 19. — *Au lieu de* Navaro Reverter, *lire* Navarro.

Page 112. — *Au lieu de* Premiciis, *lire* Primiciis.

Page 221. — *Au lieu de* duc de Cheste, *lire* comte de Cheste.

Page 238. — *Au lieu de* n'avait put, *lire* n'avait pu...

Page 262. — *Au lieu de* Ciutad-Real, *lire* Ciudad...

Page 264. — *Au lieu de* « agissent d'accord avec ceux nommés par les évêques et restent sujets... », *lire, au contraire,* « et ne soient pas sujets... »

Page 309. — *Au lieu de* Guip, *lire* Cuyp (le peintre hollandais).

Paris. — Lib.-Imp. réunies, 7, rue Saint-Benoît.

www.ingramcontent.com/pod-product-compliance
Lightning Source LLC
Chambersburg PA
CBHW050748170426
43202CB00013B/2344